KB067866

10년 후 한국사회

10년 후 한국사회

박태준미래전략연구소 기획 | 송 복 외 지음

아시아

앞으로 10년, 한국사회가 나아갈 길

최광웅 포스텍 박태준미래전략연구소장

2차 세계대전의 종전과 함께 지구적 차원으로 굳어졌던 극단적 냉전체제 속에서 탄생한 신생 독립국가들 중에 거의 유일하게 산업화와 민주화를 동시에 성취한 대한민국. 이것이 21세기를 맞이한 우리 현대사의 자랑스러운 업적이었다. 그러나 여유를 거의 누리지 못한 가운데 새 과제들이 장벽처럼 한국사회의 앞길을 막아섰다. 남북 평화통일, 지속적인 성장, 성숙한 사회, 교육개혁, 청년실업 등으로 어느덧 그것들은 시대적 화두로 대두해 있고, "향후 10년이 매우 중요하다"는 말에 모든 식자들이 공감하고 있다. 앞으로 10년, 한국사회는 어디로 가야 하는가? 이 질문을 지금 여기의 우리가 제대로 감당해야 하는 것이다.

십 년이면 강산도 변한다는 옛말이 진짜 옛말이 되었다는 주장에 실감을 불어넣듯 정보융합기술이 쉴 새 없이 현란한 변화와 발전을 우리의 눈앞에 펼쳐 보이고 있다. 한 해 앞, 한 달 앞도 내다보기 어려운 요지경 같다. 하지만 역사의 긴 안목으로 사회와 시대를 통찰하는 경우에는 '10년도 눈앞의 가까운 미래'에 지나지 않는다. 이 책은 향후 10년의 한국사회가 나아갈 길을 고뇌하고 예측하는 전문가들의 에세이들로서, 앞의 그 질문에 대하여 설득력 강한 진단과 대답을 내놓고 있다.

박태준미래전략연구소의 가장 중요한 미션은 '인류와 국가의 더 나은 내일을 위하여 미래사회를 조망하고 대응방안을 연구하여' 사회적으로 널리 전파하고 공유하겠다는 것이다. 다만, 포스텍 산하 박태준미래전략연구소는 청암 박태준 선생이 평생 그랬듯이 우선적으로 거대담론적인 것보다 실사구시적인 것에 중심을 두기로 했다. '박태준미래전략연구총서'를 기획할 때부터 그것을 분명히 의식하고 있었다. 올해 5월 발간한 총서의 제1권 『미래사회의 리더십과 선진국가의 엘리트 생성 메커니즘』에 다음과 같이 '발간취지'를 밝혔다.

거대담론적인 미래전략도 있어야 하고, 실사구시적인 미래전략도 있어야 한다. 거대담론적인 미래전략 연구가 이상적(理想的)인 체제를 기획하는 원대한 작업에 주력한다면, 실사구시적인 미래전략 연구는 가까운 장래에 공동체가 당면할 주요 이슈들을 예측하고 대응책을 제시하는 작업에 주력한다. 박태준미래전략연구소는 앞으로 일정 기간 동안 후자에 집중할 계획이다.

우리 연구소가 2015년 미래전략 연구 대상으로 선정한 '10년 내 한국사회가 당면할 가장 중요한 이슈는 무엇이며, 어떻게 대응해야 하는가?'라는 주제는 실사구시적인 미래전략연구로서 적합한 것이었다고 생각한다. 이 주제에 대해 우리 연구소는 세 갈래에서 다루었다. 설문을 통한 의식조사, 다양한 분야에서 업적을 이룬 전문가들의 사색과 만나기 위한 에세이 청탁, 젊은 세대의 생각을 듣기 위한 대학(원)생 에세이 공모.

4월에는 한국갤럽에 의뢰하여 전국 일반시민을 대상으로 설문조사를 했고, 5월에는 포항공과대학교(포스텍) 대학(원)생을 대상으로 우리 연구소가 직접 온라인과 모바일을 통해 설문조사를 했다. 응답자가 각각 1,000명을 넘은 두 설문조사의 결과는 공통성이 두터우면서도 다소간 차별성을 드러냈다.

장학금 2천100만원(대상 2편 각 300만원, 우수상 10편 각 150만원)을 지원한 대학(원)생 에세이 공모에는 57개 대학 138개 팀(179명)이 응모했다. 이러한 관심과 참여는 무엇보다 '우리 사회의 내일에 대해 깊이 생각하며 자기 나름의 대응책을 궁리하는 젊은이들이 결코 적지 않다'는 증거로서, 우리 연구소는 그 사실 하나만으로도 평소에 체감하기 어려웠던 '우리 사회의 훌륭한 잠재능력'을 확인한 것 같아서 큰 보람을 느낄 수 있었다. 이 책의 권말에 대상 수상작 2편과 설문조사 결과를 '특별자료'로 실었다.

책 편집의 원칙을 밝혀둔다. 처음부터 주제 선정을 필자의 선택에 맡겨서 다양한 주제를 받게 되었다. 이것은 '행복한 고민거리'를 제공했다. 주제별 분류의 난점이 그것이었다. 논의를 거쳐 여섯 묶음을 만들었다. 평화 그리고 통일, 시민 그리고 개인, 교육개혁 그리고 다문화사회, 고령화사회와 유전자 의료산업, 의식 그리고 리더, 새로운 외교 그리고 정치개혁. 단지 어느 묶음에도 여의치 않은 송복 교수의 「다가오는 재앙, 관료 치국과 망국」은 '권두에세이'로 독립시켰다. 원고 게재 순은 주제별 필자 성명의 가나다순으로 하되, 교육의 변화를 각별히 강조한 안병영 교수 그리고 민병찬, 이승주 교수의 경우는 총론의 요지와 같은 성격을 감안해 가나다순과는 무관하게 그 묶음의 첫머리에 놓았다.

우리 연구소의 청탁을 기꺼이 받아준 필자 여러분에게 거듭 감사를 드리며, 아무쪼록 여기에 담은 사색과 예측이 한국사회의 더 밝은 미래를 열어나가는 데 일조하기를 바랄 따름이다.

2015. 10.

최광웅
고려대학교 통계학과 졸업, 스텐포드대학교 경영자과정(SEP) 수료. 포스코 경영정책실장, 포스코 부사장, 포스코청암재단 상임부이사장 역임. 현재 포스텍 박태준미래전략연구소 소장. 저서 『열정의 테마』 『삶의 지평선을 바라보며』 등

차례

다가오는 재앙, 관료 치국과 망국

송 복 연세대하교 명예교수·사회학

10년까지 갈 것도 없다. 지금 당장 코앞에 닥친 문제, 발등에 떨어진 불이 '관료치국(官僚治國)' '관료망국(官僚亡國)'이다. 끝없이 불어나는 관리 수, 그 관리가 챙기는 국민세금과 부채, 절대로 뽑아내지 않는 대못규제며 갑질 행태, 관피아 그리고 조금도 줄어들지 않는 부패, 집단이기주의에 매몰되어 이미 사익집단화(私益集團化)한 기득권 세력. 그것이 오늘날 한국 관리들의 자화상이며 현주소다.

한 번 비교해 보라. 지난 5월 총선에서 승리한 데이비드 캐머런 총리가 이끄는 영국 보수당 정부의 관리 수와 우리의 그것을. 영국은 우리보다 인구가 1천500만 명이나 더 많다. 그런데 관리 수는 43만9천 명이다. 이것도 많다고 전체 관리 수의 20%가 넘는 10만 명을 줄이겠다고 발표했다. 공무원 조직을 최대한 슬림화해서 공무원 연금적자도 줄이고 국가부채도 해소하겠다는 것이다.

지금, 우리 공무원 수는 얼마인가. 공식적으로 발표된 정식 공무원 수는

11

107만 명, 거기에 공공기관 종사자들이며 비정규직 등 '숨겨진 공무원'이 또 100만 명이 넘는다. 국민세금으로 월급을 받는 공무원이 영국의 5배나 되는 200만 명이다. 어쩌다가 이렇게 천정부지로 불어났는가.

공무원은 물질적 부(富)를 생산하지 못한다. 그들이 하는 것은 행정서비스 업무다. 그 안에는 국민을 보호한다는 명목도 포함되어 있다. 하지만 어느 국민도 그들의 보호와 서비스를 받았다고 생각하지 않는다. 국민의 입장에서 보면 대다수 공무원은 무위도식(無爲徒食)하는 사람들이다. 교육자들에게 물어보라. 미국에는 없는 교육부가 우리나라에는 왜 있는가. 교육부관리를 먹여 살리고, 또 학교 선생들에게 갑질하라고 있는 것이라고 답하는 선생들이 절대다수다. 그런 관리들의 수가 해마다 늘어나고, 이 상태로 가면 10년이 못가서 250만 명, 그리고 또 10년이 못가서 300만 명이 된다.

거기에 공무원연금 개혁은 어떻게 되는가. 지금 개혁안으로는 앞으로 70년 동안 333조 원을 감축한다는 것인데, 이 또한 속임수다. 거기에는 해마다 늘어나는 공무원 수, 해마다 오르는 공무원 소득, 매년 5개월씩 더해가는 평균 수명, 이런 것들을 모두 합산하면 70년 동안 1천987조 원을 세금으로 더 지원해야 한다는 계산이 나와 있다. 333조 원을 덜어내 봐야 1천654조원을 국민세금으로 더 보태줘야 한다. 이런 엄청난 국민 부담에도 지금 공무원들은 그 정도 부담으로 안 된다고 연금개혁을 반대하고 있었다. 도대체 얼마나 국민의 피를 빨아야 만족하겠다는 것인가.

사실 이번 공무원연금 개혁안은 공무원을 제외한 모든 국민의 입장에서 보면 개혁이 아니라 개악(改惡)이다. 개악 중에서도 개악이다. 그런 개악을 정치권은 어째서 개혁이라고 하는가. 차라리 현재 그대로 두어서 가능한 빠른 시일 내에 모두가 밑바닥까지 내려가도록 내버려두는 것이 낫지 않는가. 지금까지 우리의 경험으로는 최선의 개혁은 모두가 밑바닥까지 추락했을 때 만들어졌다. 밑바닥에 가서 밑바닥을 침으로써 비로소 도약할 수 있다면,

적어도 1천654조 원이라는 돈을 건질 수 있지 않은가.

　이 '관료망국'은 그 엄청난 공무원 수 증가와 그 엄청난 혈세부담 증대로만 기인하지 않는다. 그보다 더 크고 더 심각한 '사회적 재앙'이 관료치국—관리가 나라의 중심부를 점령하는 데서 생겨난다. 관리가 많아질수록, 그리고 관리의 규제 영역이 넓어질수록 그 나라는 어떻게 바뀌어 가는가. 그 결과는 물질적 문화적 '상상의 근원'이 황폐화해 버리는 것이다. 어떤 시대 어떤 사회든 물질적 부(富)며 문화적 창조는 그 나라 사람들의 창의력과 열정이 그 근원이다. 이 사람들의 창의력과 열정은 관리 수가 많아지면 많아질수록, 관리의 규제 영역이 넓어지면 넓어질수록 작아지고 식어진다. 그 근원이 막히고 닫혀 버린다.

　어떤 사회든 젊은이들이 장래다. 그 사회변화와 혁신의 주도자는 젊은이들이다. 젊은이들의 창의력, 젊은이들의 열정이 혁신의 근원이다. 그런데 생각해 보라. 이 젊은이들에게 공무원보다 더 좋은 직장이 없다고 한다면 젊은이들의 발걸음은 어디로 향하겠는가. 우리 공무원들의 보수는 1인당 GDP에 대비해 보면 세계 정상급에 속한다.

　거기에 호봉제에 의해 보수는 해마다 자동적으로 상승한다. 정년은 확실히 보장된다. 그 어느 직장도 이보다 더 안전하고 안정적일 수가 없다. 큰 노력도 필요 없고 창의력도 필요 없다. 밖에서는 아무리 창조경제를 외쳐도 머리 쓰며 힘써 공부 안 해도 된다. 어느 부서에서도 특별한 경쟁력을 요구하지 않는다. 발군의 능력을 가지면 가질수록 손해고, 발휘하면 발휘할수록 리스크만 쌓인다. 대기업체 사원의 60%정도만 노력해도 어느 직책에서든 환영받는다. 도대체 이런 직장이 공무원 외에 하늘 아래 어디 있는가. 이런 공무원이야말로 개인적으로는 직업선택의 더할 수 없는 매력이고 이상이다. 그야말로 대(大)로망이다.

그러나 이 개인적 로망이 사회적으로는 어떻게 되는가. 그 국가는 어떻게 되는가. 젊은이들의 창의력을 죽이고 열망을 식히고 활기를 없애는 엄청난 재앙이다. 사회 발전을 저지시키는 사회적 재앙이고 국가 발전을 가로막는 국가적 재앙이다. 로마가 어떻게 망하고 중국의 거대한 제국들이 또 어떻게 망했는가. 그 망하는 시작과 과정, 그 끝에는 오늘날 우리 공무원 같은 관리들이 있었다. 중국 역사의 교훈은 관원치국(官員治國)이 바로 관원망국(官員亡國)이었다. 관리가 나라 다스림과 나라 경영의 중심을 차지하면서 나라는 곧 바로 망하기 시작했다. 맹자(孟子)는 일찍이 관리는 예외 없이 탐위모록(貪位慕錄)—자리를 탐하고 돈을 그리는 존재이니 그들로 하여금 나라를 다스리지(치국治國) 못하게 했다.

우리 관리가 이렇게 사회적 국가적 재앙의 단초로 보이기 시작하는 역사는 그렇게 길지 않다. 산업화 시대의 관리는 국가의 주축이었고 최고 인재들이었다. 그리고 그 관리들의 능력을 최고도로 발휘하게 하는 '윗사람들'이 있었다. 그러나 지난세기 90년대를 넘어서면서 등장한 국가 지도자들은 기존 관리보다 지식도 능력도 전문성도 부족했다. 국가는 물론 작은 조직도 경영하고 관리해본 경험이 없었다. 운동권 논리만 있었다. 그것이 오늘날 우리 관료로 하여금 '관원치국(官員治國)'의 주체가 되게 한 원인이었다. 그 원인 제공으로 관리의 방임(放任)과 관리의 부패와 관리의 전횡, 관리의 무소부지가 횡행했다. 이 관리들 생태의 가장 비극적인 표현이 '세월호' 참사다.

어떻게 할 것인가. 결국 바닥까지 떨어져 정신을 차리고, 바닥까지 내려간 극단에서 머리를 맞대고 돌파구를 찾도록 할 것인가. 그 또한 우리들의 '습성화(習性化)'된 전력(前歷) 아닌가. 그래도 새로이 시도해야 할 것이 있다면, 그것은 '시민혁명'이다. 역사적으로 '시민혁명'은 반드시 주도자가 있다. 지금 우리에게 있어 그 주도자는 '바른사회 시민회의'와 같은 건전하면서 끈기와 힘을 가진 강력체 NGO다. 전통적으로는 정치인이 관료를 다스리지만 오늘날 우리 정치인은 거꾸로 관료의 먹이에 불과하다. 공무원 연금 개혁에서 보듯 포퓰리즘에서 벗어나지 못하는 정치인은 어떤 개혁도 할 수 없다.

어떤 대통령을 뽑고 어떤 정당을 만들고 어떤 국가 편제를 구성해도, 옛날처럼 그 대통령 그 정당 그 국가가 될 수는 없다. 문제의 중심에 위치해서 주도적으로 결정적으로 문제를 해결해 나가는 그런 행정국가 그런 강력국가 시대는 다시 오지 않는다. 지금 이 시점에서 이 시대의 국가재건과 사회 재도약을 가능케 하는, 기대할 수 있는 유일한 방법은 NGO에 의한 '시민혁명'이다. 그 NGO는 누가 만드는가. 누가 후원자(後援者)며 누가 지원자(支援者)가 되는가. 그것은 기업이다. 기업이 일반 시민과 마찬가지로 문제해결의 직접적 참여자인 '기업시민'이 되어야 한다. 이 '기업시민'이 NGO를 훈련하고 지원하면서 동시에 NGO도 직접 창출해 내야 한다.

'시민혁명'을 창출하는 NGO는 근대 시민혁명 때의 NGO가 아니라 지금의 SNS시대의 NGO다. SNS시대는 모든 시민들이 모두 똑같이 정보접근성을 갖고 있다. 그리고 이 SNS시대의 사회 구성원들은 자아중심적이며 자아주도적인 욕구에 집착해 있고, 그리고 그것을 끊임없이 분출해 가고 있다. 이야말로 힘과 끈기와 강력성을 가진 NGO가 정부를 감시하고 관리를 감시하는—관리 수와 관리 임금, 관리 지위와 관리 행태 그리고 관료부패와 관피아 —이 모든 것을 감시하고 감독하는 주체자가 될 수 있는 환경과 조건이다.

우리 헌법에 규정된 국회의원의 핵심 의무는 청렴의 의무, 국가이익 우선의 의무, 지위 남용 금지의 의무다. 이 3가지 의무를 지키지 못할 때 유권자들은 언제든 의원들을 소환할 수 있어야 한다. 바로 국회의원 소환제다. 업무 추진비를 아내 생활비로 주고 아들 외국 유학비로 쓰는 것이 우리 국회의원이다. 의원 소환제가 있다면 그들은 반드시 유권자에 의해 소환되어야 한다. 이 의원소환처럼 관료파면제(官僚罷免制)를 시민이 행사할 수 있는 것, 그것이 바로 '시민혁명'이다. 그 주도자는 NGO가 되어야 하고, 그 NGO는 시민참여자로서의 기업들이 만들어내야 한다. 기업은 이윤창출이라는 기업의 고유기능이 있다. 그 고유기능을 수행하면서 시민혁명을 완수하는 NGO도 만들어내야 한다. '관료망국'에서 NGO들이 정말 나라를 지켜낸다면 NGO야말로 바로 이윤창출이다. 이윤창출도 그보다 더 큰 이윤창출이 있을 수 없다. 최고의 이윤창출은 관료로부터, 그 관료들이 뿜어내는 사회적 재앙으로부터 나라를 지키는 것이다.

송 복
서울대학교 정치사회학 박사. 《사상계》 기자, 《청맥》 편집장, 서울신문 외신부 기자, 한국간행물윤리위원회 서평위원, 연세대학교 사회학과 교수 역임. 현 연세대학교 사회학과 명예교수. 주요 저서 『조직과 권력』 『사회불평등 기능론』 『사회불평등 갈등론』 『볼세비키 혁명』 『열린사회와 보수』 『한국사회의 갈등구조』 『류성룡, 서애 류성룡 위대한 만남』 『류성룡, 나라를 다시 만들 때가 되었나이다』 등

평화 그리고 통일

방민호
작가. 서울대학교 대학원 국문학 박사. 현재 서울대학교 국어국문학과 교수. 연구서 『일제 말기 한국문학의 담론과 텍스트』, 『채만식과 조선적 근대문학의 구성』, 시집 『나는 당신이 하고 싶은 말을 하고』, 장편소설 『연인 심청』, 소설집 『무라카미 하루키에게 답함』, 평론집 『비평의 도그마를 넘어』, 『남함 아래의 침묵』, 『문명의 감각』, 『행인의 독법』, 『감각과 언어의 크레바스』 등.

이대환
작가. 중앙대학교 대학원 문학박사. 1980년 국제PEN클럽한국본부 주관 장편소설 현상공모 당선. 1989년 『현대문학』 지령400호 기념 장편소설 공모 당선. 저서로는 장편소설 『새벽, 동틀 녘』, 『겨울의 집』, 『붉은 고래』, 『큰돈과 콘돔』, 바이링궐 소설선 『슬로우 불릿 Slow Bullet』, 소설집 『조그만 깃발 하나』, 『생선 창자 속으로 들어간 詩』, 평전 『박태준』, 실록 『대한민국의 위대한 만남-박정희와 박태준』, 산문집 『프란치스코 교황 그리고 무지개』 등.

이배용
서강대학교 대학원 한국사 박사. 이화여자대학교 총장, 대통령직속 국가브랜드위원회 위원장, 한국사립대학총장협의회 회장, 한국대학교육협의회 회장 역임. 미국 사우스플로리다 대학 [글로벌리더십상] (2010). 현재 한국학중앙연구원 원장, 통일교육위원 중앙협의회 의장. 주요저서 『한국 근대 광업침탈사 연구』, 『한국 역사속의 여성들』, 『Women in Korean History』 등.

정태헌
고려대학교 대학원 문학박사. 역사문제연구소 소장, 국제고려학회 서울지회 회장, 한국사연구소(고려대) 소장 역임. 현재 고려대학교 한국사학과 교수, 남북학술교류협회 이사장, 남북역사학자협의회 부위원장. 저서 『한국의 식민지적 근대 성찰』, 『20세기 한국경제사』, 『민주화·탈냉전시대, 평화와 통일의 사건사』(편저) 외 다수

통일을 생각하는 상상력을 키울 때

방민호 작가, 서울대학교 국문학과 교수

　지난 몇 년 사이에 필자는 북한을 탈출해서 한국으로 와 작가로서 활동하는 사람들을 만날 수 있었다.

　그들 중 한 사람은 장진성 씨. 그는 지금 네덜란드의 라이든 대학에 가 있고 세계의 시인들과 활발하게 교류하고 있다. 필자는 그가 펴낸 시집 『내 딸을 백원에 팝니다』를 읽고 북한 체제의 참상이 상상 이상으로 참혹함을 깨달을 수 있었다. 1990년대 후반부터 2000년대 초반에 이르는 이른바 '고난의 행군' 시절에 무려 삼백만 명이나 되는 사람들이 아사했다는 것이다. 누구의 책임일까? 김정일, 김정은 정권은 이를 미국의 체제포위, 고립정책 탓이라 하지만 근원적인 진실은 다른 곳에 있다. 바로 그들 정권 자체가 북한 사람들의 비극적 참상의 원인이다. 필자보다 일곱 살 적은 장진성 씨는 이 비참한 현실을 외부에 알리겠다는 각오로 메모 수첩을 품에 안고 압록강을 건넜다.

　또 한 사람의 작가는 도명학 씨다. 그는 북한에서 체제비판 시를 쓴 혐의로 보위부에까지 끌려가 장기간 구금된 경험을 갖고 있으며, 구사일생으로 사회로 복귀할 수 있게 되자 북한 땅을 탈출해 한국으로 넘어 왔다.

그가 들려준 흥미로운 이야기가 하나 있다. 북한 양강도의 삼수에서 그가 백석 시인을 만났다는 것이다. 젊었을 때 그는 선배 작가들과 함께 삼수를 여행하다가 어느 원로 노인의 집을 방문했다고 한다. 그는 노인에 대해 아무런 흥미도 느낄 수 없었는데, 남쪽에 와 보니 그가 바로 왕년의 백석 시인이더라고 했다.

그의 이야기를 들으며, 만약 통일이 되면 삽 한 자루를 메고 백석이 살던 집으로 가 주변을 샅샅이 파보고 싶다는 필자의 꿈은 더욱 부풀어 올랐다. 백석 시인이 말년을 보냈다는 양강도 삼수 관평리 협동농장은 통일이 되면 가장 먼저 달려가 보고 싶은 곳이다.

모든 운명적인 일은 예고된 시점에 계획된 대로 일어나지 않는다. 예기치 않게, 아는 사람만이 예감하고 준비하는 신비스러운 시간들 끝에 갑자기 다가선다. 남북 사이의 통합이 바로 그런 일이다.

기아와 감시의 북한 땅을 탈출해서 중국을 거쳐 남쪽으로 오는 사람들 행렬은 바야흐로 남북 재통합의 날이 가까워오고 있음을 시사한다. 어디선가 말하듯 그들은 바로 우리 앞에 미리 온 통일, 바로 그 상징이다. 아직 그 날짜는 정해지지 않았지만 가까운 시기에 통일은 하나의 거대한 사건으로 우리 앞에 박두할 것이다. 그것이 이른바 급변사태라는 것이다. 그날이 바로 내일이 된다면 우리에게는 시간이 너무 없다. 그러나 십 년이라면 그냥 앉아서 기다리기에는 너무 긴 시간이다. 무엇이든 지금 준비해야 한다.

무엇을 할 것인가.

큰일을 앞에 두면 무엇보다 이것을 생각해야 한다. 필자는 한 사람의 국문학자이자 작가로서 정치와 경제의 일들은 잘 알지 못한다. 통일을 어떻게 추구해야 하고, 주변국 문제는 어떻게 해결해야 하고, 통일국가의 형태나 권력 체계는 어떠해야 할지 잘 알지 못한다. 또, 통일 비용은 얼마나 들 것이며 소요 비용은 어디서 어떻게 조달할 것이며 어떻게 쓸 것인가도 잘 알지 못한다.

이런 현실적 토대와 조건을 모르고서도 통일을 말할 수 있을까? 자칫 순진해 빠진 이상론에 치우치기 쉽지 않을까?

맞다. 잘 알아야 제대로 말할 수 있다. 하지만 이렇게도 말할 수 있다. 통일에도 인문학적 시각이 필요하다고, 이것이 전제되지 않는 정치경제적 전망은 북한 사람들을 새로운 통치와 지배의 대상으로, 북한 지역을 생산비 절감과 이윤 창출의 도구로나 생각하기 쉽다.

다가올 통일은 필자로서는 한국 자본주의체제가 현재의 북한식 사회주의체제를 허물면서 감싸 안는 방식이 될 수밖에 없을 것이라 생각한다. 그것이 연방국가가 되든 국가연합이 되든 대한민국 체제로의 흡수가 되든, 통일과정에서 지금의 북한 체제는 소멸되어야 하고, 그럴 수밖에 없으며, 한국 자본주의체제의 메커니즘의 일부로 자리매김 되어야 한다.

그러나 동시에 생각해야 할 것이 있다. 그것은 북한 지역을 지금의 남한 지역, 즉 한국 땅 그대로 복사해 놓으려 해서는 안 된다는 것이다.

지금의 한국은 이상국가인가?

국민들의 시민적 권리는 잘 지켜지고 있고, 빈부의 격차나 지역 간 갈등은 감내할 만한가? 나라의 자연들, 산과 하천과 바다는 잘 보존되고 있고, 사람들은 홍수와 가뭄, 핵이나 신종 감염병 같은 각종 재난으로부터 얼마나 자유로운가? 자라나는 세대는 좋은 교육환경 속에서 자신들의 가능성을 키워갈 수 있고, 노인들은 연로한 노후를 안락하게 보낼 수 있는 제도적 혜택이 구비되어 있는가?

필자는 이 나라가 그렇지만은 못하다고 생각한다. 이 나라는 정치적 패권욕망에 물들어 있고, 경제성장 제일의 물질주의에 오염되어 있다. 갖가지 차별과 편견과 일방통행이 우리 사회 곳곳에 개선과 치유를 기다리며 방치되어 있다.

그래서 필자가 생각하는 통일은, 바로 그 통일을 계기로 우리 한국의 제반 제도와 규칙이 할 걸음 더 진화하면서, 이를 바탕으로 북한 지역과 북한 민들을 더욱 이상적인 조건 위에서 살아갈 수 있게 해주는 과정이 되어야 한다. 그것은 또한 우리 한국의 국민들, 시민들이 더 안심하고 더 보람 있게 사는 사회를 만들어 가는 과정이기도 하다.

또, 그래서, 이것은 하나의 유머가 되겠지만, 통일을 계기로 북한 지역은 지금의 북한 체제가 입버릇처럼 떠드는, 이른바 지상낙원을 건설하려는 설계도에 따라 지극히 인공적으로 재구성되어야 한다.

하나의 거대한 실험이 시연되어야 한다. 그것은 자연은 어떻게 보존 또는 재생시키며, 인인들은 어떻게 재활할 수 있는가에 대한 이상적 이론에 따라 실시되어야 한다. 모든 주택과 토지와 임야는 자본에 의해 마음대로 거래되어서는 안 되며 국가나 그에 준하는 기관이 설정하는 이상적 계획 아래 점차적으로 자유로워져야 한다. 또한 비무장지대 같은 역사의 혜택을 받은 자연공간은 철저하게 보호·보존되어야 한다.

사회주의적 야만성과 자본주의적 야수성을 지양하는 새로운 인간 생태계의 건설을 위해 지금 당장 통일을 준비하는 주체를 형성하라. 이 통일사회의 꿈은 저 유럽의 학자가 말한 제3의 길 같은 것이 될 수도 있을 것이라 생각한다.

한국현대소설을 공부하는 필자는 일제시대의 소설을 많이 읽는다. 「냉동어」라는 중편소설에서 채만식은 조선 남자를 사랑했던 일본 여자로 하여금 만주로 떠나는 결말을 맺게 한다. 한밤에 그녀는 남자와 함께 가려던 도쿄의 반대방향, 곧 대륙으로 떠나는 기차를 서울역에서 잡아탄다. 이 소설이 보여주듯이 그때 서울은 만주를 향해 열려 있었다.

중학교 때부터 좋아했던 이광수 소설 『유정』에서 남자 주인공 최석은 하얼빈을 거쳐 시베리아 횡단 열차를 타고 바이칼 호수로 가는 방랑 끝에 비극적인 최후를 마쳤다. 영화로 만들어지기도 한 이 소설에서 주인공이 시베리아 열차를 타고 겨울 유형을 떠나는 장면은 구소련의 반체제 작가 파스테르나크의 『닥터 지바고』를 보는 듯한 가슴 절임이 있다.

요절한 작가 이효석도 만주를 잘 아는 사람이었다. 당시에 그는 평양의 대학 교수로 있으면서 하얼빈에 오가는 기차여행을 즐겼다. 그의 여행은 단순한 행락은 아니었다. 그는 하얼빈을 서구를 향해 열려 있는 문화의 창으로 이해했다. 그의 단편소설 중에는 「하얼빈」이라는 것이 있고, 『벽공무한』이라는 장편소설의 주인공은 나아자라는 러시아 여성과 결혼한다.

이렇듯 우리 문학은 과거에 만주, 시베리아, 중앙아시아를 잘 알고 있었다. 그들은 몽골 초원의 푸르름과 중앙아시아의 광막함을 알고, 기차로 7주야를 달려 먼 곳에 도착하는 꿈을 꿀 수 있었다.

그러나 남북분단은 이 모든 것을 불가능하게 만들었다. 북한 땅에 발을 디딜 수 없게 되면서 광활한 대륙과 우리들의 관계는 결정적으로 단절되었다.

그래서 필자가 생각하는 통합은 경제적, 정치적 문제 이상의 것이다. 어떻게 하면 지난 소설의 주인공들처럼 우리도 기차를 타고 북한 땅으로, 또 북한 땅을 넘어 만주와 시베리아로, 유럽으로, 자유롭게 떠날 수 있느냐를, 필자는 생각한다.

그런데 이 여행의 자유, 상상의 자유는 단순히 공간에 관한 문제가 아니다. 그것은 우리들 삶의 체제, 메커니즘에 관한 것이기도 하다. 사람은 자유를 먹고 사는 존재이며, 상상력을 뜯어먹고 사는 존재이다.

해방공간 3년 후 남과 북이 따로 나라를 세우고 6·25전쟁으로 전면 대결을 벌인 후 어언 60여년 시간이 흘렀다. 그 사이에 한국인들의 행동반경은 휴전선에 가로막혀 반도 남쪽에 갇혀 버렸다. 그러한 제약과 더불어 우리들의 상상력 또한 깊은 제한을 받았다. 우리는 지금 미래를 생각할 때도 너무 많이 위축되어 있다.

　이제 통일을 생각하는 새로운 상상력을 발휘할 때가 되었다. 시시각각 운명의 날이 다가오고 있기 때문이다. 지금 생각하지 않으면 너무 늦다. 서둘러 통일을, 필자의 용어로는 재통합을 준비해 나가야 한다.

개방체제에 연착륙하는 북한을

이대환 작가, 박태준미래전략연구소 연구위원

나는 미하일 고르바초프의 훌렁 벗겨진 이마에 세계지도처럼 그려진 얼룩을 기억한다. 세계지도를 닮은 저 얼룩이 20세기 지구적 냉전체제를 파괴할 자기 운명의 묵시(黙示)란 말인가. 텔레비전 화면에서 그를 볼 때마다 머릿속에 돋아났던 생각이다. 그리고 내 영혼을 뒤흔든 그의 한마디를 잊지 못한다. "역사는 늦게 오는 자를 처벌한다." 이 말을 그는 1989년 11월 분단의 장벽이 무너진 베를린 브란덴부르크 문을 찾아가 멋지게 외쳤다. 그때, 하루의 시간은 밤이었으나 역사의 시간은 새벽이었다. 수많은 시민이 새 지평의 먼동을 바라보듯 환호에 젖어 있었다. 어느 누구도 막을 수 없는 어떤 절대적 연대의식이 그들을 하나로 묶고 있었다. 지금, 그 말은 평양의 최고 권좌에 경고의 화살로 쿡 박힌 채 녹슬고 있지만…….

시대적 변혁을 이끌었던 모든 지도력은 공(功)과 과(過)를 기록했다. 그들도 태양 아래의 존재로서 명(明)과 암(暗)을 동시에 살아가야 했던 것이다. 이토 히로부미가 그러했고, 마오쩌둥이 그러했다. 이승만도 김일성도 예외가 아니었다. 고르바초프 역시 그것을 벗어나지 못했다.

김일성의 민족사적 공과(功過)를 어떻게 볼 것인가? 보천보 전투든 또 무

24

슨 전투든 다소간 과장이 덧칠되었더라도 그런 것은 무릇 신화의 필수불가결 요소라고 여기는 나는 그의 항일무장투쟁에 대한 공(功)을 애써 깎아내리지 않는다. 하지만 그의 과(過)에 대한 비판도 양보하지 않는다. 분단 고착 후 그의 과는 크게 세 가지라고 본다.

첫째는 민족해방이든 노동해방이든 동족상잔의 참혹한 전쟁(6·25전쟁)을 획책하고 실행한 것. 둘째는 동유럽 사회주의국가들의 연쇄붕괴가 일어난 1980년대 말기보다 훨씬 더 빨랐던 70년대 초기부터 아들(김정일)을 후계자로 지목하여 봉건적 정권세습을 획책하고 실행한 것. 셋째는 세계사적 지각변동 속에서 중국이 한국과의 수교(1992년)를 추진하는 가운데 덩샤오핑이 몇 차례나 권유한 중국식 개혁개방을 끝내 거부한 것. 물론, 문학의 눈은 유일 헤게모니 장악과 패전의 책임전가를 위해 건국의 동지들을 무자비하게 숙청한 사실에 대해서도 진저리를 칠 수밖에 없다.

세상만사에는 인과법칙이 작용하고 있듯, 작금의 북한 실상은 '위대한 어버이 수령'의 3대 패착이 초래한 결과이다. 또한 그것들은 남북관계를 꼬이고 얼어붙게 만드는 '보이지 않는 손'으로 작용하기도 한다.

북한 정권은 '우리식 사회주의 고수'를 지고지선의 절대가치처럼 선전한다. 그것을 위한 최강 수단이 핵무장이다. 핵무장은 6·25전쟁과 분리할 수 없다. 전쟁을 일으켰다 처참한 파괴와 정권 소멸의 위기를 경험한 뒤로는 중국도 소련도 믿을 수 없으니 믿을 것은 핵무장뿐이라며 핵무기를 신봉한다. 핵무장은 세습체제 유지와 분리할 수 없다. 전체주의, 전제주의 수령체제를 존속할 수 있는 최후 보루를 핵무기라고 확신한다. 어버이 수령의 이른바 '비핵 유훈'이란 것도 고도의 정치외교적 수사(修辭)처럼 들린다. 핵무장은 폐쇄체제와 분리할 수 없다. 개혁개방을 거부하고 '우리식'으로 생존할 수 있는 내부결속의 심리적 핵도 핵무기라고 판단한다.

상대 없는 대화란 있을 수 없다. 심지어 독백도 자신을 상대해야 한다. 홀

룡한 생각과 선량한 생각을 제아무리 보듬고 있어도 상대의 처지를 깊이 헤아리지 않은 대화는 벽에 대고 혼자서 떠드는 수준을 넘어서기 어렵다. 이러한 형식의 국제적 대화가 존속한다. '북한 핵문제 해결과 한반도의 비핵화 실현을 위한 다자(多者)회담', 곧 '6자회담'이 그것이다.

평양 권좌에 김일성의 손자(김정은)가 등극한 다음에도 미국과 중국이 마치 먼지를 덮어쓴 게임도구를 가끔 건드려보듯이 '6자회담 재개'를 언급하고 있지만, 언제부터인가 상당수 한국인은 6자회담에 대해 '있으나마나한 국제회담'쯤으로 시큰둥해하는데, 요새도 나는 그 명칭에 길게 명시된 '목적'부터가 겉멋만 요란한 의복처럼 미덥지 못하다.

대한민국, 조선민주주의인민공화국, 미국, 중국, 일본, 러시아 등 6개국 차관급이 실무대표로 참여해온 6자회담. 1차 회의는 2003년 8월 베이징에서 열렸다. 그때 한국은 노무현 대통령의 참여정부가 출범 여섯 달째를 맞아 의욕으로 충만해 있었다(대통령 탄핵은 이듬해 봄날의 사건). 남북관계에는 김대중-김정일의 '6·15선언'이라는 신생 동맹을 따라 전후 50년 만에 '민족'을 느낄 만한 화해가 흐르고, 서울 정권과 평양 정권이 '우리 민족끼리'의 대화를 어느 때보다 편하게 왕래하고 있었다. 하지만 역사적 상상력의 빈곤이었을까. 국제적 이해관계의 덫에 걸렸을까. 실력이 모자라 말문이 막혔을까. 분단을 걸머진 두 당자는 '북한 핵문제 해결과 한반도의 비핵화 실현을 위한'이라는 목적을 명시한 명칭에 서명했다.

그때 '한반도의 평화체제 정착을 위한'이라는 목적을 붙였어야 '옳은 것'이고 '좋은 것'이었다고, 지금도 나는 생각한다. 물론 두 종류의 반박이 나올 수 있겠다. "북한이 미국과 마주앉아 '휴전협정'을 '평화협정'으로 바꿔보겠다고 하는 전술에 말려드는 것 아니냐?" "휴전협정에는 한국이 없고 러시아와 일본도 없으니 6자 중 3자는 그 회담 참여에 대한 자격미달이 아니냐?" 이것은 단견의 우문(愚問)에 불과하다. '평화체제 정착'의 하위개념과

하위수단의 목록들 중에 '휴전협정의 평화협정 대체'가 들어가게 되며, '북한 핵문제와 한반도의 비핵화'도 '평화체제 정착' 바로 아래의 하위개념과 하위수단에 위치해야 합당하기 때문이다.

2007년 여름에 이르러서야 베이징 4차 6자회담이 공동성명에다 아예 까먹은 것 같았던 '한반도 영구 평화체제'라는 말을 담았다. 제4항(평화체제 협상)에 "직접 당사자들은 한반도의 영구 평화체제를 위한 협상을 별도의 포럼을 통해 하기로 했음"이라 밝혔던 것이다. 별도의 포럼을 통해 한반도의 영구 평화체제를 위한 협상을 하기로 한다? 이것은 참으로 불쾌하고 졸렬하다. 단적으로 말해 미국, 러시아, 일본, 중국 4자 모두가 한반도 분단과 그 고착의 막중한 책임자들인 것이다. 한반도 분단의 근원은 누가 뭐래도 일본의 식민지 지배였다. 제2차 세계대전 직후 지구적 냉전체제가 한반도의 허리를 칼로 두부 치듯 자를 때 미국과 러시아(옛 소련)는 집행자였다. 중국은 6·25전쟁 참전으로 한반도의 '잔인한 재분단'을 결정했다.

그들 4자를 한자리에 모아둔 한국과 북한이 하나의 목소리로 한반도 분단에 대한 윤리적 시대적 책임의식을 촉구하지(북한은 중국에게 침묵하더라도) 못했던 것은 우리 민족이 드러낸 실력의 한계였다고 할지언정, 한국만이라도 시대적 진실과 역사적 상상력에 의존하여 그들 4자에게 과거의 죄업을 일깨우며 '한반도 평화체제 정착을 위한 6자회담'을 설득했어야 옳았다. 더구나 현실적으로도 '북한 핵문제 해결과 한반도의 비핵화 실현'은 남북관계의 이슈인 동시에 그들 4자의 패권적 이해관계와 직결된 이슈이니, 한국(또는 남북)이 그것을 '평화체제 정착'의 하위개념과 하위수단에 위치시킬 전략적 주요 근거이기도 했다. "좋다. 핵을 다루자. 그러나 평화체제 밑에서 다루자." 이렇게 나갔어야 옳았다.

북한을 핵보유국으로 인정하는 것에 미국과 중국은 2015년에도 애매한 소리를 하고 있다. 그러나 거의 모든 한국인은 북한이 핵무장을 했다고 믿는다. 21세기 한국사회에서 하나의 상식과 같으며, 감히 '잘못된 상식'이라고 단정적으로 말할 정보나 권력은 지구상에 존재하지 않는다. 이것이 '6자회담 12년'의 초라한 성적표이다. 하지만 한국은 변함없이 남북 화해와 평화를 갈망하고 통일을 염원한다. 심지어 박근혜 대통령이 "통일은 대박"이라 선언하기도 했다. 한국경제는 북한에서 신성장 동력을 얻게 되고 그것이 북한 발전에 직결된다는 경제적 시각에 방점을 찍은 발언 같았다. 통일은 민족의 대박이 될 수도 있고 민족의 쪽박이 될 수도 있다. 남북관계에 화해와 평화가 안정적으로 지속되지 않으면 '대박 통일'은 오지 않는다.

현재 절박한 것은 분단의 강고한 얼음장벽을 녹여나갈 실마리를 구하는 일이다. 이것을 '한국의 대북관계의 전략적 핵'이라 명명할 수 있다. 해법의 실마리를 구하려면 원인 분석이 필수 과정이다. 김일성의 3대 패착과 핵무장이 불가분의 관계로 얽힌 평양 정권은 현 단계에서는 결코 핵무장을 포기하지 않을 것이다. 싫고 답답해도 이것이 객관적 조건이다. 그래서 앞으로 10년이 중요하다. 한국의 전략은 특히 중요하다. 한국은 6자회담을 흐지부지 굴리는 대로 굴려가더라도 '대박 통일'의 대전제인 '안정적이고 지속적인 남북 화해와 평화'를 위해 안보 경제 외교 사회 문화의 국가적 역량을 집중해야 한다. 여기서 '튼튼한 안보'는 어떤 이념적, 정파적, 진영적인 가치를 초월하는 것이다. '불안정한 정세(관계)'를 '안정적인 정세(관계)'로 바꿔나가는 도정에 반드시 갖춰야하는 '평화수호를 위한 가치'이다. 바로 이 대목에서 이 시대는 '대담한 용기 속에 탁월한 슬기를 품은' 위대한 지도력을 기다린다. 대체 그 지도력은 이 땅 어느 곳에서 호흡을 가다듬고 있단 말인가?

안정적이고 지속적인 남북 화해와 평화, 이 일차적 숙원을 풀어나가는 길은 '북한이 개방체제에 연착륙하는 것'이다. 지난 12년간의 6자회담처럼 '한반도의 비핵화'가 남북관계의 모든 가치를 지배하고 통제하도록 방치해

둔다면, 북한의 개방체제 연착륙은 요원하고 그만큼 '대박 통일'의 준비도 멀어질 수밖에 없다.

고르바초프가 역사는 늦게 오는 자를 처벌한다고 했으나 정작 그의 조국(소비에트연방)은 개혁개방의 학교에 한참 지각을 했다. 오직 중국만 일찍 등교해서 아침자습까지 했지, 동독을 비롯한 동구 사회주의국가들도 모두 지각을 했다. 그들의 지각에 대한 역사의 처벌은 엄중했고, 일찍 나섰던 중국에 대한 역사의 상찬은 오늘날 중국이 누리는 세계적 위상이다. 북한은 지각이 아니다. 결석이다. 여전히 장기 결석이다. 유급을 넘어 어느덧 퇴학의 위기에 몰렸다. 북한에 대한 역사의 처벌은 애꿎게도 불특정 다수의 인민과 일부 권력층을 대상으로만 동정심마저 바닥난 것처럼 혹독하게 진행되고 있다. 언제쯤 북한이 개혁개방의 학교에 들어설 것인가? 들어설 수 있도록 도와줘서 들어서게 만들 것인가?

남북관계에서 '평화(화해)'와 '개방'은, 가령 중국의 '개혁'과 '개방'이 그랬듯 동전의 양면과 같은 것이다. '선후(先後)'가 아니다. 개방이 개혁을 부르고 개혁이 개방을 안게 되는 것처럼, 평화와 개방은 일체(一體)고 동시(同時)다.

한반도의 비핵화를 최우선 목표로 떠받들며 북한의 국제적 고립상태를 더욱 악화시켜 북한체제의 붕괴를 촉진할 것인가? 현재 북한체제가 십 년이 아니라 열 달을 못 가서 갑자기 붕괴한다고 가정해 보자. 안타까운 사실이지만, 국가의 총체적 역량을 감안할 때 남한과 북한은 서독과 동독의 경우와 같은 '흡수통일'을 감당할 능력이 크게 모자란다. 당시 서독에 비해 한국이 한참 뒤처지고, 당시 동독에 비해 북한이 훨씬 더 뒤처지기 때문이다. 게다가 한국과 미국이 아무리 훌륭한 '작계'를 갖추고 있어도 중국의 손이 평양으로 깊숙이 들어올 수밖에 없고 러시아와 일본도 무슨 지분을 거머쥔 것처럼 덩달아 설쳐댈 텐데, 무엇보다도 그 혼란의 소용돌이 한복판에서 끔찍한 사태로 발발할 '동포의 수많은 희생'은 어찌할 것인가? 한국이 '대박 통일'의 길을 개척하는 전략은, 북한이 개방체제에 연착륙하는 것을 최우선 목표로 추구하고 지원하는 가운데 남북관계의 안정적이고 지속적인 화해와 평화를 정착하는 것이다. 두말할 것 없이, 바로 후순위는 핵문제 처리이다.

국제기구에 가입한 것이라고는 오직 국제연합(UN)과 그 산하단체밖에 없는 북한, 여전히 아시아태평양경제협력회의(APEC)에도 가입하지 못한 북한. 전 세계 개발도상국의 발전과 원조를 위한 국제부흥개발은행(세계은행, IBRD)이나 아시아지역의 경제개발과 빈곤퇴치를 위한 아시아개발은행과도 제대로 접촉할 수 없는 북한. 국제기구와 국제금융의 글로벌시스템에서 외톨의 섬처럼 분리돼 있는 북한.

오늘도 평양 정권은 개방을 두려워한다. 개방을 대문 앞에 잠복한 자객쯤으로 여길 수 있다. 하지만 그 두려움은 개혁개방의 학교에 나오지 않은 학습부진증에 불과한 것이다. 중국, 베트남이 저술한 '개방체제에 연착륙하는 교과서'부터 정독해야 한다. 여기에는 중국의 행동이 중대하고, 한국과 미국의 협력이 절실하다. 러시아와 일본도 긍정적 영향을 미칠 수 있다. 국제적 이해관계의 절묘한 조화, 이 조정자 역할을 남한과 북한이 신뢰의 대화로써 맡아야 하는데, 이것은 남북관계에 안정적인 화해와 평화가 지속될 때만 가능해지는 일이다. 다만, 북한이 개방체제에 연착륙하는 역정에서 중국의 영향력이 과대해지는 것과 국제적으로 평양 정권의 존속을 보장하는 것에 대한 반론이 제기될 수 있겠다. 이 반론에 대한 반박의 명제는 두 가지다. 첫째, 시간은 민족의 편이다. 둘째, 시간은 개방의 편이다.

중국을 우려하고 경계하는 주장은 "안 그래도 중국이 북한을 거의 접수한 지경인데"라는 한마디에 그 뜻을 담고 있다. 국토의 절반을 내주는 것 아닌가, 이것이다. 이해도 간다. 오랜 조공국가였고, 때때로 동북공정을 휘두르는 중국이니. 그러나 언어와 문화와 역사는 민족의 영원한 자산이고 정체성이다. 일정 기간에 경제적으로 종속된다고 해서 식민지처럼 지배당하지는 않는다. 북한이 개방체제에 연착륙하기만 한다면, 남한과의 교류도 자연히 넓어지고 깊어지기 마련이며, 남한의 조력을 받는 북한은 남한의 경험보다 더 빠르게 경제적 종속을 극복할 수 있다. 결국 '시간은 민족의 편'이라는 것이다.

개방체제에 연착륙한 북한이 어떻게 변모해 나갈까? 이 질문에는 긴 설명이 불필요하다. 한 문장이면 족할 듯하다. '중국과 베트남의 사례를 참고하면 북한의 미래에 대한 상상도는 어긋나지 않는다.' 이것으로 충분하지 않는가? 물론 중국과 베트남의 개혁개방 교과서엔 장점과 단점이 함께 있다. 선과 악도 공존한다. 그러나 개혁개방 이전과 비교할 때는 현재의 장점과 선이 인민의 사람다운 삶에 '복무함'에 있어서 과거의 단점과 악을 압도하는 수준이다. 어떤 진영의 늪 속에 너무 오래 지낸 나머지 어느덧 거기를 유일의 진리 세계로 착각한 상태에서 그 바깥으로 나올 생각이 전혀 없는 '이념의 전사들'이야 현재의 단점과 악만 들춰내서 까발리며 저주할 테지만……, 결국 '시간은 개방의 편'이라는 것이다.

'북한이 개방체제에 연착륙하는 것'을 한국이 남북관계의 최고 전략으로 설정하려면 기존 6자회담의 틀을 적절히 활용하는 능력과 지혜도 갖춰야 하지만 그보다 먼저 시간은 민족과 개방의 편이라는 믿음을 지녀야 한다. 북한이 개방체제에 연착륙하게 될 때, 남북관계에 안정적이고 지속적인 화해와 평화가 정착할 수 있고 그 바탕 위에서만 '대박 평화통일'의 날을 남과 북이 끌며 밀며 함께 데려올 수 있다.

여기서 시민의 역할은 아무리 강조해도 지나치지 않다. 북한 인민에게 무엇을 요구하기에 앞서 남한 시민의 상당수가 먼저 '통일 준비'를 일상의 한 양식(樣式)으로 살아가야 한다. 가령, 하종오(河鍾五)의 시 「비상금」을 보자. 늙고 가난한 '아버지'가 문인 방북단에 끼어 북한을 방문하게 되자 가난한

딸이 '아버지'에게 '비상금' 몇 십 달러를 드렸는데, '아버지'는 딸의 정성을 받아 어디에 어떻게 써먹었을까? '아버지'의 쓸쓸하고 조용한 고백을 하종오는 이렇게 옮겨준다.

북한에서 저녁을 맞은 남한 문인들이
노래방 가서 마이크 잡고 노는데
서빙하는 북한 처녀가 가난하게 보여
시인은 아무쪼록 비상금으로 간직하라고
몇 십 달러를 손에 쥐여 주었다며
나를 보며 쓸쓰레했다

그러고 나서 남한으로 돌아오는 날까지도
시인은 그 북한 처녀를 다시는 보지 못하고
기념품 사는 남한 문인들만 구경했다고 덧붙였다
선물 하나도 마련하지 못하고 귀가해서
시집간 가난한 젊은 딸에게 한없이 미안하더라며
시인이 싱긋, 웃기에 나도 싱긋, 웃었다

한때 정치적 사회적 이슈로 떠올랐던 '통일세' 제정 논의가 어느 틈엔지 쑥 들어가 버렸다. 하지만 그 빈자리에 어느 날 갑자기인 듯 민간(시민) 중심의 '통일나눔펀드'가 불쑥 솟아나더니 2015년 여름에는 머잖아 바람에 흔들리지 않을 '뿌리 깊은 거목(巨木)'으로 성장할 기세다. 저급한 이념 논쟁으로 이름 내며 먹고 사는 눈들이 또 하나의 먹잇감을 사냥하려는 것처럼 그 빈틈을 찍으려 잔뜩 노려보고 있더라도, 그것은 시민사회 내부에 통일준비를 일상의 한 양식으로 확산해 나가는 운동으로 발전할 수도 있을 테고, 그

시민의 마음과 그 시민의 성금이 북한으로 들어갈 길이 열리는 날에는 '북한의 개방체제 연착륙'과 '남북의 안정적이고 지속적인 평화체제'에 이바지할 것이다. 앞으로 '통일나눔' 시민운동이 정치권의 변화를 끌어내게 되는 것은 차라리 덤의 효과라 하고 싶다.

한국에는 남북통일을 통해 여태껏 지구상에 존재한 적 없었던 '유토피아 체제'를 한반도에 실현해야 한다는 정치(精緻)한 학문적 이론도 개발돼 있다. 나 역시 그런 세상을 몽상하는 작가이다. 그러나 시대적 변혁이 이론대로 추진돼왔다면 인간은 이미 유토피아 체제에 살고 있어야 한다.

십 년은 세월이다. 어떤 시대적 전환이 필연적으로 초래하는 갈등과 충돌을 다스리고 가다듬어서 그 주도세력이 기획한 새로운 체제를 든든한 기반 위에 올려놓을 수 있는 시간이다. 십 년이면 새 역사를 쓴다는 것이다. 철책과 지뢰들이 가로막은 '살벌한 분단'의 남북관계라 해서, 북한의 '개방체제로의 연착륙' 전환이라 해서 결코 예외가 될 수는 없다.

*이 에세이는 필자의 산문집 『프란치스코 교황 그리고 무지개』에 수록된 「평화통일의 길을 열어가기 위하여」를 부분적으로 보완한 것임을 밝혀둔다. - 필자

앞으로 10년, 통일 준비를 철저히 해야

이배용 한국학중앙연구원장·한국사

앞으로 10년 내 한국사회가 당면할 가장 중요한 이슈를 들라면 통일한 국을 어떻게 만들어가야 할 것인가의 역사적 과제일 것이다. 물론 세계 1위 를 차지하고 있는 저출산 문제, 경제적 침체 위기의 극복, 선진시민의식과 인성교육의 과제도 중요한 이슈 중에 하나일 것이지만 앞으로 10년은 아마 도 통일의 문제가 가장 크게 부각될 것이라 전망한다.

역사의 흐름 속에서는 그 시기마다 극복의 주제가 있었다. 20세기 전반 은 일제에 빼앗긴 나라를 찾기 위한 독립투쟁의 시기라면, 20세기 후반은 전쟁의 폐허로 인한 최빈국에서 생존을 위한 경제적인 극복의 문제가 무엇 보다도 중요한 과제였다. 이제 21세기는 두 쪽으로 갈라진 남북한 통일의 과 제가 무엇보다도 우리 앞에 현실로 다가오고 있다. 준비 없는 미래는 없다 하였다. 바람직하고 모두가 희망을 가질 수 있는 통일 한국을 위해 보다 치 밀하고 정교한 대처가 필요하다. 한반도의 역사 이래 지각변동을 할 수 있는 큰 사건이기 때문이다.

한반도의 통일은 역사 이래 그동안 두 차례 있었다. 신라의 삼국통일, 고 려의 한반도 재통일이다. 그런데 우리는 통일의 교훈으로 독일 통일, 베트남

통일에는 귀를 기울이고 열심히 정보를 찾으려 하지만 정작 한반도에서 일어난 역사적 통일의 경험에는 관심이 없다. 신라의 삼국통일 과정에 길을 닦은 선덕여왕의 리더십에도 많은 교훈과 지혜를 얻을 수 있고, 왕건의 고려 건국 과정의 후삼국 통일에서도 미래 통일의 길을 찾는 나침반이 있다.

우리나라 역사 속에 여왕이 세 명 있었다. 신라에만 존재했는데 27대 선덕여왕, 28대 진덕여왕, 51대 진성여왕이다. 특히 632년 신라에 최초의 여왕으로 즉위한 선덕여왕은 삼국 중에서 가장 후진이고 무력으로도 열세였던 신라가 통일의 주도권을 잡게 하는 리더십을 발휘하였다. 그의 리더십 중 빼어난 덕목은 인재 등용의 혜안이다. 이 신라의 위기를 임금 혼자 돌파할 수 없다는 절박한 인식 아래 통일의 역군을 발굴한 용병술이다. 김춘추, 김유신이 바로 그들이다. 그들은 목숨 바쳐 국가의 위기를 구할 수 있는 애국단체로서, 전사단체로서 그리고 교육단체로서 화랑도를 통솔하여 통일전쟁의 주도권을 확보해 나갔다.

두 번째는 정보력에 바탕을 둔 유연한 외교술이다. 항상 전쟁이나 외교에는 상대가 있기 마련이다. 지피지기 백전백승이라고 상대를 정확히 알아야 기민한 전략을 세울 수 있는 것이다. 또한 당나라의 동태까지 주시하는 넓은 외교적 안목을 갖고 있었다. 선덕여왕은 통일 작전에 당나라를 활용하기 위해 사신도 보내고 유학생도 보내고 때로는 첩자도 보내 동태를 살폈다.

김춘추는 고구려뿐 아니라 당나라 일본에도 파견되어 주변 국가의 동태를 살폈다. 이러한 과정에서 선덕여왕이 얻은 확신은 "무기보다 무서운 것은 분열이다."라는 사실이었다. 고구려의 경우 일찍이 선진문화 대열에 들어서고 무력이 왕성했으나 지배층의 정권 다툼으로 전쟁의 동력이 급격히 떨어지고 있었다. 백제의 경우 북쪽에서 부여족이 내려와 마한 토착민을 압도하고 세운 국가로 세월이 흐를수록 지배층과 피지배층 간에 물과 기름같이 융합되지 못하고 괴리의 골은 깊어만 가서 전쟁에 임하는 자세가 결집되지 못하였다.

　이에 선덕여왕은 단합만이 살 길이라는 철저한 인식 하에 백성들의 마음과 지지를 얻는데 주력하였다. 선덕여왕의 탁월한 지혜는 문화창조로 소통의 창구를 삼았다는 것이다. 일례로 경주에 가면 시내 한복판에 첨성대가 서 있다. 바로 첨성대는 동양 최초의 천문관측 기구로 농업이 주류를 이루고 있는 상황에서 하늘이 때를 헤아려 농사를 지도하여 풍년을 이루게 하는 민생의 도구였다. 높이 9.1미터로 정교하게 기하학적으로 구성하여 하늘의 변화를 관측하고 농사의 때를 가르쳐 주었다. 예나 지금이나 지도자는 백성들을 잘 먹고 잘 살게 해야 신뢰가 쌓이는 것이다. 선덕여왕은 백성들을 챙겨주고 보듬어주는 따뜻한 복지에 주력하여 독거노인, 고아, 가난한 자들을 보살펴주었다. 당시 기록을 보면 여왕을 흠모하고 사랑한 백성들의 이야기가 여기저기서 전해온다.

　또 한편으로 선덕여왕에게서 배울 점은 안보관이다. 첨성대에서 조금 떨어진 곳에 광활한 황룡사 터가 있다. 그 자리에 황룡사 9층 목탑이 서 있었다. 고려 때 몽골이 쳐들어와 불태워 버려서 지금은 터만 남았다. 높이 80m나 올라간 거대한 9층 목탑을 상상해 보면 당시 경주 시내에 사는 백성들과 선덕여왕의 꿈이 소통하는 랜드마크였을 것이다. 신라를 향해 쳐들어오는 9적을 물리친다는 염원 아래 9층으로 높이 올린 탑이다. 탑돌이를 하면서 단합의 의지를 다지는 것이다. 이와 같이 민생과 안보를 백성들과 함께 화합으로 지켜가면서 통일의 길을 넓게 단단히 닦을 수 있었다. 지금도 우리에게 "오래된 미래"라고 큰 시사점을 주고 있다.

　이와 같이 통일의 길은 역사적 인식에서 출발해야 하는 것이다. 역사는 시작과 결말이 끝난 것을 다루기 때문에 그 인과관계 속에서 많은 교훈과 지혜를 얻을 수 있다. 그래서 "역사를 잊은 민족은 미래가 없다." 하였다.

　2015년은 광복 70주년이 되는 해이다. 일제 치하에서 35년 만에 해방의 기쁨을 맞이할 수 있었던 것은 독립을 위한 불굴의 투쟁에 온 민족이 하나가 되었기 때문이다. 물론 역할은 달랐지만 자기가 처한 위치에서 민족의 자존심, 자주성, 역사공동체로서 다진 확고한 의지가 광복의 길을 밝힌 가장 큰 힘이었다. 그러나 광복의 기쁨도 잠시 남북 분단이라는 아픔의 세월도 어언 70년이 흘렀다.

한편 우리 역사의 면면을 보면 암울했던 시기를 오히려 기회로 삼아 새로운 시대를 연 민족의 DNA가 있다. 어려운 시절이 닥쳐도 포기하지 않고 절망하지 않고 미래에 대한 도전으로 "할 수 있다", "해야 된다"는 열정을 가지고 온갖 시련을 극복해 왔다.

빼앗겼던 나라도 35년 만에 되찾은 민족이다. 1936년 베를린올림픽에서 잃어버렸던 마라톤 금메달도 56년(1992) 만에 되찾은 민족이다. 전쟁의 폐허에서 국민소득이 80달러밖에 안 되는, 앞이 캄캄했던 세월을 오로지 시대에 대한 책임과 열정, 애국심으로 한강의 기적을 이루어 3만 달러 시대를 바라보는 오늘날 대한민국의 성취를 이루어냈다. 이는 세계가 인정하는 경이로운 벤치마킹의 대상이 되었다.

박근혜 대통령의 한반도 신뢰프로세스는 단순한 포용정책과는 달리 말그대로 진정성과 신뢰를 중시하는 정책으로서, 북한의 기존 행태를 불용하는 입장이다. 미래지향적으로 통일의 과제는 매우 중대하지만 통일은 목적의 끝이 아니라 또 하나의 새로운 시작이기 때문에 당위론적 통일의 주장을 뛰어넘어 바람직한 통일을 이루기 위한 진지한 공론의 장이 무엇보다도 필요함을 제시한 것이다.

그동안 남한은 자유민주주의체제 아래서 자본주의 성장을 이루고 세계화와 개방화를 추구해왔다. 반면에 북한은 북한식 사회주의와 교조주의적 주체문화와 전체주의적 집단문화로 인한 폐쇄성을 극복하지 못하고 있다. 그로 인해 남북한의 이질화는 이념, 정치, 경제, 문화, 교육, 종교 및 언어의 이질화, 가치의 이질화까지 확산되고 있다. 그러므로 사회문화 교류의 확대는 무엇보다도 남북한의 이질성을 해소할 수 있고 궁극적으로는 상호 존중성을 가질 수 있는 기본 척도가 된다.

앞으로 남북한 사회문화 이질화의 극복방안으로 사회문화 통합 과제를 제시해보고자 한다.

첫째, 한반도 신뢰 프로세스가 실행되는 전제 아래서 민간교류의 확대가 지속적으로 실행되어야 한다. 그 중 가장 우선시되어야 하는 일이 이산가족 상봉이다. 이제 1세대가 타계하고 2세대 시대로 들어서면서 서로의 동질감에 대한 기억이 점점 희석되어가고 있다. 부모와 자식, 형제, 자매들의 혈육을 보고 싶은 간절한 염원을 저버리고 통일을 이룬다는 것은 허울에 불과하다. 가족과 친지 방문이 상호 확대되어 서로의 동질감을 인식해야 한다. 서신의 왕래, 스포츠 교류, 문화예술 교류 행사들이 일회성으로 끝나는 것이 아니라 지속성을 갖추어야 한다.

둘째, 전통문화의 복원을 통한 동질성의 확보이다. 일제 식민지시대에 우리 전통문화가 파괴된 것도 남북한이 서로 협력하여 조사 및 복원에 착수해야한다. 남한은 세계화 추진으로 인해 전통문화가 주목받지 못했고, 북한은 공산 혁명화로 인해 전통이 부정되었다. 이제 가장 한국적인 것이 세계적이라는 인식 아래 남북한이 가지고 있는 전통문화 콘텐츠를 개발하고 현대적으로 스토리텔링하여 민족의 자긍심을 높여 세계화의 문화전략으로 활용할 수 있어야 한다. 남북한이 공동 협력하여 역사문화 연구의 새로운 지평을 열 때, 세계적인 문화민족으로 나아갈 수 있다. 그러할 때 이념, 계층, 지역, 세대 간의 갈등을 통합으로 이끌 수 있다.

셋째, 가치와 규범의 공감대 확산이다. 남북한은 공히 조상숭배의 효 사상, 공동체적 질서, 미풍양속의 명절풍습 등을 가지고 있다. 21세기 동양정신의 가치가 부상되는 이 시기에 미래지향적인 세계화의 자산으로 키울 수 있다. 예를 들면, 아리랑, 단오제, 한산모시 길쌈 등의 유네스코 세계무형문화유산 등재는 매우 좋은 본보기다. 특히 설날, 추석 같은 민족 대단위의 명절도 남북한 공동으로 유네스코에 등재할 만한 중요한 무형문화유산이다.

넷째, 통일은 남북한이 같은 민족이고 역사공동체라는 인식에서 필연성이 있다. 그런데 지금은 역사인식 차이가 너무나 크다. 올바른 역사인식의 토대를 구축하여 민족공동체의 동질성을 정착시켜야 한다. 역사인식의 공존의 장을 마련하여 독도 문제, 동북공정 문제, 위안부 문제 등에 힘을 합쳐 공동협력하면 역사의 진실성이 밝혀지고 우리의 주장에 정당성이 확보될 수 있다.

다섯째, 남북한 차세대에 대한 인성교육 및 통일교육의 중요성이다. 정직, 상호존중의 배려, 인간의 존엄성, 인류공존의 평화 등 선진시민 의식을 고취할 교육이 남북한 공동으로 시행되어야 한다.

또한 한류, IT문화를 북한으로 확산하여 서로간의 공감대를 형성하면 문화적, 정서적 장벽을 눈 녹듯이 해소할 수 있다. 싸이의 강남스타일 말춤이 온 세계를 흔드는데 어찌 북한 청소년만이 이질감을 느끼겠는가? 차세대들의 높은 이상과 꿈을 실현하기 위해 민족의 자긍심을 불어넣고 글로벌 리더로 키워 한민족의 경쟁력을 높여야 한다.

오늘날 청소년들은 6·25의 참혹했던 현실을 모른 채 분단을 자연스러운 삶의 조건으로 알고 태어나 살아온 세대이다. 유치원부터 치열한 경쟁을 거쳐 대학에 입학하고, 취업난의 압박 속에서 통일은 내 삶과 동떨어진 이야기일 뿐이다.

하지만 젊은 세대에게도 통일은 기회이고 희망이다. '왜 통일을 해야 하는지', '통일이 내 삶에 어떤 영향을 미칠 수 있는지', '어떤 통일이라야 하는지'에 대해 생각하고 답을 찾아갈 수 있도록 도와주는 것이 바로 통일교육이다.

우리나라의 법률 제11690호 통일교육지원법 제2조(정의)에는 통일교육에 대하여 "통일교육이란 자유민주주의에 대한 신념과 민족공동체 의식 및 건전한 안보관을 바탕으로 통일을 이룩하는 데 필요한 가치관과 태도를 기르도록 하기 위한 교육을 말한다."라고 정의되어 있다. 이와 같이 통일교육의 목표가 뚜렷이 제시되어 있는 만큼 이에 입각한 정체성 있는 교육이 실시되어야 할 것이다.

앞으로는 한반도의 분단이 오히려 세계평화 정착의 점화지가 된다는 인식을 확산시켜 국제적 협력과 지지를 이끌어내야 한다. 남북한의 노력과 합의로 경의선 철도가 뚫려 시베리아로 유럽으로 달릴 때 기차역에서 때로는 기차간에서 그동안 고단했던 삶을 이야기하고 위로할 때 민족의 화합과 희망을 열어갈 수 있을 것이다. 미래를 짊어지고 갈 자손들에게는 분단의 아픔과 동족끼리의 미움과 갈등을 대물림하지 말아야 한다는 진정한 마음의 노래가 울려 퍼질 때 이질성을 극복하고 사회문화 통합의 길이 밝게 펼쳐질 것이다.

어떻게 다시 찾은 나라인데 아직도 세계 유일의 분단국가로 남아 있는지 진정으로 성찰하고 우리 모두가 한마음으로 뛸 때 민족의 희망과 평화의 등불을 밝힐 수 있다.

10년 후에도 젊은 세대에게 오늘과 같은
남북관계를 그대로 남겨줄 것인가

정태헌 고려대학교 한국사학과 교수

해방 후 한국은 수많은 곡절 속에서도 민주화와 공업화를 함께 이룬 전후 독립국 가운데 독특한 사례에 속한다. 이제 '대한민국' 브랜드는 세계적으로 일정하게 정착될 정도로 발전했다. 그러나 기성세대는 두 가지 큰 숙제를 풀어 젊은 세대에게 넘겨줘야 한다.

하나는 20세기 말 IMF 금융위기의 고비를 맞은 이후 역동성이 현격하게 떨어졌다는 점이다. 젊은 세대의 취직이 어려워졌고 비정규직이 급증하여 3포 세대라는 암울한 말까지 나오고 있다. 다른 이유 없다. 경제성장이 둔화될 수밖에 없는 상황에 미리 대비하지 못한 기성세대의 탓이다. 영화 〈국제시장〉이 잘 보여주듯이 기성세대가 고생했더라도 그때는 미래에 대한 희망이 컸다. 이 때문에 고생을 즐겁게 견딜 수 있었다. 그러나 희망을 찾지 못하는 젊은 세대에게 "과거에 나 고생했다"는 말만 반복하면 더 이상 약이 될 수 없다.

다른 하나는 남북관계이다. 2015년은 한반도가 해방 70주년, 분단 70주년을 맞는 해이다. 10년 후에도 지금처럼 적대적 남북관계가 지속된다면 한반도의 미래는 그만큼 어두울 수밖에 없다. 그런데 다시 돌아보면 이전 시기까지는 생각하지도 못했던 남북관계 변화를 불러온 2000년 남북정상회담도 불과 15년 전의 일이다. 지난 7~8년간 이전의 적대적 관계로 되돌아가면서 그 변화가 빛이 바랬지만 그래도 여전히 그 변화의 여진은 강하게 남아 있다.

만물은 변화하면서 발전한다. 상식적으로 보자. 할아버지 대(代)에서부터 손자, 증손자 대인 오늘의 젊은 세대에 이르기까지 70~80년 동안 똑같은 버전의 '반북론'과 적대적 남북관계가 계속되는 것이 과연 정상적이고 한국에게 득이 될까? 대부분 그렇지 않다고 답할 것이다. 그러면서 그 이유가 비정상적인 북한 때문이라고 답할 것이다.

그런데 냉정하게 보자. 내 코가 석자인데 우리의 관심은 3대째 세습을 하면서 핵무기나 개발하는 한심한 북한에 있는 것이 아니다. 바로 우리 자신에 있다. 북한을 비난하는 것만으로는 한국에 돌아오는 실익은 없다. 적대적 분단체제의 지속은 지형적으로 대륙과 떨어진 '섬'으로 남아 있을 수밖에 없는 한국에 오히려 북한보다 더 불리한 환경 요소로 작용한다.

이 때문에라도 향후 남북관계는 변해야 하고 10년 후에는 그걸 후대에게 물려줘야 한다. 현재의 적대적 남북관계에 안주하면서 거대한 국익의 문을 닫아버릴 것이냐, 반대로 국익을 위해서라도 남북관계를 풀어갈 것이냐 하는 것은 결국 선택의 문제이다. 물론 그 결과는 현격한 차이를 불러올 것이고 어느 경우든 후손들에게 고스란히 안겨질 것이다.

감정적 반북론을 넘어 남북관계를 '국익'의 잣대에서 보는 사회적 관성이 필요하다. 한일관계를 보자. 여전히 침략의 과거사를 미화하여 우리들을 아프게 하는 일본과 왜 관계를 맺는가? 일본이 좋은 나라라서? 바로 국익 때문이다. 북한과의 관계 또한 국익의 관점에서 설정할 필요가 있다.

이제는 이념을 실용적으로 볼 필요가 있다. 한반도처럼 분단-그들은 '양안(兩岸)관계'라고 부르지만-상태인 중국과 대만을 이해하려면 일도양단식 이념의 잣대로는 어렵다. 중국은 공산당이 지배하고 있지만 과연 경제체제를 공산주의로 볼 수 있을까? 대만은 한때 '자유중국'이라고 부르기도 했지만 38년 동안 유지해온 계엄령을 1987년에 해제할 때까지 국민당 일당이 지배하면서 국유 국영 중심으로 경제를 운영하고 있었다. 적어도 1987년 이전까지의 대만 경제를 자본주의라고 볼 수 있을까? 사실 답하기 쉽지 않다. 각자의 필요에 따라 이념을 실용적으로 활용했기 때문이다.

대북정책은 실리 추구에 집중해야 한다. 망해가던 북한이 '퍼주기' 때문에 살아나 핵개발까지 했다는 비난을 넘어, 북핵의 근본 원인을 실사구시에 입각해 천착해야 한국의 목표인 북핵 폐기를 위한 냉정한 판단과 대응책도 나올 수 있다. 먼저 지난 20여 년 동안, 최소 2~3년이라도 진지한 협상국면이 지속된 적이 있는지 돌아봐야 한다. 6자회담 등 대북협상이 진행되는 동안에는 북한의 핵능력이 동결되었고, 협상이 깨졌을 때 핵능력이 증가했다는 불편한 사실을 직시해야 한다. 빌 클린턴 전 미국대통령은 "1994년 제네바 합의 덕분에 북한이 매년 수 개의 핵병기를 생산하지 않도록 하는 성과가 있었다."고 밝힌 바 있다.

중국의 사례는 반면교사가 된다. 중국은 미소 양진영의 대립, 중소 갈등의 틈바구니에서 안보를 위해 1964년 핵실험을 단행했다. 중국의 개혁개방이 이뤄진 것은 미소 양국의 압박과 봉쇄 정책 하에서가 아니라 1972년 중일수교, 1979년 미중수교 이후였다. 세계 현대사를 보면 핵위협은 핵방어를 초래했다. 둘은 결국 하나였다.

남북관계가 험악해진 사이에 북중간 경제협력이 가속도가 붙었다. 중국과 북한의 이해관계가 맞아떨어진 결과이다. 정부의 대북정책이 북한을 중국의 품으로 등 떠미는 우를 범하는 셈은 아닌지 따져볼 필요가 있다. 북한은 1998년 금강산 관광 때부터 사실 남한에 손을 내밀었다. 2007년 10·4 선언에서 합의한 개성-신의주 구간 철도 개보수안도 북한이 이 사업에 관심이 큰 중국을 제쳐두고 남한과 합의한 결과였다. 그러나 정부가 6·15선언과 10·4선언을 사실상 폐기하면서 결국 이 사업은 중국으로 넘어갔다. 산업동맥인 철도가 남북경제권에서 북중경제권으로 넘어간 것이다. 그 사이 북한의 광산개발은 중국이 독차지했다.

평화적 실리적 동북아경제공동체 건설의 주체는 결국 한반도일 수밖에 없다. 그러나 현재 남과 북은 '한미일 대 북중러'의 대립 판도에 각각 분리 편입된 상태에 놓여 있다. 냉전체제는 붕괴되었지만 21세기 동북아는 대륙세력과 해양세력이 대립하던 20세기 초의 틀에 여전히 갇혀 있는 것이다. 양 세력의 대립이 전쟁으로 비화될 경우 그 장소가 한반도일 수밖에 없다는 점도 한 세기 전이나 6·25전쟁 때와 다름이 없다.

모든 사물에는 양면성이 있다. 국제환경에는 전쟁을 부추기는 이해관계와 평화지향적 이해관계가 병존한다. 냉전체제 하에서도 1970년대 이후 7·4 공동성명, 1985년 남북적십자회담 등 당시로서는 큰 성과가 도출되었다. 한국이 후자의 국제 흐름에 적극 조응한 결과였다. 감정적 반북론은 주변국과의 관계를 주체적으로 활용하여 한반도 평화체제를 구축하고 동북아경제공동체 건설을 여는 상상력을 가로막는 셈이다. 한반도를 둘러싼 국제환경은 주체의 적응과 활용 여하에 따라 천양지차로 나타날 수 있다. 한반도 안정을 원하는 방향이 국제환경의 주 흐름이 되도록 유도하는 주체는 결국 남과 북이고 한국이 이니셔티브를 쥘 수밖에 없다.

한반도의 평화정착을 위한 출발점은 역시 사람과 물자와 돈, 그리고 문화와 학술이 오가는 남과 북의 교류에서 비롯된다. 젊은 세대가 기성세대가 되었을 때 영토와 제도가 하나 된 통일의 그림을 구체적으로 그릴 수 있도록, 기성세대는 그에 필요한 전제 조건을 마련해줘야 한다. 이를 위해 대외정책의 초점은 한미일-북중러 블록의 이해관계가 한반도에서 대립보다 교차영역이 넓어지는 환경을 조성하는 방향에서 집중되어야 한다.

그런 점에서 분단 59년만인 2004년 12월에 첫 가동된 개성공단은 북한이 적대적으로만 대응했던 한국의 자본을 외자유치 대상으로 설정했다는 점에서 큰 의미가 있다. 주관적으로 싫건 좋건 남북경협은 객관적으로 동북아 평화체제를 구축하는 지렛대가 된다. 개성공단은 남북간 윈-윈 '비즈니스'의 산물이다. 남한에서는 한계기업들에게 활로를 제공하고 최전방을 내준 북한 또한 적지 않은 고용 효과와 외화 수입을 거둔다.

이 과정이 확산되면 허리가 끊어진 한반도철도, 즉 경의선과 동해선이 이어질 수 있다. 그러면 한반도철도(TKR: Trans Korean Railway)가 중국횡단철도(TCR: Trans China Railway) 및 시베리아횡단철도(TSR: Trans Siberian Railway)를 통해 유럽대륙까지 연결된다. 남북의 적대적 대치를 평화지대로 전환할 수 있는 경제유통망이 국내외적으로 만들어지는 것이다. 한반도종단철도(TKR)가 TSR, TCR과 연결되면 무한한 경제적 파급효과가 정치적 안정과 평화적 동북아관계를 정착시키는 기반을 두텁게 할 수 있다. 한반도가 국제정세에 휘둘린 '화약고' 처지를 벗어나, 한반도는 물론 동북아 경제협력 '평화지대'의 중심지로 전환되는 것이다.

한반도의 평화체제를 확고하게 정착시키기 위해 한반도에 각국의 이해관계가 중첩되어야 한다. 적대적 분단체제를 풀어가는 관건은 남과 북 어느 쪽도 섣불리 중지하자는 말을 꺼내기 어려울 정도의 규모로 서로의 이해관계가 꽉 물려있는 수준까지 교류협력이 이뤄지는가에 달려 있다. 향후 북한은 일본, 중국, 미국, 러시아, 대만 외에도 동남아시아, 중동 등 각국의 자본과 기술, 인력이 유입되어 국제적 이해관계가 얽힌 지대가 되어야 한다. 철저하게 국익을 추구하게 마련인 국제관계에서 평화는 이해관계가 얽힐 때 비로소 정착되기 때문이다.

시민 그리고 개인

박길성
미국 위스콘신대학교 사회학 박사. International Journal of Comparative Sociology 편집위원, 한국사회학 편집위원장, Global Policy 편집위원 역임. 현재 고려대학교 대학원장, 고려대학교 사회학과 교수, 미국 유타주립대 겸임교수, 세계한류학회 회장. 저서 『사회는 갈등을 만들고 갈등은 사회를 만든다』, 『IMF 10년, 한국사회 다시 보나』, 『세계화-자본과 문화의 구조변동』 등.

송호근
미국 하버드대학교 사회학 박사. 서울대 대외협력처장. 미국 쌘디에고대 '국제관계 및 태평양지역연구대학원' 초빙교수, 대통령 직속 사회통합위원회 위원 역임. 현재 서울대학교 사회학과 교수. 주요 저서로는 『나는 시민인가』, 『시민의 탄생: 조선의 근대와 공론장의 지각변동』, 『그들은 소리내 울지 않는다』, 『이분법 사회를 넘어서』, 『인민의 탄생: 공론장의 구조변동』, 『위기의 청년세대』 등.

이진우
독일 아우크스부르크 대학서 철학 석·박사. 계명대학교 철학과 교수, 동 대학 총장, 유네스코 한국위원회 위원, 니체전집 편집위원 및 한국 니체학회 회장 역임. 현재 포스텍 인문사회학부 교수. 저서로 『니체의 인생강의』, 『중간에 서야 좌우가 보인다』, 『니체, 실험적 사유와 극단의 사상』, 『프라이버시의 철학』, 『이성은 죽었는가』, 『도덕의 담론』 등.

전상인
미국 브라운(Brown)대학 사회학 박사. 통일연구원 연구위원, 미국 워싱턴주립대 방문교수, 한국미래학회 회장 역임. 현재 서울대학교 환경대학원 교수, 한국마을학회 회장. 저서 『편의점 사회학』, 『아파트에 미치다―현대한국의 주거사회학』, 『우리 시대의 지식인을 말한다』, 공저 『도시와 환경』, 『한국의 사회자본: 역사현실』 등.

전영기
서울대 정치학과 및 동 대학원 석사. 중앙일보 정치부장, 중앙SUNDAY 편집국장, 중앙일보 편집국장, JTBC 메인앵커 역임. 현재 중앙일보 논설위원, 김종필 증언록 팀장. 저서 『성공한 권력』(2000년), 『2007년 대선승자는 누구인가』(2006년) 등.

정인재
타이완 중국문화대학 박사(동양철학). 한국양명학회 회장, 한국철학회 부회장, 서강대학교 문과대학장 역임. 현재 서강대학교 철학과 교수. 주요 저서 『중국철학개론』, 『전습록』 등

신뢰의 묘목을 심어야

박길성 고려대학교 사회학과 교수

불신의 늪에 빠진 대한민국

OECD 최근 보고서 「한눈에 보는 사회상 2014 Society at a Glance 2014」에 의하면, 우리 국민 4명 중 1명만이 정부를 신뢰하는(24.8%) 것으로 나온다. 국민 5명 중 4명이 정부를 신뢰하는 스위스(82.2%)와는 대조적이다. 그런가 하면 5년마다 미국 미시간대학이 조사하는 세계가치관조사(World Value Survey)에 의하면, 한국사회의 일반적 신뢰 수준은 지난 30여 년 동안 지속적으로 낮아지는 심각한 상황에 처해있는 것으로 나타났다. OECD 국가 중 가장 낮은 수준이다.

정부 정책과 관련된 각론으로 들어가면 심각한 구석은 더 깊어진다. 일례로 2015년 한국교육개발원의 발표에 의하면, 국민 8.7%만이 "정부의 교육정책을 신뢰한다"고 응답하였다. 정책의 정당성 확보를 위한 최소한의 조건도 갖추지 못하고 있는 셈이다. 이렇듯 국내외 각종 신뢰도 평가에서 한국은 형편없는 낙제 수준을 면치 못하고 있다.

이쯤 되면 '불신의 늪에 빠진 대한민국'이라는 표현을 수긍하지 않을 수 없다. 당장 심폐소생술이 필요할 만큼 다급한 수준이다. 다소 거칠게 정리하면 사회 전체가 불신 덩어리인 셈이다. 신뢰 결핍이 한국사회의 고질적인 병폐로 여겨진다.

더 우려되는 것은 한국의 젊은층이 정부에 대해 갖는 불신이다. OECD 보고서에 따르면 "일반적으로 젊은층일수록 미래에 대해 낙관적인 시각을 보이기 때문에 일반적으로 젊은층의 정부 신뢰도는 높다"라고 논평했지만, 한국은 여기에 해당하지 않는다. 한국의 경우 미래를 담보해야할 젊은층의 신뢰가 더 낮은 것으로 나타난다. 저신뢰를 넘어 무너진 신뢰가 누적되어 불신이 구조화의 길로 들어선 것이다. 10년 후 한국사회를 넉넉하게 전망하기 어려운 소이가 여기에 있다.

신뢰 적자(trust deficit)의 양상이 우리 사회 전반에 드러난다. 신뢰 적자는 재정 적자나 무역 적자와 같은 경제문제와 비교할 수 없을 만큼 위험성의 파급력이 광범하고 크다. 신뢰가 사회질서의 기본이자 사회번영의 근간이기 때문이다. 신뢰 없이 온전하게 이루어질 것은 하나도 없다고 해도 지나친 표현이 아니다. 신뢰 적자의 모습으로 행복하고 안전하며 효율적인 사회적 풍요를 꿈꾸기는 어려울 듯하다.

실제로 신뢰에 관한 여러 국제비교연구에서 일관되게 도출된 결론은 신뢰 수준이 높은 사회일수록 행복하고, 안전하며, 효율적이라는 것이다. 신뢰와 경제의 관계보다 더 정확한 정비례를 보이는 것도 없을 듯하다. 세계적인 경영컨설턴트인 스티븐 코비는 자신의 저서인 『신뢰의 속도』에서 "신뢰의 속도만큼 빠른 것은 없고 신뢰의 경제만큼 높은 수익을 가져다주는 것은 없다"고 주장한 바 있다. 사회적 신뢰가 클수록 경제활동에 들어가는 거래비용은 줄어들고 경제효율성은 높아진다는 논리에 기초하고 있다.

한국사회에서 불신의 경고등이 켜진 지는 오래되었다. 돌이켜보면 한국 발전의 대명사인 돌진형 압축근대화 속에서 신뢰의 가치가 오롯하게 견지되기는 구조적으로 어려웠다. 압축성장 속에서 수단과 방법을 가리지 않는 성과 일방주의가 최고의 가치로 여겨졌기 때문이다. 절차와 과정의 정당성은 무시되기 일쑤였고, 합의나 협의보다는 독단이나 동원을 바탕으로 거의 모든 일을 만들어냈다. 신뢰의 가치는 뒷전으로 밀려났다. 모두가 성장의 외형적 과실에 도취되었던 시절에는 신뢰의 문제가 절실하게 다가오지 않았다. 그러나 점차 고도성장의 동력이 떨어지고 나누어야할 몫의 문제가 크게 부각하면서 신뢰가 사회발전의 중요한 동인으로 인지되기 시작하였다. 실제로 신뢰는 사회경제적 형편이 좋을 때보다는 상황이 어려울 때 더 절실하게 요청된다.

오늘날 우리 사회가 직면하고 있는 갈등, 분쟁, 분란의 기저에는 하나같이 신뢰의 결핍이 근본적인 원인으로 작동하고 있다. 오늘의 한국사회를 관통하는 근본 문제를 정리해보면 신뢰의 결핍이 관계되어 있다. 구래(舊來)의 권위주의를 타파하는 데는 성공하였지만 새로운 권위를 만들어내지 못하는 문제 역시 신뢰에 대한 합의를 만들어내지 못하기 때문이다. 이해는 과도하게 분출하지만 공적 이해를 담아내는 공공선의 창출은 대단히 취약하다거나, 연줄이나 연고는 여전히 강하지만 시민적 연대는 미약하며, 공동체의 복원이 강조되지만 공동체의 우애는 취약해지는 상황 역시 신뢰의 문제가 관여되어 있다. 여기에 자신의 권리를 향한 주장은 강하지만 책임의식은 부족하고, 대부분의 논쟁이 일도양단의 이분법으로 일관하면서 신뢰의 기반은 좀처럼 제자리를 잡지 못하고 있다. 증폭하는 불신과는 대조적으로 신뢰를 향한 통로는 좀처럼 열리지 않는다. 불신으로 인한 사회갈등 비용은 천

문학적 수준에 이른다.

　신뢰의 문제는 메가 리스크(mega risk)의 상황에서 그 중요성이 더해지고 있다. 네트워크, 바이오, 인공지능, 나노와 같은 최첨단 테크놀로지는 극단적인 풍요와 재앙의 양면성 속에서 예측할 수 없는 거대한 위험성을 안고 있다. 신뢰는 오늘날 현실 세계의 지칠 줄 모르고 확장하는 상업적, 정치적 욕망이 만들어낼 메가 리스크를 억지할 수 있는 근간이다. 객관적 위험이 같더라도 신뢰가 부족할 때 사회적 불안은 훨씬 커지기 마련이다. 신뢰가 결여된 사회에서 위험의 확산은 매우 자명하다. 이성이나 합리적 판단이 들어설 자리가 좁아진다. 메가 리스크 시대에서 신뢰의 구축은 이전의 그 어떤 시대와도 비교할 수 없을 만큼 중요한 사회적 과제다.

신뢰의 기반으로서 공정과 구현으로서 시민교육

　한국이 존경받는 일류국가, 자랑스러운 선진국이 되기 위해서는 사회 전반에 팽배한 불신을 걷어내는 일이 무엇보다 시급하다. 신뢰가 낮은 사회에서 원칙이 허물어지는 일은 간단하다. 신뢰가 결여된 사회일수록 진실이나 미담보다 허위나 추문에 관심이 많다. 과도한 쏠림이 한국사회의 고질적인 행태로 여겨지는 것도 신뢰의 토대가 취약하기 때문이다.

　신뢰란 정책 한두 가지가 시행된다고 혹은 제도 한둘이 작동한다고 구축되는 것이 결코 아니다. 신뢰는 세대에 걸쳐 축적되며 마찬가지로 무너진 신뢰를 복원하는 데는 오랜 시간과 많은 노력이 요청된다. 신뢰는 국가, 시장, 시민사회 모두가 주체가 되어야 한다. 어느 특정 집단의 몫이 결코 아니라는 것이다. 신뢰는 자율과 책임의 균형에서 형성되는 만큼, 사회 구성의 근본에 대한 깊은 성찰이 요청된다. 나아가 이 시대의 키워드로 등장하고 있는 협업은 서로에 대한 신뢰가 전제되지 않으면 이루어지기 어렵다.

신뢰는 공정의 함수다. 신뢰를 구축함에 있어 가장 큰 걸림돌은 사회가 공정하지 않다는 인식이다. 사회관계의 공정성 여부가 신뢰를 결정한다는 것이다. 공정이란 자신의 목적을 선택하되 타인에게도 이와 동등한 권리가 있음을 인정하고 나아가 공동체에 대한 의무적 가치를 갖춰가는 것이다.

무엇보다도 시민교육에서 신뢰의 길을 찾아야 한다. 시민교육은 교양 있는 시민을 양성하는 지름길이다. 이제 시민교육을 통해 가치 공동체의 장을 열어야 한다. 가치 공동체의 핵심은 법과 원칙의 중요성을 일깨우는 일이다. 뿐만 아니라, 법의 테두리 안에서는 무한대의 자유가 보장되지만 이를 벗어나면 대가는 혹독해야 한다는 것을 사회적으로 공감시켜야 한다. 시민교육을 통해 우애와 동료애가 사회 구성의 기본 덕목임을 재확인해야 한다. 엘리트나 사회지도층은 권력을 누리는 자리가 아니라 헌신하고 봉사하고 절제하는 자리라는 것도 일깨워야 한다. 최근 부각되는 소통의 문제는 일차적으로 강자의 책임임을 사회 구성원 모두가 논리적으로 공감함으로써 해결 가능하다. 교육의 주체에 관해 말하자면 시민교육은 제도권 학교에만 국한되어서는 안 된다. 언론이나 NGO는 말할 필요도 없고 교양 시민을 위한 다양한 형태의 기획이 운영되어야 하고 신뢰를 확산하는 공론의 장을 만들어야 한다.

한 해의 계획으로 곡식을 심는 일만큼 중요한 것이 없고, 십 년의 계획으로는 나무를 심는 일만큼 중요한 것이 없다(一年之計 莫如種穀, 十年之計 莫如種樹)고 한다. 10년 후 한국사회를 준비하기 위해 어떤 신뢰의 묘목을 어떻게 심어야할지 지혜를 모아야 할 때다.

시민성의 배양이 절실하다

송호근 서울대학교 사회학과 교수

향후 10년 한국사회에서 가장 절실한 과제를 꼽으라면 나는 주저없이 '시민성' 배양을 들겠다. 시민성(civicness)은 무엇인가? 주체성을 갖춘 개인이 다른 개인과 더불어 사는 공생의 지혜, 공공성에 대한 긴장과 윤리를 갖추는 것을 의미한다. 독일어로 공생은 Zusammenleben이다. Zusammen은 '함께' 내지 '더불어'이고 Leben은 '삶', 즉 더불어 사는 삶을 뜻한다. 그런 덕성을 갖춘 사람이 Mitbürger, '같이 사는 시민'이다. 나찌즘의 폐해를 철저히 반성한 전후 독일은 공생이라는 시민사회의 전통을 부활시켰다. 세금 더 내고, 능력없는 사람에게 공적 지원을 제공하고, 공동체적 쟁점을 주민회의와 자치조직을 통해 해소하는 오랜 습속과 규범을 사회운영의 기본 원리로 내세운 것이다.

그런데 Mitbürger는 그냥 개인들이 각성한다고 생기는 것이 아니다. 오랜 역사적 전통과 경험 속에서 숙성과정을 거쳐야 한다. 계급투쟁과 사회적 혼란을 겪기도 하고, 착취와 빈곤, 지독한 불평등을 거친 끝에, 그런 사회적, 경제적 문제를 해결하지 않고는 사회질서의 유지가 어렵다는 쓰라린 교훈을 얻어냈다. 유럽국가들은 이런 과정을 거의 백여 년에 걸쳐 경험했다. 자기 보존(self preservation)을 최고의 가치로 생각했던 개인들이 결국 그것을 지켜 나가려면 타인에 대한 배려가 필수적임을 깨닫는 데에 그만큼 오랜 시간이 걸렸다. 자신의 능력과 자질을 최대한 발휘하면 자기보존이 가능하다는 생각의 정점에 자유주의(liberalism)가 놓인다면, 시민성은 개인주의와 불평등에 취약한 자유주의이념을 보완하는 가치로 주목받았다. 더불어 사는 공동체적 윤리를 통해 시장의 횡포를 완화하려는 노력이었다. 헝가리의 경제인류학자인 칼 폴라니(Karl Polanyi)의 지적대로 자본주의경제의 취약성을 사회제도의 개혁을 통해 보완하는 데에 핵심요인이 시민성이다. 시장과 사회를 상호 보완하여 자본주의체제가 붕괴되지 않도록 하는 제도적 개입의 사이클을 폴라니는 이중운동(dual movement)이라 불렀다. 시장-사회-시장-사회가 서로 번갈아 단점을 메워주는 방식의 창의적 상호작용이 그것이다.

그러므로 경제는 사회의 도움없이 지속적 성장이 불가능하다. 얼마 전부터 각광을 받아온 "지속가능한 성장"(sustainable growth)에는 결국 시장의 폐단을 바로잡는 사회적 제도개혁이 필수적이다. 경제가 경제적 자원의 재조직만으로, 노동과 자원의 막대한 투입만으로 성장이 가능한 시기는 지났다. 한국이 대표적인 사례인데, 1만불에서 2만 5천불로 올라설 때까지 거의 20년이 경과했다. 선진국 클럽 중에서 가장 오랜 기간이 소요된 이유는 바로 적시의 제도 개혁이 뒤따르지 않았기 때문이다. 적시의 제도개혁은 사회집단, 계급간 합의과정을 필요로 하고 또한 정치권이 그것을 일궈내는 역량과 리더십을 갖춰야 한다. 이런 면에서 한국은 아직 선진국 클럽에 가입할 자격을 인정받기에는 모자란 요인들이 너무 많다. 시민성의 결핍이 가장 결정적이고 중대한 요인이다.

얼마 전 기성세대의 심금을 울린 영화 〈국제시장〉은 국가와 개인의 관계에 대한 얘기다. 국가와 개인, 그리고 개인이 속한 가족이 그 스토리의 주요 행위자다. 즉 국민성(nationality)이 극화된 스토리가 국제시장인데, 세계의 주목을 끈 우리의 고도 경제성장은 곧 '국민성의 극대화'가 낳은 결과였다. 국가의 목적에 대한 국민의 헌신이 그것이다. 국가의 목적이 개인의 성취로 연결되었으니 자부심을 느낄 만하다. 그런데 시민성이 통째로 빠졌다. 국가와의 관계 외에 친구집단, 동세대원, 국제시장 번영회, 주민조직, 그리고 여타의 시민단체와 맺는 관계와 스토리는 찾을 수가 없다. 국제시장의 주인공은 '국민'이었지 '시민'이 아니었던 거다. 국민은 국가와 개인의 수직적 관계를 의미하고, 시민은 다른 사람과의 수평적 관계를 뜻한다. 한 사회는 국민성을 날줄로, 시민성을 씨줄로 엮인 그물망이다. 한 사회를 이끌어가는 지배적 가치관은 국민성과 시민성이 결합한 윤리와 규범이라고 보면 족하다. 우리는 국민성이 과도하게 발달하고 시민성이 절대적으로 빈약한 불균형적 상태에 처해 있다. 2014년 4월에 발생한 세월호 사태가 그 결핍을 웅변적으로 말해준다. 필자가 자문형식의 책 『나는 시민인가?』를 출간했던 이유이기도 하다. 나는 시민인가? 한국전쟁이 끝난 지 몇 년 후 두메산골에서 태어나 갓난아기 때 어머니 등에 업혀 서울로 올라왔던 나는 시민인가? 스스로 자문해 봤던 이유는 명백하다. 세월호 사태는 시민성의 취약, 아니 결핍증을 그대로 드러낸 사건이기 때문이었다. 한국에서 시민은 어떻게 태어났고 어떤 성장과정을 거쳤는가? 한국에서 시민이 태어나기는 했는가? 이런 질문 말이다.[1]

식민지 시기에도 도시민은 시민(市民)으로 불렸다. 그 시민은 프랑스의 Citoyen(공민), 영국과 미국의 시민(Citizen), 독일의 성민(Bürger)과는 사뭇 다른 뉘앙스를 갖고 있다. 유럽의 시민이 주체적 개인이자 고유한 생활양식과 세계관을 배양한 계층을 뜻한다면, 내가 도시민이 되었을 당시 한국은 그런 수준까지 도달하지는 못했다. 소시민(小市民)이라는 말은 더러 소설에

---

1 이후의 글은 필자의 책 [나는 시민인가?]의 서문에서 발췌, 수정한 것이다. 한국사회에 절실한 사회개혁의 미래 과제를 간결하게 제시했다.

쓰이기는 했고 1960년대 이른바 '소시민문학'이란 경향성을 만들어내기도 했다. 소시민이란 자신의 권리를 늠름하게 지키지 못하고, 세상현실에 주도적 영향력을 행사할 뚜렷한 사회세력이 되지 못한 어정쩡한 상태의 도시 거주민을 의미한다. 조선에서 시민의 맹아는 1900년대 초반 형성 일로에 있었다. 식민지가 시작되자 시민의 맹아는 성장을 멈췄고, 내가 '상상적 시민'이라 했던 그 결빙상태가 지속되었다. 해방 후는? 여전히 농민이 80% 이상을 차지하던 농업사회였다. 그리고 전쟁 여파로 시민 개념은 국민과 인민 사이에서 설 자리를 잃었다. 그런 때에 필자가 태어난 것이다.

1961년 국민의 시대가 개막됐고 그 막강한 영향력은 지금껏 계속되고 있다. 잘잘못을 가리자는 게 아니다. 시민형성의 역사적, 사회사적 의미는 국민이 내뿜는 강력한 자장 속으로 해체되었음을 말하고자 하는 것이다. 시민과 시민의식이 제대로 자라고 진화하려면 경쟁상대가 필요하다. 유럽에서 시민계층은 귀족층과의 경쟁에서 생겨났다. 사회주도권을 놓고 격돌했던 그 치열한 경쟁은 국가마다 다르지만 거의 19세기 전반에 걸쳐 전개되었다. 시민층이 근대를 거쳐 현대의 주도층으로 부상하는 데에 거의 백여 년 넘게 걸렸다는 뜻이다. 왜 그렇게 오랜 시간이 필요했는가? 시민계층은 무엇을 정신적, 물질적 무기로 해서 지배층과 겨뤘으며, 그 결과는 무엇인가? 이 질문이 바로 우리의 시민성을 되짚어보게 하는 역사적 성찰의 문(門)이다.

우리의 시민계층은 정신적 무정형이 특징이다. 이 말은 서글프고 신나는 두 개의 상반된 정서를 동반한다. 우리의 시민계층은 1960년대 빠른 도시화와 더불어 양적으로 급성장했다. 비록 개발독재로 불렸던 억압적 공간이었지만 도시민이라는 거주 함의가 점차 옅어지고 국가권력에 대해 비판적 의식을 갖는 주체적 개인으로 변신하고 있었다. 그런데 계층적으로 대항세력이 없었던 게 문제였다. 유럽에서 시민층을 긴장시켰던 세력이 귀족층이었음은 앞에서 지적했다. 귀족계급의 신분적 우월성, 예술취향과 고급

스런 생활양식에 대항하여 시민층으로서 고유한 코드와 양식을 발전시켜야 했다. 종교개혁에 의해 세속적 경건성을 내면화하고, 근검과 절약, 그리고 전문적 교양을 습득해서 생활 조건을 향상하는 것이 시민층의 주요 목표로 설정되었다. 시민성(civicness)은 시민층의 이런 대결의식에서 발아한다. 귀족층의 이상주의와 퇴폐주의에 대하여 합리주의와 경험주의로 무장하고, 사익과 공익의 조화로운 화합을 통해 근대사회를 기획하는 일이 시민층의 역사적 과제가 되었다. 공익을 더 강조하는 사회에서는 공화주의(republicanism)가 들어섰고, 자유와 사익에 무게 중심을 놓고 '타인에의 배려'를 동시에 추구하는 곳에서는 자유주의(liberalism)가 들어섰다. 시민층의 정신적 무기는 합리성, 물질적 풍요는 그들의 경제적 무기였다. 예술성과 세속성의 대립 속에서 시민성이 발아되고 형성됐다.

독일의 교양소설과 교양시민이 전형적이다. 괴테의 『젊은 베르테르의 슬픔』(1774)은 샤롯테를 사랑하는 베르테르의 좌절감을 그린 소설이다. 샤롯테가 약혼녀라는 사실 외에도 귀족층인 그녀의 신분적 지위가 시민층인 베르테르의 사랑을 막는 사회적 장벽이었다. 시민과 귀족 사이에 가로놓인 이 장벽을 18세기 지식청년은 뚫지 못했던 것이다. '사랑의 슬픔'은 '사회적 고뇌(die Leiden)'였다. 시민층이 고유의 정신적 양식을 쌓아 그 신분적 열등감을 극복하는 데에 거의 백 년이 걸렸다. 귀족의 양식과 시민적 생활세계의 대립을 한 몸에 구현한 문학가가 토마스 만이다. 그의 자전적 작품 『토니오 크뢰거』(1903)는 이름부터 예술을 대변하는 남독일(토니오)과 시민을 대변하는 북독일(크뢰거)의 낯선 융합으로서, 예술과 세속, 정신(精神)과 생(生), 영혼과 생활세계로 대립되는 귀족과 시민층의 세계관과 그 사이에서 방황하는 예술가 지망 시민의 고뇌를 그린 작품이다. 시민의 세속성과 정신적 고매성 사이에 다리를 놓으려는 이 주인공은 이렇게 되뇌인다. "나는 밝은 사람들을 동경하고 사랑하는 시민(市民)이다. 오로지 예술 속에 잘못 길을 내디딘

것뿐이다."

이런 치열한 대결 속에서 학식과 전문지식, 종교적 신념을 겸비한 교양시민(Bildungsbürgertum)이 탄생했다. 교양이란 인문주의적 이념에 근거한 인간의 자기형성을 뜻하는데, 현실세계에 이르러서는 내면적 인격성과 보편적 인간성의 완성을 향한 '세속적 경건성'(Weltfrommigkeit)으로 발현되었다. 교양시민을 배출한 중심조직은 대학과 교회였으며, 국가와 귀족층에 대하여 시민사회의 자율적 윤리를 구축하는 데 주력했다. 시기에 따라서는 일종의 선민의식에 빠지기도 했지만, 자유주의와 합리주의에 근거해 이들이 생산하고 확장한 공공성(Öffentlichkeit)이야말로 시민적 윤리를 창출하는 인큐베이터였다. 사익과 공익 간 균형감각을 갖춘 시민층이 태어난 배경이다.

그렇다면 우리는? 60년대~70년대 시민층이 확대될 당시 긴장해야할 대항세력이 없었다. 교양시민층도 엷었을 뿐 아니라 귀족층이 무너진 빈 공간을 차지하기 위한 계층상승 경쟁에 휘말렸기 때문이다. 시민층의 정신적 양식은 무엇인지를 생각할 겨를도 없이 상층을 차지하려는 무한 경쟁이 촉발된 것이다. 학력과 연줄은 상층을 향한 무한경쟁의 가장 효율적인 무기였다. 군부가 최상층을 차지했고 장차관, 고위관료, 재벌기업, 국회의원이 뒤를 이었다. 이것이 1960년대 말 김지하가 우화에 빗댄 '오적(五賊)'이다. 지배층이 되고자 질주하는 시민층에게 노동자와 농민의 도전이 수용될 리 없다. 원자화된 개인주의와 권리의식이 시민층의 정신적 양식으로 자리 잡았기 때문이다. 1990년대 노동운동이 시민운동과 결합하지 못하고 서로 작별을 고한 배경이기도 하다. 그런 우리에겐 교양소설은 없고 성장소설이 있다. 이청준, 박완서가 대표적인 작가인데 그래도 시민, 시민됨과 관련한 최소한의 고뇌가 읽힌다. 1987년 민주화 이후 이십 수 년이 경과하고 있는 이 시점에서 우리의 시민성과 시민사회의 실체를 되짚게 한 것이 바로 세월호다. 우리는 주변을 돌보지 않은 채 여기까지 달려 왔다.

시민성의 배양은 향후 우리의 가장 시급한 과제다. 그것 없이는 선진국 문턱에서 서성거리다 결국 중진국으로 다시 미끄러질 것이다. 요즘에 그런 징후가 너무 많이 보여 걱정이다. 경제는 시간 단축이 가능해도 사회는 단계를 뛰어넘을 수 없다는 것은 근대가 입증한 역사적 명제다. 독일에는 이미 시민학교가 도시마다 운영된 지 오래다. 2015년 한국, 시민성 배양을 위한 사회적 기획이 너무나 절실한 시점이다.

메가트렌드 '개인화'와 윤리의 공동화(空洞化)

이진우 포스텍 인문사회학부 교수·철학

'2025년 새로운 한국사회'는 어떤 모습을 하고 있을까? 내일조차도 가늠할 수 없을 정도로 급속도로 변화하는 오늘날 지금으로부터 10년 후의 모습을 상상하는 것은 간단치 않다. 개인의 삶을 예측하는 것도 어려운데 하물며 다양한 개인들로 구성된 사회의 모습을 예견하는 것은 더욱 어렵다. 미래의 모습을 상상하려면 사회변동의 메가트렌드(Megatrend)를 정확하게 포착해야 한다.

메가트렌드는 흔히 생각하는 것처럼 사회를 일시에 변화시키는 혁명적 힘과 같은 것이 아니다. 하나도 남겨놓지 않고 모든 것을 휩쓸어 가는 쓰나미처럼 사회는 변화하지 않는다. 메가트렌드는 단기적인 유행과는 다르게 우리의 사회적·경제적 체제를 지속적으로 변화시키는 장기적 변화의 힘과 같은 것이다. 굳이 비유적으로 표현하자면 거의 미동도 하지 않는 것처럼 보이지만 서서히 움직이면서 지형과 풍경을 바꿔놓는 빙하의 흐름과 같은 것이 메가트렌드다.

우리가 여기서 주목하는 사회변동의 메가트렌드는 바로 '개인화'(individuation)의 물결이다. 개인화는 결코 적지 않는 보수주의자들이 생각하는 것처럼 단순한 '유행'도 아니고 모든 공동체적 특성과 성향을 해체시키는 '혁명'도 아니다. 개인화는 르네상스 시대에 태동하여 계몽주의를 거쳐 현대 자본주의가 발전하는 과정을 필연적으로 수반하는 문명사적인 메가트렌드다. 개인화의 형태는 문화에 따라 다르게 진행될 수는 있어도 전 지구적 사회변동의 주류(主流)이며 거스를 수 없는 대세(大勢)다. 개인화는 결코 서구사회의 전유물이 아니라 공동체를 지향하는 유가적 가치가 지배적인 동아시아에서도 메가트렌드다.

이 메가트렌드에 따르면 2025년 한국사회에서는 개인화 현상이 지금보다 훨씬 더 심화될 것이다. 많은 사람들은 한국사회가 미래에 직면할 심각한 도전으로 '고령화'와 '저출산'을 꼽는다. 왜 젊은이들은 점점 더 결혼과 출산을 기피하고, 우리 사회는 더욱 더 고령화되는가? 그 원인은 바로 '개인화'이다. 2010년 가구원수별 1인 가구 구성 비율이 23.9%였는데, 2015년에는 18,705,004가구의 약 27%인 5,060,551가구가 1인 가구일 것으로 예측되고 있다. 1인 가구 구성 비율은 지금부터 10년 뒤인 2025년에는 약 31%, 2035년에는 34%에 이를 것으로 추계되고 있다. 1인 가구가 향후 가구분포에서 가장 많은 비중을 차지한다는 것은 대부분의 사람들이 혼자 살아간다는 것을 의미한다.

2025년 한국사회의 미래모습은 '싱글'의 보편화다. 점점 더 많은 사람들이 혼자 살아간다. 왜 사람들은 혼자 살기를 선택한 것일까? 사람들이 특정한 삶을 강요하는 기존의 전통과 규범으로부터 벗어나 자신의 삶을 스스로 선택하고자 할 때 개인화는 시작된다. 개인화는 진정한 '나'를 찾고자 하는 운동이다. 한국의 많은 사람들은 전통적 유가적 가치를 억압적인 것으로 생각한다. 전통적 가치관은 적절한 나이에 바람직한 배우자를 만나 가정을 꾸리는 것을 '정상적인 삶'이라고 강요한다. 이에 반해 "직업은 필수고 결혼은 선택이다"라고 생각하는 사람들의 수가 증가하고 있다. 현대인들은 결혼 여부도 스스로 선택하고, 배우자도 스스로 선택하고, 어떤 삶을 살 것인지도 스스로 선택한다. 모든 것을 스스로 결정해야 한다는 자율적 선택 이데올로기가 보편화될수록 개인화 현상은 더욱 심화될 수밖에 없다.

개인화는 세 가지 방향으로 진행된다. 첫째는 전통적 규범으로부터의 해방이다. 사람들은 점점 더 전통적인 가족관계와 집단의식으로부터 벗어나 자신의 운명을 스스로 선택하게 된다. 이런 점에서 싱글은 개인화의 전위대라고 할 수 있다. 둘째, 전통적 생활방식이 해체되면서 우리의 삶과 행위를 안내해주던 가치의 안전망도 붕괴된다. 전통적 가치들은 다른 여러 가치들 중의 하나로 상대화된다. 우리는 언제 결혼해야 하는가? 우리는 왜 자식을 낳고 양육할 의무를 갖는가? 우리는 꼭 노쇠한 부모를 봉양해야 하는가? 왜 우리는 웃어른을 존중해야하는가? 예전에는 당연한 것으로 여겨졌던 모든 가치와 규범들이 의문시되는 상황에서 사람들은 이 물음에 대한 대답을 스스로 찾아야 한다. 셋째, 전통적 관계로부터 해방된 개인들은 새로운 관계를 자율적으로 선택한다. 개인화가 무조건 가족의 해체를 가져오는 것이 아니라 새로운 형태의 가족관계를 만들어내는 것처럼, 해방된 개인들이 모든 관계와 구속을 거부하는 것은 아니다.

2025년의 한국사회가 지금보다 훨씬 개인화된 사회가 될 것이라는 사실은 의심의 여지가 없다. 문제는 이러한 개인화 과정에서 전통적 가치와 규범은 해체되고 새로운 가치는 아직 형성되지 않은 윤리의 공동화(空洞化) 현상이 일어난다는 것이다. 나는 이러한 윤리적 공동화가 외견상으로는 모순적으로 보이지만 실질적으로는 서로 결합되어 있는 두 가지 형태로 나타날 것이라고 예측한다. 하나는 극단적 '이기주의'이고, 다른 하나는 왜곡된 '집단주의'이다.

우리는 개인화의 결과가 개인적 이기주의로 나타날 것이라고 생각하지만, 이기주의와 집단주의는 결코 서로 다른 것이 아니다. 우리나라가 2013

년 기준 인구 10만 명당 자살자수가 28.5명으로 OECD 국가 중 압도적인 1위를 차지할 정도로 높은 자살률은 총체적 경쟁체제에서 기인한다. 모든 개인들은 경쟁자가 된다. 그렇지만 우리사회가 경쟁사회로 치달을수록 사람들은 자신이 보호받는다는 안전감을 느낄 수 있는 사회적 관계를 원한다. 우리나라 사람들이 가장 안전하게 느끼는 마지막 보루는 두말할 나위 없이 '가족'이다. 사회가 개인주의화될수록 사람들은 믿을 수 있는 것은 오직 가족뿐이라고 생각한다. 개인 대 개인의 경쟁관계는 결국 가족 대 가족의 경쟁관계로 이어짐으로써 개인이기주의는 가족이기주의를 초래한다.

전통적 가족을 지탱하던 유가적 가치가 사라진 시대에 등장하는 '가족이기주의'는 사회 전체적 관점에서 보면 윤리의 공동화를 더욱 확산시킨다. 가족 이외에는 믿을 사람이 없다는 것은 결국 개인들이 서로 신뢰하고 인정할 수 있는 윤리적 토대의 부재를 의미하기 때문이다. 2025년 미래 한국사회에서의 이기주의는 집단적 현상이다. 사회가 개인화됨에도 불구하고 자신의 행위에 책임을 지고 타인을 배려하는 시민사회가 발전하지 않는 까닭이 여기에 있다.

그렇다면 우리는 어떻게 윤리의 공동화를 극복하고 2025년 새로운 사회를 구축할 미래윤리를 발전시킬 수 있는가? 나는 우리사회가 건강한 시민사회로 성숙하려면 기존의 유가적 가치를 완전히 해체시켜야 한다고 생각한다. 충과 효로 대변되는 전통적 유교 가치관은 우리가 진정한 개인으로 발전하는 데 심각한 장애물이다. 21세기의 메가트렌드가 '개인화'라는 사실을 인정한다면, 우리는 이 장애물을 과감히 치우고 현대적으로 재구성해야 한다. 사람들은 흔히 우리가 개인화되었기 때문에 이기주의자로 변질되었다고 한탄하며 시대착오적인 유교적 가치관에 매달리는 경향이 있다. 이기주의자가 될수록 집단주의자가 되는 역설적 현상이 나타난다.

그러나 우리가 이기주의자가 된 것은 진정한 개인으로 발전하지 못하였기 때문이다. 물론 성숙한 개인이 된다는 것은 문화마다 다르다. 서양에서는 사회가 개인으로 구성된다고 생각하는 반면 동양에서는 개인이 사회에 의해 규정된다. 이런 차이에도 불구하고 변하지 않는 진리는 우리는 공동체 속에서 살아갈 수밖에 없으며, 그러기 위해선 자신과 사회에 대해 책임을 질 줄 알아야 한다는 점이다. 개인이 되려면 우리는 자신의 권리를 주장하고, 타인의 권리를 인정해야 한다. 타인의 권리를 인정하지 않으면서 자기 권리만 주장하는 것이 바로 이기주의다. 우리의 삶에 여전히 많은 영향을 미치고 있는 유교적 가치관을 생산적으로 해체하고 복원하려면, 우리는 이렇게 물어야 한다. 전통적 가치관은 개인을 얼마만큼 존중하는가? 이 물음에 답하면서 새로운 윤리를 만들어내는 것만이 21세기의 메가트렌드 개인화에 대처할 수 있는 길이다.

싱글턴(singleton) 시대의 도래와 도전

전상인 서울대학교 환경대학원 교수·사회학

1. '나홀로 사회'의 풍경들

요 몇 년 사이 우리들의 일상생활이 획기적으로 바뀌어가고 있다. 혼자 사는 사람이 크게 늘어나면서 의식주는 물론이고 문화생활이나 정치활동, 심지어 죽음에 이르기까지 모든 것을 스스로 감당하고 처리하는 일이 일종의 시대정신처럼 자리 잡아 가고 있는 것이다. 예를 들어 이른바 '솔로 이코노미'(solo economy)의 성장은 더 이상 선진국 이야기가 아니다. 미니주택이 늘어나고 소형가구가 대세이며, 가전(家電)제품이 개전(個電)제품으로 진화하는 것은 바로 우리의 모습이다.

대형 아파트에 한 가족이 함께 사는 시대도 이제는 내리막길이다. 대신 식구가 아닌 사람들끼리 모여 사는 셰어하우스(share house)나 코하우징(co-housing)이 미래형 주거양식으로 각광받고 있다. 우리나라에서도 일부 지역에서 이러한 대안적 주거문화가 실험되고 있지만 선진국에서는 가족을 넘어선 주거양식이 상당히 보편화되어 간다. 방은 독립적으로 사용하면서 거실이나 주방은 공유하는 방식은 일본의 경우 처음 시작은 세대 공존형이었으나 최근에는 취미 공유형으로 확장되고 있다. 미국의 대도시 뉴욕이나 샌프란시스코는 도시경쟁력 강화의 차원에서 초소형 아파트를 많이 짓는다고 한다. 수요자 대부분이 혼자 사는 창의적 전문직 종사자이기 때문이다.

혼자 사는 이들을 위해 '더 작고 더 편한' 물건과 서비스가 선호되는 것은 더 이상 놀랍지 않다. '원샷' 와인이 등장한 것에 이어서 1인용 피자도 배달된다. 수퍼마켓이나 편의점 등에서는 계란이 2~4개씩 포장되어 팔리고, 생선은 한두 토막 씩 잘려 판매되며, 수박 역시 다양한 크기의 조각 상태로 손님을 맞는다. 소위 간편가정식(Home Meal Replacement)은 더 이상 라면이나 김밥이 아니라 거의 모든 식사 메뉴에 해당된다. 상차리기나 설거지를 귀찮아하는 싱글족을 대상으로 옛날 학교나 군대식당이 사용했던 성인용 식판(食板)도 인기리에 판매된다고 한다.

사실 오늘날 우리 주변에는 혼자 머물고, 혼자 다니는 광경 자체가 늘었다. 언제부턴가 식당가에는 4인용이나 6인용 테이블이 크게 줄어들고 있다. 혼자 밥 먹으러 다니는 사람이 더 많기 때문이다. 그래서 요즘 흔해진 것이 대형 라운드 테이블이다. 이곳의 '함께 또는 따로' 앉기는 혼자 있기를 좋아하면서도 필요하면 다른 사람과 곧잘 어울리는 젊은 세대의 의식구조와 궁합이 맞는다. 바(bar) 형태의 식당이나 카페가 많아지는 것도 나홀로 시대의 공간배치다. 우리나라에서도 최근 고기를 혼자 구워먹을 수 있는 가게가 등장했다지만 일본의 대학구내 식당에서는 대형 테이블 중간에 칸막이를 설치하는 '봇치 세키'(ぼっち席)가 생겼다고 한다. 물론 1인 노래방 정도는 일본에도 있고 한국에도 있다.

반려동물의 증가도 싱글턴 시대의 풍경이다. 하긴 개나 고양이를 더 이상 애완동물이 아닌 반려동물이라 부르는 것 자체가 과거와 크게 달라진 점이다. 휴가 때 '강아지 호텔'을 이용하는 것에 이어 최근에는 낮 시간 동안에 반려동물을 봐주는 펫시터(petsitter) 서비스도 등장했다. '다마고치'와 같은 양육 시뮬레이션게임, 사람 대신 대화상대가 돼주는 모바일 대화파트너 '심심이'의 인기도 배경은 크게 다르지 않다. 나홀로 시대에 성업 중인 '고독산업'의 단면인 것이다. 이 시대는 애정과 위로의 대상이 가족이 아니라 동물이나 앱(app)으로 바뀌는 추세다.

죽음조차 홀로 맞이하는 세상에 살고 있다. 고독사라는 말이 이를 웅변한다. 가족의 임종 없이 죽은 지 한참 뒤에 시신이 발견되는 사례가 우리 주변에서도 점점 더 늘고 있다. 우리나라에서 고독사에 대한 정확한 통계는 없지만 연간 500 내지 1,000여건에 달하는 것으로 추정되고 있다. 이에 대비하여 고독사를 가정하여 본인 스스로 유종의 미를 준비하는 프로그램도 있다고 한다. 고독사의 선도국가인 일본의 '슈카쓰'(終活)가 여기에 해당한다. 상속이나 장례식 준비, 유품 정리와 같은 일을 가족이 아니라 당사자가 미리 하고 떠나는 것이다.

2. 나홀로 사회의 실상

얼마 전 통계청이 발표한 〈장래가구 추계, 2010-2035〉에 의하면 우리나라에서 1인 가구는 꾸준히 증가하고 있다. 2000년에는 전체 가구의 15.6%가 1인 가구였는데, 2010년에는 23.9%, 2012년에는 25.3%로 늘어났으며, 2020년에는 29.5%, 그리고 2035년에는 34.3%에 이를 것으로 전망되고 있다. 2014년 현재 전국적으로 1인 가구는 30%가 넘고 가구 수도 400만 이상이다. 3대가 사는 전통적인 가족 시대는 이제 거의 다 자취를 감추었고 부부와 미혼자녀로 구성된 핵가족 제도 역시 조만간 1인 가족에 의해 추월당할 태세다.

핵가족 대신 가족이 1~2인인 '전자가족'이 다가오는 우리의 미래다. 참고로 1980년에는 4인 가구가 49.9%였고 1인 가구는 불과 4.8%였는데, 핵가족도 곧 해체될 전망이며 2035년에는 1~2인 가구가 68.3%에 도달할 것으로 예상된다. 물론 이러한 1인 가족의 증가는 우리나라만의 현상이 아니다. 선진국들의 경우, 1인 가족 혹은 1~2인 가족의 비중은 우리보다 더 높다. 전 세계적으로도 2020년이 되면 3~4억 명 정도가 혼자 사는 세상이 될 것으로 예측된다. 이는 6가구 가운데 1가구에 해당하는 수치인데 미국의 에릭 클라이덴버그 교수가 쓴 『고잉 솔로』(Going Solo)에 의하면 역사상 이토록 많은 1인 가구가 존재한 적 없었다. 그런데 우리나라의 1인 가구 증가는 세계적인 기준에서도 가장 빠르다.

이에 대한 다양한 원인이 거론된다. 첫째는 혼인율의 감소다. 결혼하지 않는 사람이 늘면 다인(多人)가족의 구성 자체가 어렵다. 둘째는 이혼율의 증가다. 이혼의 증가는 두말할 나위 없이 가족의 해체를 의미한다. 셋째는 출산율의 감소다. 자녀를 생산하지 않으면 가족의 숫자가 늘지 않는 것은 당연한 이치다. 넷째는 고령화의 심화다. 평균수명이 길어지면 배우자와 사별할 가능성도 그만큼 커진다. 현재 우리나라에서는 혼인율과 출산율이 지속적으로 낮아지고 있는 반면, 이혼율은 증가하고 고령화는 배가되는 추세다. 혹자는 가치관의 변화를 나홀로 시대의 유력한 요인으로 제시하기도 한다. 하지만 1인 가족의 선호현상이 1인 가족의 증가를 초래하는지, 아니면 1인 가족의 사회적 확산이 1인 가족에 대한 문화적 수용을 야기하는지 좀 더 따져봐야 할 문제다.

이보다 훨씬 더 중요한 문제는 1인 가족이라고 해서 유형이 획일적이지 않다는 점이다. 곧, 1인 가족에도 종류가 여럿 있다. 흔히 1인 가족이라고 하면 만혼(晩婚)을 선택하는 이른바 '골드 미스'(gold miss)나 '골드 미스터'(gold mister)를 연상하기 쉽다. 미혼상태의 자기 인생을 즐기는 사람들이다. 하지만 이와 같은 '화려한 싱글'은 우리나라에서 전체 1인 가구의 10%도 되지 않는다. 사실은 '골드 솔로'(gold solo)와 '푸어 솔로'(poor)로 대변되는 싱글족의 양극화가 대단히 심각하다. 취업이 되지 않아 어쩔 수 없이 결혼을 하지 못하는 청년세대, 이혼 등 가족해체로 인해 불안하게 살아가는 독신자들, 그리고 혼자 사는 실버 노인층에서 1인 가족은 훨씬 더 많은 것이다.

3. 나홀로 사회의 대비

10년 후 한국사회는 개인 단위의 삶이 점점 더 일반화될 것이다. 또한 '표준 인생'이나 '모범 이력'이라는 개념도 사라지게 될 것이다. 진학이든, 취업이든, 결혼이든 모든 것은 점차 개인의 취향 및 선택의 몫이 될 전망이다. 이는 울리히 벡이 말하는 '자전적 삶'(Do-It-Yourself Biography)의 시대를 의미한다. 외부의 통제나 타인의 간섭 없이 자신의 인생을 스스로 꾸려나간다는 것은 삶의 주체화라는 측면에서 바람직스럽다. 그러나 사회적 보호에 의지하거나 연대에 기대할 수 없다는 점에서 미래에는 삶 자체가 고행의 각자도생(各自圖生) 혹은 만인 대 만인의 투쟁이 될 수도 있다.

이와 같은 징후는 현재에도 이미 도처에 나타나고 있어서 자기책임, 자기증진, 자기배려, 자기경영, 자기수행, 자기계발 등의 가치가 그 어느 때보다 강조되고 있다. 이른바 신자유주의의 심화와 지리적 이동성의 급증에 따라 자조(自助)을 배우고 자강(自强)을 익히지 않으면 이 험한 경쟁 사회에서 살아남을 수 없는 것이다. 철학자 한병철이 현대사회를 남이 닦아세우지 않아도 스스로를 착취하는 '성과사회' 혹은 그것으로 인한 '피로사회'로 정의하는 것도 이런 맥락에서다. 따라서 1인 가족 사회의 도래를 목전에 두고 우리 사회는 지금부터 제도나 문화 전반에 걸쳐 새로 거듭나지 않으면 안 될 것이다.

가령 지금까지 4인 가족 중심의 표준인생을 대상으로 했던 각종 사회정책은 전면적으로 재고될 필요가 있다. 예컨대 주택정책이 그러하고 조세정책이 그러하다. 특히 1인 가구 내부의 양극화 현상을 잘 관리할 필요가 있다. 1인 가구의 대종을 이루는 미취업 청년층, 빈곤한 중년의 독신자, 그리고 독거 실버노인에 대한 사회안전망 구축은 기존 사회체제의 사활(死活)을 가늠할지 모른다. 그러지 않아도 오늘날에는 정치적 프레임 자체가 획기적으로 바뀌고 있다. 전통적 대의민주주의 하에서 '권력의 집'(house of power)은 정당이었다. 하지만 정보화 혁명 이후 권력의 새로운 집으로 등장한 스마트폰은 직접민주주의를 겨냥하고 있다. 사회학자 지그문트 바우만은 『액체근대』라는 책에서 미래는 가족이나 직장, 지역, 신분과 상관없는 무연(無緣)사회가 되어 개인들의 '난민수용소'가 될지 모른다고 경고했다. 역사상 미증유의 싱글턴 시대는 우리나라는 물론 인류 전체를 향해서 문명사적 일대 도전으로 다가오고 있다.

리더십과 팔로십, 친화냐 적대냐

전영기 중앙일보 논설위원

2012년 노벨생리학상을 수상한 일본의 야마나카 신야(53) 교수는 "나는 우울증을 오래 앓았다. 건강하게 사는 게 얼마나 중요한지 안다. 그래서 삶과 죽음은 항상 나의 연구대상이다"라고 말했다. 그는 '어떻게 하면 노벨상을 받을 수 있는가?'라는 질문에 이렇게 답했다. "질문이 너무 어렵다. 그러나 하나는 이야기할 수 있다. 연구를 하는 과정에서 '예기치 않은 결과'를 중시해야 한다. 그 예기치 않은 결과가 새로운 모든 것을 만든다. 우리가 연구하고 매달려야 하는 과학적 분야는 너무나 많다. 하나하나 차근하게 접근해야 한다. 과학은 바쁘지 말아야 한다. 차분히 가야 한다."(2015년 6월 10일, 서울 코엑스, 세계과학기자대회에서)

야마나카 교수는 2006년 쥐의 피부세포로 성숙한 세포를 어떤 조직으로도 분화가 가능한 유도만능줄기세포(iPS: induced pluripotent stem cell)를 만들어 노벨상을 받았다. 기존 줄기세포 연구는 난자에서 추출하는 방식으로 생명윤리 논란에서 벗어나지 못했지만 iPS는 피부세포를 사용하기 때문에 윤리 논란에서 자유롭고 또한 환자 본인의 세포를 이용하는 방식이기 때문에 이식 시 상대적으로 거부 반응이 적은 점이 평가됐다.

'10년 내에 한국사회가 당면할 가장 중요한 이슈는 무엇인가?'라는 질문에 우리는 야마나카 교수처럼 대답할 수 있다. ① 야마나카식 대답 가운데 "질문이 어렵다"는 부분은 중요한 이슈가 너무 많은데 그 중에서 '가장 중요한' 것을 하나 찾으라니 어렵다는 얘기일 것이다. 야마나키는 가장 중요한 것을 찾는 방법을 이렇게 제시한다. ② "그러나 분명한 건 '예기치 않은 결과'를 중시해야 한다"는 것이다.

10년 내 한국사회가 당면할 중요한 이슈는 예기치 않은 결과와 관련돼 있을 것이다. 그리고 보니 한국의 지난 시절, 가장 중요했던 이슈는 언제나 예기치 않은 일들이었다. 당장 2015년 6월말 현재 한국인을 시험에 빠뜨린 '메르스 전염사태', 지난해 한국의 국정을 꼼짝 못하게 붙들고 있던 '세월호 사건'은 예기치 못한 사안이 예기치 못한 파괴력으로 이어진 이슈다. 이런 종류의 문제를 해결하지 않고는 이미 예측된 다른 어떤 중요한 이슈도 하찮은 것으로 떨어질 수 있다. 예기치 않은 메르스 이슈가 '한국과 미국을 이간질하는 일본을 고발하고, 북한의 핵무장에 대한 입장의 일치를 확인하며, 미국과 중국간 갈등 요인에 대해 한국 대통령의 인식을 명료하게 전달해야 할' 한미정상회담 이슈마저 부차적으로 만든 현상을 생각해 보자. 박근혜 대통령의 1년 행사 중 가장 중요한 것으로 예상됐던 미국 방문이 무기한 연기된 것이다. 그럼 가장 중요한 이슈를 다룰 때 주의해야 할 태도는 무엇일까. 야마나키 교수의 얘기를 계속 들어보자. ③ "매달려야 하는 분야가 너무 많다. 그러나 하나하나 차근하게 접근해야 한다. 예측은 바쁘지 않게 차분히 가야한다."

한국사회가 당면하게 될 문제는, 그것도 10년 동안이라는 기간 속에 예상되는 이슈는 우리 인생이 시시때때로 선택해야 할 가짓수보다 더 많을 것이다. 그러니 하나하나 차근하게 접근해야 하는 모양이다. 예기치 않은 돌발 이슈부터 선택해 차분하게 접근하면 될 것이다. 그것도 바쁘지 않게, 예단하지 않고 조심스럽게 여러 측면을 요모조모 따져가며 탐색하는 게 낫다.

지난 세월 한국에서 가장 중요한 이슈들은 시대별로 어떻게 변화해 왔을까. 각 시대의 대통령은 자기 임기 중 시대나 사회가 요청하는 가장 절실한 이슈를 선택하거나 맞이해 각자의 방식대로 해결해왔다. 과거의 이슈 변화는 미래의 이슈를 파악하는데 모종의 도움을 줄 가능성이 있다. 역대 대통령들은 선거 공약을 통해 시대가 가장 필요로 하는 이슈를 제시해 국민의 지지를 받았다. 집권 뒤엔 사회와 국민이 요구하는 문제들에 대처했다. 대통령은 당대의 가장 중요한 이슈와 직면하는 존재이다. 그 이슈를 우리는 시대정신이라고 부르기도 한다.

1950년대 이승만 대통령이 맞이했던 가장 중요한 이슈는 '6·25남침으로부터 대한민국 체제 방어' '한미동맹과 반(反)김일성 체제 구축'이었다. 1960~70년대 박정희 대통령이 제시한 이슈는 '조국 근대화'였다. '국민소득 증대' '자주국방' '중화학공업 육성' '새마을운동'이었는데 중립적으로 표현하면 '산업화' 이슈라고 할 수 있다. 박정희 대통령의 유신체제에 저항하는 '반독재민주화 투쟁'은 또 다른 국민적 이슈였다. 80년 전두환 대통령 시대의 중요 이슈는 '반독재민주화 운동'과 '경제안정기조의 성취'였다. 88년 노태우 대통령 때는 '북방외교의 성공'과 '민주화시대의 첫발'이 중대 이슈였고, 93년 김영삼 대통령 시대는 '군사문화 정리(하나회 숙청), 절차적 민주화의 완성'과 '외환위기와 경제식민지로 전락'이 최고 이슈였다. 98년 김대중 대통령은 '남북정상회담과 남북간 화해협력' '최초의 수평적 정권교체'였으며 동시에 '대북 퍼주기' 이슈가 제기됐다. 2003년 노무현 대통령은 '권력기관의 정상화' '시민참여 확장'이 주요 이슈였고, '한미 FTA 체결' '제주 군항건설 결정' '진영논리의 등장~분열과 증오의 정치심리 확산' '북한 최초 핵, 미사일 실험'이 있었다. 2008년 이명박 대통령 때 이슈는 '쇠고기파동과 반미' '진영정치, 분열과 증오의 정치' '천안함 침몰, 연평도 포격'이었고 박근혜 대통령 때 이슈는 '안전 이슈' '경제위축 위기' '불행한 의식의 확대' '진영과 분열 정치' '대통령 능력에 대한 회의' 등이 나타났다. 결국 과거 대한민국 사회의 이슈는 체제방어→경제성장→민주화→글로벌화(북방외교 포함)→남북화해협력과 대결→양극화 문제→경제위축→불행한 의식(출산율 최저, 자살률 최고, 청년 실업률·노인 빈곤률 최고)→절정에 이른 분열과 진영대결로 전개돼 왔다.

1948년에 탄생한 대한민국을 하나의 유기체로 본다면 이승만~김대중 대통령까지 '가장 중요한 이슈'는 대통령의 의지, 국가의 의지, 국민의지가 선도해 공동체를 긍정적으로 이끌어간 이슈였다. 김일성의 남침은 예기치 않게 닥친 일이었으나 그것을 한국의 지도자와 국민의 의지가 함께하고 미국의 도움을 받아 체제방어에 성공했다. 경제성장은 지도자의 의지, 민주화는 국민의 의지, 글로벌화는 지도자의 의지, 남북화해는 지도자와 국민의 의지가 함께 움직였다. 다들 주체적으로 예측하고 도전해서 성공시킨 긍정적인 이슈였다.

김영삼~박근혜 대통령까지 이슈는 대체로 예기치 못한 결과들이었다. 혹은 우리가 조정하거나 통제할 수 없는 외부로부터 덮친 이슈였다. 외환위기는 국제금융자본이 지도자의 무능을 틈타 습격한 사건이고 '대북 퍼주기'는 남북 정상회담의 그림자같은 것인데 북한이 핵무장으로 보답했고(김대중 시대 때 북한으로 넘어간 현금은 공개적으로 5억달러, 불법적으로 4억5000만 달러로 약 1조원에 이른다) 양극화, 경제위축, 불행한 의식, 분열과 진영 싸움은 한국의 지도자나 국민의 의지가 손써볼 도리없이 강력하고 구조적이며 세계적인 것이다. 대한민국 탄생 50년까지의 이슈가 대체로 긍정적이고 주체적이었다면 2000년 이후 지금까지 15년의 주요 이슈는 부정적이고 피동적인 특징을 보인다. 50년간 신바람내며 오르막길을 뛰었다면 그 뒤 15년 동안 내리막길을 터덜터덜 걸어오는 셈이다.

이 흐름을 놓고 보면 앞으로 10년 내 우리가 맞이할 가장 중요한 이슈는 예기치 못한, 부정적이고 피동적인 사건일 가능성이 높다. 지도자의 의지나 국민의 의지를 뒤엎고도 남을 만큼 거대하고 강력한 것일 수 있다. 예를 들어 북한이 제주 앞바다에 핵을 탑재한 단거리 미사일을 발사함과 동시에 수도권 남쪽 지역의 도심을 장악한 뒤 대규모 경제협력 협상을 요구하면 우리는 어떻게 대응할 것인가. 남중국해 공해상에서 중국이 조성하고 있는 인공섬을 둘러싸고 미국과 중국간 해상 국지전이 전개되고 미국이 일본, 태국, 필리핀, 호주 등과 함께 한국에 동맹국의 지원을 공식으로 요청하면 한국은 어떻게 대처할 것인가. (미국은 6·25 때 3만7000명 장병의 목숨을 한국 땅에 바쳤다) 국내적으로 우리는 쇠고기 시위, 세월호, 메르스 사태 등에서 대통령, 청와대, 국회같은 권력의 중추기관 혹은 리더십 체제가 일시 붕괴되거나 작동이 중지된 경험을 해왔다. 결국 외교안보든 보건안전 이슈든 국가 리더십이 그 문제를 관리할 수 없을 것이란 두려움이야말로 한국이 10년 내 맞이하게 될 가장 중요한 이슈가 아닐까.

공동체 리더십은 대통령, 청와대, 국회, 여야, 시도지사, 시장·군수·구청장, 신문과 방송 등으로 구성된다. 이 중 가장 중요한 리더십은 대통령의 리더십이다. 이른바 '거인의 시대'라고나 할까. 3김정치 시대를 끝내고 등장한 노무현, 이명박, 박근혜 대통령의 리더십의 특징은 진영논리, 분열과 증오의 정치환경 속에서 놓여있다는 점이다. 2003년부터 본격화된 인터넷, 온라인, 모바일, SNS같은 정보시대의 기술장치들은 국민의 정보획득과 지식축적에 폭발적인 진화를 가져왔다. 이는 국가 지도자의 리더십에 대응하는 일반 국민의 팔로십에 질적인 승리를 가져왔다. 팔로십은 리더십만큼 똑똑해졌고 때론 그 수평적 연대가 가동하면 리더십을 일시적으로 뒤집어엎을 만큼 위협적이게 됐다. 한국의 팔로십은 그런 면에서 세계에서 가장 센 위력을 과시하고 있다고 해도 과언이 아닐 것이다. 한국 팔로십의 치명적인 문제는 분열된 양 진영으로 나뉘어 감정적이고 파괴적이고 맹목적인 성향을 종종 띤다는 점이다.

한국의 앞으로 10년은 리더십은 허약해지고 팔로십은 강력해질 것이다. 정보통신 혁명으로 지구가 평평해졌기 때문에 한국의 '스노든'(미국 CIA와 싸워서 지지 않은 CIA 전 직원, 현재 러시아에 망명 중)이 수없이 혹은 무리져서 나타날 수 있는 것이다. 한국의 리더십과 팔로십이 엇나가기를 반복하면 공동체는 겉잡을 수 없이 쇠약한 길을 걸을 수 있다. 미국의 국가 리더십은 그 분열적 속성에도 불구하고 스노든 앞에서 하나로 뭉쳤고, 중국의 팔로십이 국가 리더십과 맞먹으려면 아직 멀었으며, 일본의 팔로십은 아베같은 리더십에 다소곳이 충성을 바치는 형편이다. 한국처럼 리더십과 팔로십이 호각지세를 이루며 자주 엇나가는 나라도 흔치 않다. 이런 사정은 보수에서 진보로 정권이 교체되도 마찬가지일 가능성이 크다. (노무현 시대 때 야권·보수세력의 무지막지한 공세를 상기해 보자) 정보통신 기술의 발전으로 평평해진 한국의 리더십과 팔로십은, 크고 작게 등장하는 거의 모든 이슈의 운명을 결정지을 것이다. 대통령이나 국회가 결정한 사안도 팔로십이 똘똘 뭉쳐 저항하기로 작정하면 순식간에 뒤엎어질 수 있다. 그러므로 국가 리더십과 국민 팔로십의 관계를 어떻게 재설정할 것인가가 10년 내 떠오를 가장 중요한 이슈가 될 것이다.

리더십과 팔로십이 친화적으로 조정될 것이냐, 대결적으로 확대될 것이냐의 문제는 이슈 중의 이슈다. 종류와 성격이 다른 미지(未知)의 거의 모든 미래 이슈들이 결국 '친화적 리더십-팔로십'이냐 '적대적 리더십-팔로십'이냐의 유형에 따라 요동칠 것이기 때문이다. 리더십-팔로십 이슈는 따라서 이슈를 정리하는 이슈, 즉 '메타 이슈'라고 볼 수 있다. 앞으로 10년 동안 리더십은 스스로 허약해지고 있다는 사실을 인정하고 팔로우들을 설득하고 호소하는 방법을 찾는데 진력해야 한다. 팔로십은 헐크처럼 강력해져서 자기도 모르는 사이에 공동체를 붕괴시킬 파괴력을 지니게 되었다는 사실을 직시해야 한다.

한국의 팔로우들은 인터넷, SNS 등을 통한 정보의 획득과 지식의 축적만큼 그것을 공동체의 생존과 번영을 위해 사용해야 한다는 덕과 절제, 교양을 함께 쌓는 게 절실하다. 이런 덕성의 고양은 리더십의 지시와 규범으로는 이뤄지기 어렵다. 팔로십 생태계 안에서 공동체의 생존을 위해 자생적으로 조성되는 것 외에 적절한 방법이 없다.

한국의 리더십-팔로십 관계가 10년 내에 적정 수준에서 협조·조정되지 않을 경우, 그런 문제를 덜 갖고 있는 미국·중국·일본·러시아에 포위돼 우리는 또 다시 분열과 사대의 망조에 휘둘릴지 모른다.

*이 글에서 리더십은 '리더들이 갖고 있는 힘'이란 뜻으로, 팔로십은 '팔로우어들 갖고 있는 힘'이란 뜻으로 사용했다. 팔로십을 추종심, 충성심이란 뜻으로 사용하지 않았다. ―필자

양지실현[致良知]

정인재 서강대학교 철학과 교수

금년은 우리나라가 일본제국 식민지 지배에서 벗어나 자유를 얻은 지 70년이 되는 해다. 그런데 우리는 남북 분단의 상태에서 냉전적 사고에 갇혀 있으며 남남 갈등도 심각하게 겪고 있다. 북한의 핵위협 가운데서도 방산비리를 비롯하여 온갖 부정부패가 곳곳에서 나타나고 있다. 우리는 정신적으로 심각한 병을 앓고 있다고 해도 과언이 아니다. 현재 우리를 둘러싼 강대국들의 움직임도 심상치 않다. 미국이 패전한 일본을 바짝 끌어들이고 있고 중국은 G2로서 독자적으로 힘을 키워가고 있다. 우리는 이들 세력 틈바구니에서 벗어나 자주적인 힘으로 통일을 이루어야 하는데 주변 강국이 용납하려 하지 않을 뿐만 아니라 우리의 정신적 자세마저 준비되지 않은 상황에 놓여 있다. 구한말과 비슷한 상황이 재현되는 것이 아닌지 걱정하는 사람들이 많다. 따라서 미래를 내다보기 위하여 먼저 과거의 우리를 돌아볼 필요가 있다.

동아시아는 근대화 과정에서 획기적인 변화를 겪었다. 일본은 메이지[明治]유신을 단행하여 근대화에 성공하고 청일전쟁의 승리로 아시아에서 주도권을 잡게 되었다. 명치유신의 개혁을 주도한 것은 양명학자들이었다고 한다. 그들은 양명학을 개인의 주체성보다는 천황중심의 국체(國體)의 주체성을 강조하고 무사도와 연결시켜 군국주의로 나아가게 되었다.

같은 시기에 조선왕조는 국가이념인 주자학만을 정통으로 옹호하고 서양세력은 사특하다고 배척하는 위정척사(爲正斥邪)를 통하여 쇄국정책을 실시하였다. 조선왕조 위정자는 서양문물에 대하여 무지하였고 역동적인 현실을 이해하려고 하지도 않았다. 이것을 두고 중국학자조차 말단적인 집착편협성(執着偏狹性)을 벗어나지 못하였다고 하였다. 이러한 편협한 이데올로기로 인하여 조선왕조는 일본제국의 식민지로 전락하고 말았다.

독립투사들의 노력에도 불구하고 일제는 우리 조상에게 한글[韓文]은 물론 한말[漢語]도 못쓰게 하고 한얼[韓魂]도 말살시키려 했다. 이러한 극심한 압박 속에서 조선인들은 무기력하게 되어 버렸고 심지어 엽전의식이 생겨나기도 하였다. 엽전은 조선시대에 쓰이던 돈으로 무용지물이 되었다. 이것이 조선인의 대명사가 되어 "엽전이 무얼 해?" "엽전은 해봐야 소용없어" 등의 부정적이며 자학적인 의식이 생겨났던 것이다. 해방 후에도 그런 의식이 사라진 것은 아니었다. 그러나 5·16군사정부는 "해도 안 된다"는 엽전의식을 "하면 된다"는 자신감으로 바꾸어 놓았다. "잘 살아 보세"의 새마을운동도 산림녹화 시행도 모두 "하면 된다"는 적극적이고 긍정적인 힘이 뒷받침하였다. 산업현장에서 세계가 부러워하는 제철소를 영일만 허허벌판에 세운 것도 "하면 된다"는 사명감과 자부심이었다. 거기에는 한 치의 부정도 용납되지 않는 지도자(청암 박태준)의 도덕심[良知]이 있었다는 것을 상기할 필요가 있다.

도덕심이 없이 "하면 된다"는 것은 맹목적인 폭력을 자아내어 모든 성역(聖域)을 깨뜨려버릴 수도 있다. 성(聖)스러움은 금기[禁忌:taboo]에서 나오는데 이것은 "해서는 안 된다"는 금지명령이다. 모든 종교의 계율이 바로 여기에 근거를 둔 것이다. 우리 사회의 관습 윤리 도덕 그리고 법의 규범도 모두

이 금기에서 나온 것이다. 따라서 우리는 마땅히 이 성역을 지켜야 한다. 그러나 그것도 남이 시켜서 억지로 지키는 것[외적 감시와 규제]이 아니라 자율적으로 마음에서 우러나서 하였을[내적 자각] 때 더욱 가치가 있는 것이다. 양명학은 이 성(聖)스러운 내적인 자기 준칙을 양지(良知)라고 불렀다.

양심은 알아도 양지가 무엇인지 잘 모르는 사람들이 있다. 그것은 우리나라가 조선왕조 500년 동안 양지를 도덕원리[天理]로 인정하지 않는 주자학적 이데올로기 속에서 생활해왔기 때문이다. 이제 양지의 의미를 간단히 살펴보기로 한다.

첫째, 양지는 모든 사람의 마음에 선천적으로 깔려있는 하늘의 원리, 즉 천리이다. 둘째, 양지는 본래적 자아, 즉 참된 자기(眞己)이기도 하다. 셋째, 옳고 그름[是非]과 좋고 싫음[好惡]을 직각적으로 판단하는 기준이다. 넷째, 남은 물론 자기도 속이지 않는[毋自欺]마음인데 남은 몰라도 자신은 알고 있는 독지(獨知)이기도 하다. 다섯째, 남의 고통을 함께 아파할 줄 아는 마음이다.

양지는 보통사람이건 성인이건 누구나 다 가지고 있는 밝은[靈明] 마음의 빛이라는 것이다. 왕양명은 세상을 떠날 때 "내 마음이 빛이다"[吾心光明]라고 하였다. 양지는 경험적 지식 및 지각과 다르다. 그러나 그 지각과 분리되지 않으며[不離], 그 지각에 의하여 방해 받지도 않는다[不滯]. 왜냐하면 양지는 지각으로 인하여 생겨나지 않기[不由] 때문이다.

왕양명은 일생 동안 양지를 믿고 살았으며 어떤 일을 하더라도[事上] 양지에 따라 판단하였으며[磨鍊], 아무리 어려운 고비에 처해 있을 때도 양지에 의하여 행위하였다고 한다. 이것을 양지를 현실에 실현하는 것, 즉 치양지(致良知)라고 하며 지행합일이라고도 한다. 왕양명은 알면서도 행하지 않은 것은 아직 알지 못하는 것이라고 하면서 주자학의 알고도 행하지 못하는 지행이 분리된 사고를 비판하였다. 지행합일은 지식과 행위의 합일이 아니라 양지에 의한 행위를 말한다. 따라서 양지에는 지행이 분리될 수 없다.

우리의 주입식 교육은 주자학적인 지식암기 위주로 시행되어 스스로 생각하고 깨닫는 자율적인 창조성을 고갈시켰다. 조선시대엔 과거(科擧)라는 틀[定理] 속에 들어가 합격하여야 관리로 등용될 수 있었다. 오늘날 학생들은 스펙 쌓기로 일정한 틀에 들어가야 대학 진학도 취직도 할 수 있다고 생각한다. 따라서 취직 잘 되는 분야의 지식 쌓기만 하고 자기가 하는 일이 옳고 그른지 자율적인 도덕 판단은 뒷전으로 하고 있다. 이런 상황에서 "하면된다"는 맹목적 의지는 자칫 "해서는 안 되는 일"까지 저지른다. 우리사회에 부정부패가 생기는 큰 이유도 바로 여기에 있다고 생각한다. 따라서 이 맹목적 의지의 힘을 잘 올바르게 인도해줄 나침반이 필요한데 그것이 바로 양지라는 것이다.

우리는 종종 이념의 틀[定理] 속에 갇혀서 옳고 그름을 판단하지 못하고 오히려 내편 네편으로 갈라서 심하게 싸우는 경우가 많다. 우리는 산업화와 민주화를 동시에 이루었다고 자부하고 있다. 민주화하는 과정에서 절대 권력으로부터 이미 자유를 쟁취하였는데 아직도 폭력시위가 계속되는 것은 어떤 고정된 이데올로기에 사로잡힌 사람들이 있기 때문이 아닌가 생각한다. 그것은 주자학적 고정된 이념[定理]을 믿고 변화하는 현실상황을 제대로 파악하지 못했던 구한말과 유사하다.

우리는 이미 정해진 이념인 정리(定理)에 맹목적으로 따를 것이 아니라 역동적 현실 속에서 합리적 판단을 하는 조리(條理)에 맞게 참된 자기[眞己]인 양지를 실천하는 것이 필요하다. 진정한 민주주의는 정해진 이념보다는 양지에 의한 개인의 합리적인 판단에 의하여 이루어지는 것이다. 올바른 산업화는 산업현장에서 모든 사람이 자기가 하는 일에서 양지를 실현하는 것이다. 이것을 사상마련(事上磨鍊)이라고 하며 부정부패를 원천적으로 뿌리 뽑을 수 있는 힘이다.

우리는 10년 안에 통일을 이룰 것이라고 미래를 확신한다. 이 역동적 현실에 대비하여 가장 먼저 필요한 정신적 자세는 양명학의 양지를 실현하여 [致良知] 서로 간의 갈등을 일으키는 고정된 이데올로기에 빠지지 않고 남을 속이고 자기를 파멸시키는 부정부패를 발본색원하는 것이다. 이것이 통일이 되어 다같이 잘 사는 길이기도 하다.

교육개혁 그리고 다문화사회

안병영

오스트리아 빈(Wien) 대학교 정치학 박사. 연세대학교 행정학과 교수, 한국행정학회장, 한국사회과학연구협의회회장, 교육부장관(1995.12~1997. 8), 부총리 겸 교육인적자원부 장관(2003.12~2005.1) 역임. 현재 연세대학교 명예교수. 저서로 『현대 공산주의 연구』, 『자유민주주의를 위한 변론』, 『자유와 평등의 변증법』, 공저로 『한국정치론』, 『한국의 공공부문』, 『교육복지정책론』, 『5.31교육개혁 그리고 20년』 등.

김도연

Univ. de Blaise-Pascal, France (Dr. Ing.). 서울대학교 재료공학부 교수, 교육과학기술부 장관, 울산대학교 총장, 한국공학한림원 회장, 국가과학기술위원회 위원장 역임. 현재 포항공과대학교(POSTECH) 총장. 저서 『우리 시대 기술혁명』 등.

김도한

미국 럿거스대학교 수학 박사. 서울대학교 수리학부장, 대한수학회 회장, 한국기초과학학회협의체 회장, 서울 세계수학자대회 자문위원장 역임. 현재 서울대학교 수리과학부 교수. 저서 『무리에 해석과 의미분 작용소』, 『미적분학』(공저), 『해석개론』(공저) 등.

박호환

University of Illinois at Urbana-Champaign(노사관계학 박사, Ph.D. in Labor and Industrial Relations). 현재 아주대학교 경영대학원장, (사)한국조정중재협회 회장. 저서 『협상의 전략과 전술 – win-win 협상의 이론과 실제』, 『분쟁조정핸드북 – 조정기법과 실습』, 『미국 기업의 인적자원관리』, 공저로 『경영학 뉴패러다임: 조직인사·노사관계』, 『한국의 노동, 어떻게 할 것인가?』 등.

오세정

미국 Stanford University 물리학 박사. 기초과학연구원장, 한국연구재단이사장, 서울대학교 자연과학대학 학장, 대한민국 과학문화상 종합 심사위원장, 호암상 심사위원장, 청암 과학상 심사위원장 역임. 현재 서울대학교 물리학과 교수, KAOS 재단 과학위원회 위원장. 저서 『스무 살에 선택하는 학문의 길 — 물리학 : 자연과학의 근본』, 『과학이 나를 부른다 — 과학교육 어떻게 해야 하나』, 『과학과 문화 : 문화에 있어서의 과학의 위상』 등.

방현석

소설가. 중앙대학교 대학원 문학박사. 신동엽문학상, 오영수문학상, 황순원문학상 수상. '베트남을 이해하려는 젊은 작가들의 모임' 대표 역임. 현재 중앙대학교 문예창작학과 교수, 아시아스토리텔링위원회 위원장. 저서로는 소설집 『랍스터를 먹는 시간』, 『내일을 여는 집』, 장편소설 『그들이 내 이름을 부를 때』, 『십년간』, 창작방법론 『이야기를 완성하는 서사패턴 959』, 『백 개의 아시아』 등.

이영의

뉴욕주립대학교(빙햄톤)에서 박사학위 받음. 현재 강원대학교 대학원 인문치료협동과정 교수, 한국과학철학회 회장, 한국철학상담치료학회 회장. 저서로는 『베이즈주의: 합리성으로부터 객관성으로의 여정』, 『마음학』(공저), 『왜 철학상담인가』(공저) 등이 있고, 과학철학과 인지과학철학에 관한 다수의 논문을 발표했다.

여섯 가지 이슈와 공감능력의 함양

안병영 연세대학교 명예교수, 전 교육부총리

남북한 관계

남북한 관계는 세계정세의 변화와 북한 자체의 변화 그리고 한국의 대응 자세 등에 따라 가변적이다. 세계정세는 앞으로 중국의 경제적 부상으로 점차 미국과 양극체제를 형성하며 한국에 대한 영향을 증대시킬 것으로 본다. 반면 일본, 러시아의 영향은 상대적으로 약화될 것이다. 북한의 변화는 예측이 가장 어렵다. 붕괴 가능성부터 체제 장기화 가능성까지 모두 열려 있다. 문제는 이러한 국제정세 속에서 우리가 어떻게 대처하느냐 하는 것이다.

국제관계에서는 실용주의 지향의 유연한 정책 지향이 필요하다. 군사적으로는 미국과, 경제적으로는 중국과 가까이하면서 적절한 균형을 유지하되, 양국과의 기본적 신뢰를 지킬 필요가 있다. 대(對)일본 관계에도 명분보다는 실질을 따져야 하며, 러시아와의 관계에도 지속적인 관심을 써야 한다. 한국이 남북한 관계 개선과 국익을 도모하는 데는 주변 4대강국과의 우호적 관계가 무엇보다 중요하기 때문이다.

남북한 관계에서는 물론 통일이 가능하다면 통일이 최선이다. 그러나 현실적으로 통일보다는 평화에 역점이 주어져야 한다. 대(對)북한 문제에 있어 남한 내의 사회적 합의가 중요하다. 남남갈등을 최소화하는 가운데 대북한 정책이 보다 유연해질 필요가 있다. 북한은 체제 본질이나 인권 등 어느 면에서도 '정상국가'라고 보기 어렵고, 자칫 군사적인 불장난도 할 수 있는 위협적 존재다. 따라서 북한과의 힘겨루기는 극히 자제해야 한다.

또한 남북관계 및 통일과 관련해서 모든 가능성에 대해 철저한 준비가 필요하다. 급작스러운 북한 붕괴로부터 남북한의 군사적 충돌 가능성, 북한의 점진적 체제전환에 이르기까지 거시적, 미시적 전략이 치밀하게 마련되어야 한다.

정치개혁

한국은 1987년 이후 평화적 정권교체를 일상화하며 민주화의 길을 걷고 있으나 한국정치, 특히 정당정치의 질적 수준은 매우 뒤쳐져 있고, 이념적 양극화로 인하여 생산적인 정책개혁이 이루어지지 못하고 있다. 최근 상대적 진보세력인 야당의 분열과 파행은 한국 정당정치의 앞날에 암운을 던져주고 있다.

대통령제냐 내각제냐. 이 문제는 계속 정치쟁점으로 부상할 것이다. 개인적으로는 내각제를 선호하지만 정부체제 개혁으로 한국 정치문화가 개선되리라고는 생각하지 않으며, 이 쟁점이 자칫 한국정치를 더 큰 갈등의 소용돌이로 몰아갈 수도 있겠다는 두려운 생각이 들어 더 이상의 언급을 자제하고 싶다.

문제는 한국정치의 이념적 양극화다. 어떤 정책쟁점이 부상하면, 정당은 물론 언론, 시민사회, 국민들까지도 둘로 갈라져 정책적 합의를 이루지 못하고 국리민복에 도움이 되는 주요 개혁정책들이 좌초하게 된다. 따라서 우리 정치사회에 '사회적 합의'와 '상생 문화'를 키우기 위한 제도적, 의식적 노력이 무엇보다 필요하다.

이를 위해 좌·우의 극단적 세력을 국민들이 강력히 견제하고 폭넓은 '중도 정치' 영역을 키워야 한다. 건강한 중도우파와 중도좌파가 합리적 정책토론과 정치적 합의를 통해 정치영역 내의 소모적 갈등을 최소화하고 국가 발전에 전력을 다해야 한다. 또한 국가정책의 거시적 지향성은 1990년대 말부터 유럽에서 부상한 '사회투자국가'(social investment state) 개념이 바람직하다. '제3의 길'이라고도 불리는 이 국가모형은 신자유주의가 지향하는 경제적 효율성과 기존의 사회민주주의적 복지국가가 표방했던 사회적 형평성 사이의 조화를 추구하는 정책노선으로, 영국의 토니 블레어(1997-2005년 총리 재직), 독일의 게르하르트 슈뢰더(1998-2005년 총리 재직)가 추구했던 정책노선이다. 사회투자적 접근은 성장과 복지의 선순환, '생산적', '사회투자적' 복지 및 교육에 역점을 두며, 투자의 효율성, '사전예방적 투자'에 초점을 맞춘다. 이 정책은 특히 교육과 복지정책이 체제의 경쟁력을 높이는 데 기여하도록 하는 배려에 큰 관심을 쏟는다.

'사회적 합의와 상생'을 위해서는 '오스트리아 모델'이 가장 시사적이다. '대연정', '사회적 파트너십'을 바탕으로 하는 오스트리아 모델은 이념적 갈등의 극복과 개혁정치의 내일을 열어나감에 있어서 큰 기여를 할 수 있다.

고령화사회의 도래

급격한 출산율 저하와 기대수명의 연장으로 우리나라의 인구 고령화는 세계에서 유례를 찾을 수 없을 정도로 빠르게 진행되고 있다. 아마도 10년 후면 한국은 초고령사회(총인구 중 65세 이상 인구비율 20% 이상)로 진입할 것이다. 인구 고령화는 생산인구의 감소로 인한 생산력 저하, 경제적 활력 감소 등 심각한 경제적 파장을 비롯해서 교육, 노인의료 및 주거, 국가재정과 연금부문, 노인정치, 라이프 스타일, 세대 간 관계 등에 엄청난 충격을 줄 수밖에 없다.

고령화사회에 능동적으로 대응하기 위해서는 우선 줄어드는 생산인구를 감안하여 생산인구의 유실을 최소화하고, 생산 가능 인구의 잠재능력을 극대화하여야 한다. 이를 위해 생애 주기에 걸쳐 평생학습체제를 구축하고 교육, 노동시장정책, 사회복지정책 등을 서로 연계하여 유기적으로 관리할 필요가 있다.

한국의 경우, 무엇보다 여성인구 및 노인의 노동시장 참여율을 높여야 한다. 이를 위해 영유아 교육, 보육 부문에 대한 재정 증대, 여성 및 노인의 취업 및 경제활동을 위한 다양한 사회적 장애요인의 제거 등이 필요하다. 아울러 과잉교육투자를 줄이고, 교육기간의 장기화(과도한 대학 진학률)를 줄일 수 있는 정책수단을 보다 활성화해야 한다. 무엇보다 교육과 노동시장 간의 연계에 역점을 둔 전략적 신직업교육체제의 구축과 이의 활성화가 요구된다.

앞으로 지식사회로의 추세가 더욱 강화될 것으로 예상되며, 이 사회 속에서 '지속가능한 고용'(sustainable employabillity)을 유지하기 위해서는 우리 사회를 평생학습사회로 전환하는 길밖에 다른 길이 없다. 개방형 평생학습체제가 바르게 구축되기 위해서는 학교의 운영시스템이 폐쇄형, 종착형 모델에서 개방형, 연계형 모델로 변화하여야 하며, 동시에 평생학습이 전 생애 주기에 확산될 수 있도록 학교와 가정, 직업, 지역사회와의 파트너십이 형성되어야 한다.

또한 생애주기에 걸쳐 교육, 노동시장정책 및 사회복지정책을 유기적으

로 연계하여 관리해야 한다. 덴마크를 비롯한 서구 여러 나라들이 평생학
습체제와 '유연 안정성'(flexicurity: 기업에는 해고의 자유를 주고 해고된 노동자
에게는 정부 지원과 재취업 기회 등 직업 안전성을 제공하는 노동제도 [flexibility +
security])의 결합을 시도하려는 노력이 돋보인다. 여기서 유연 안정성은 노
동시장의 유연성과 적극적 노동시장정책과 사회보장을 포괄하는 개념이다.

아울러 고등교육의 질적 제고가 시급하다. 고등교육은 세계화 시대에 국
가경쟁력 제고의 핵심분야이다. 그런데 우리나라의 고등교육에 대한 정부
부담 비율은 초·중등교육과 비교할 때나 다른 OECD 국가와 비교할 때, 모
두 상대적으로 열악한 수준에 머물러 왔다. 따라서 향후 고등교육의 질적
고양과 대학교육의 사회적 적합성 제고에 대한 사회적 합의를 바탕으로 고
등교육에 대한 재정투자를 계속 확대해 나가야 할 것이다.

사회적 양극화

한국의 경우 해마다 안정적 중산층의 비율이 줄어들고, 빈부와 생활양
식에 따른 빈부의 격차가 더욱 벌어지고 있다. 거시적, 종합적 정책개혁이 없
이는 아마도 이 추세는 계속될 것으로 보인다. 사회적 양극화는 사회적 갈
등을 증폭시키고 사회계층구조의 고착화로 인해 사회적 활력을 낮출 뿐만
아니라, 이 나라 국민으로서의 자부심과 행복지수를 크게 떨어뜨린다.

필자는 이 쟁점과 연관하여 자칫 이 추세가 계속되면 우리나라의 엘리트
구조가 소수 동질화, 특권층화 될 수 있다는 문제점에 크게 주목한다. 현재
서울대를 비롯해 일류 명문대 입학생들을 보면, 그들 중 다수가 특목고, 외
고, 자사고 등 출신이고, 그들 대부분이 서울의 강남 등 대도시 부유층 내지
상위 중산층 지역 출신이다. 또한 그들 중 많은 학생들이 각종 사교육의 혜택

과 부모의 각별한 관심과 보호 아래 온실 속의 화초처럼 자라났을 뿐만 아니라, 그들 중 상당수는 사회적 영향력이 있는 가족이나 인적 네트워크의 도움 속에서 재계, 법조계, 관계, 기타 사회 요직에 진출하여 우리 사회의 지배 엘리트층을 형성해 나가고 있는 실정이다. 그들은 출신배경 및 교육과정이 유사하며, 따라서 세계관이나 생활양식도 흡사한 동질적 집단들이다. 그들이 과연 우리 사회의 그늘진 주변부에 대해 얼마나 알고 있고, 그들의 삶에 대해 얼마나 진정한 관심을 기울일 수 있을까? 그들이 다양성과 특성화, 융합과 재창조가 추세인 세계의 역동적 흐름에 얼마나 동참할 수 있을까? 걱정이앞선다.'개천에서 용이 난다'는 말이 옛말이 되는 나라에는 미래가 없다.

이러한 추세를 완화하기 위해서는 한두 가지 정책이나 제도개혁으로 이루어지기 어렵다. 왜냐하면 이러한 엘리트 성장경로가 우리 사회의 구조와 사회의식과 밀접히 연관되어 있고, 무엇보다 학력세습화와 승자독식 구조와 깊이 연결되어 있기 때문에, 제반 문제와 조건들을 하나하나 따져 가며 충분한 사회적 논의를 거쳐 문제해결에 나서야 한다고 생각한다. 그러나 이념 지향의 급진적 개혁이나 충격 요법은 적절치 않다. 이제 한국사회는 경제정책, 교육정책, 사회복지정책을 비롯한 주요 정책들의 유기적 연계를 통하여 사회적 양극화를 줄이는 역사적 대장정에 나서야 한다. 그 큰 방향은 역시 '경쟁'과 '상생', '수월성'과 '형평성'의 균형과 조화라고 생각한다.

사회적 계층 상승에 있어 주도적 변수의 하나가 교육이다. 세상에 이른바 일류대학 출신이 갖는 프리미엄이 한국처럼 큰 나라가 또 있을까. 그 때문에 거의 모든 부모가 대학입시와 사교육 등에 모든 것을 걸고 있다. 그런데 교육과 연관된 제반 문제들도 이미 '이념화'되어 있기 때문에, 어떤 한 정권의 주도만으로 큰 폭의 교육개혁을 성취하기는 무척 어렵다. 최근에 필자가 정권을 뛰어 넘는 초당파적 개혁기구의 창설(가칭 '미래한국교육위원회')을 제의한 것도 바로 그 때문이다.

환경과 에너지

세계의 선진 국가들은 물론 우리도 환경 및 에너지 문제에 대해 관심을 써온 지 오래다. 세계적 추세는, 환경 및 생태계 보호는 우리 인류의 미래지향적 '지속가능한 살림살이'의 필수 요건이며, 원자력에 대한 의존은 이제 마침표를 찍고 재생 에너지 개발에 주력해야 한다는 방향이다. 그런 의미에서 이번 '고리 원전 1호기'의 폐쇄는 상징적 의미를 지닌다. 앞으로 '그린 파워'의 힘은 날로 증대될 것으로 전망된다. 그런데 우리의 경우, 말만 앞세우지 환경보호의 국민의식적, 국가정책적 수준은 아직 낮은 수준이다.

오스트리아는 스스로의 경제체제를 '생태사회적 시장경제'라고 부른다. 사회적 시장경제는 자유시장경제와 복지국가를 연결하는 개념인데, 이에 더하여 환경이라는 새 개념을 머리에 더 얹힌 것이다. 생태사회적 시장경제의 기본철학은 "오늘 이곳에서 살며 경제활동을 하는 사람들이 미래의 그의 자손들이 같은 삶의 공간에서 살면서 어려움을 겪게 환경을 착취해서는 안 된다"라는 '세대간 정의'의 차원이다. 그런데 흥미 있는 일은 이 선진적 개념이 중도좌파 정당인 사민당이 아닌 중도우파 정당인 국민당에 의해 강하게 표방되고, 국민적 동의를 얻어냈다는 점이다. 환경과 에너지 문제는 인류 미래의 관점에서 보다 장기적이고 철학적으로 사색해야 하며, 초당적으로 추진되어야 할 것이다.

기술문명의 진전과 인간성

앞으로 첨단기술의 발전은 날로 가속화될 것이다. 10년 후면 인터넷은 우리의 일상 속에 더욱 깊숙이 자리 잡을 것이고, 기능형 로봇의 실용화, 유전자 치료의 상용화, 자동주행차의 등장, 만능제조기 '3D 프린터'의 보편화 등 불과 20세기말만 해도 머릿속에서만 그렸던 혁신기술이 우리 일상생활 곳곳에 자연스레 스며들 것이다. 이러한 기술문명의 변화는 우리 산업과 소비자의 삶의 세계에 상당한 파급효과를 미칠 것이다. 그러나 이 모든 것이 우리에게 밝은 면과 어두운 면을 동시에 선사하게 된다는 데 유념해야 한다. 온라인 교육의 보편화가 국민 교육수준 향상에 기여할 수 있는가 하면, 디지털 격차의 확대와 소셜미디어의 역기능이 우리의 삶에 미치는 부정적 잠재력도 만만치 않은 것과 마찬가지다. 따라서 온갖 첨단문명의 확산을 슬기롭게 관리하지 못하면, 자칫 기계가 인간을 대체하고, 세상이 휴머니즘이 사라진 디스토피아(dystopia)로 전화할 수 있는 심대한 위험성을 안고 있는 것이다.

이러한 불상사를 막기 위해서는 국가가 첨단기술의 순기능과 역기능을 슬기롭게 파악하고 이를 선제적으로 관리할 수 있는 체제와 정책적 틀을 확립해야 한다. 또한 디지털 윤리교육 등을 통하여 청소년들의 생활의식 속에 첨단문명의 역기능을 분별할 수 있는 도덕적 바탕을 강화해야 한다.

결론을 대신하며–공감능력을 길러주는 교육

결론적으로 교육부문에서 보다 본질적인 얘기를 하나 더 보태려 한다. 이제까지 우리 교육은 세계화에 따른 시장기제의 활성화에 기여하기 위해 지나치게 '수월성'과 '경쟁'에 역점이 주어져 왔다. 그러나 2008년 세계 금융위기 이후, 세계의 새로운 추세는 자본주의의 한계를 인식하고 시장기제의 활성화 못지않게 시장기제로 인한 부작용을 치유하는 데 관심을 쏟고 있다. 따라서 이제 우리 교육도 그 정책적 역점을 '수월성'과 '형평성'의 균형 및 '경쟁'과 '상생'의 조화로 그 축을 바꿀 시점이라고 생각한다.

　　인성교육과 창의성교육의 본질은 '공감능력'의 제고라고 생각한다. 타인과 공감하는 능력을 갖춘 인간은 일상 속에서 배려, 나눔, 협력, 상생의 마음의 밭을 다듬고, 창조와 혁신도 인간의 복지와 행복의 증진에 기여할 수 있도록 설계하고 실행한다. 또한 이러한 공감능력은 점차 우리 사회에 늘어나는 다문화 가정과 북한이탈주민 그리고 언젠가 훗날 북한동포를 따뜻하게 품에 안기 위해서도 필수적인 것이라고 생각한다. 따라서 앞으로 10년후, 우리가 보다 편안한 마음으로 새 세상과 마주하기 위해서는 학교교육과 사회교육의 전 과정 속에서 이러한 공감능력을 키워주기 위한 지속적 노력을 경주해야 할 것이다.

우리 대학사회에 드리운 짙은 그림자

김도연 포스텍 총장

이른바 '30-50클럽'은 국민소득이 3만 달러 이상이며 동시에 인구가 5000만 명 이상인 나라가 멤버인데, 여기에는 미국, 일본, 독일, 영국, 프랑스, 이탈리아 등 6개국이 속해 있다. 이 나라들에 더해 대한민국도 금년 혹은 내년에 이 클럽에 속하는 일곱 번째 국가가 될 것이 틀림없으니, 우리는 이제 선진국의 문턱에 선 셈이다. 우리나라 이후 이 클럽에 새로이 가입할 수 있는 국가는 당분간 나오지 않을 것이다. 정치와 사회의 측면에서는 아직도 좀 더 원숙해져야 할 부문이 많은 것이 사실이지만, 그래도 우리는 민주주의의 토대를 튼실하게 쌓았다. 지난 반세기, 우리 민족은 세계사에 유례가 없는 자랑스러운 발전의 역사를 만들어낸 것이다.

다른 자원이 거의 없는 대한민국이 이와 같은 기적을 이룰 수 있었던 것은 능력 있는 인재들을 길러낸 교육의 성과이며, 특히 고등교육을 맡고 있는 대학은 상당히 큰 역할을 한 것으로 믿어진다. 물론 우리 대학의 경쟁력에 대해서는 미흡하고 아쉽게 생각되는 부분도 많지만, 여하튼 지난 반세기 동안 대학은 인재 육성을 통해 우리 사회의 발전을 견인한 것으로 평가된다.

그러면 다가오는 미래는 어떤 모습일까? 오늘의 대학캠퍼스에서 우리 민족의 내일을 짊어질 인재가 육성되고 있음을 생각하면, 밝은 미래를 위한 대학의 역할은 모두의 관심사일 수밖에 없다. 이 글에서는 지난 한 세대 동안에 있었던 우리 대학사회의 발전과정을 돌이켜 보면서, 특히 앞으로 10년 이내에 우리 대학이 맞게 될 상황 변화와 그에 대한 대응방안에 초점을 맞추고자 한다.

사실 우리 대학사회는 여러 가지 측면에서 큰 위기를 맞고 있다. 선진국을 따라가던 과거를 벗고 세계를 앞서 나가기 위해서는 대학사회가 혁신되어야 한다는 총론에는 모두 동의하지만, 각론에 해당하는 교육의 탈바꿈을 위한 각 대학의 노력은 아직 태부족이다. 물론 대학은 전통적인 가치를 중요시하며 이는 대학의 장점이기도 하지만, 그러나 21세기 사회 각 분야에서 일고 있는 급격한 변화에 대해 대학들은 무풍지대에 남아있는 듯싶다. 과거처럼 정형화된 지식만을 배우고 대학문을 나서는 인재는 더 이상 효용이 없다. 이런 측면에서 대한민국의 미래를 위해서는 대학교육의 질적인 문제에 대해 근본적인 성찰과 개혁이 있어야 할 것이다. 이는 우리의 대학교육이 지니고 있는 가장 중요한 문제인데, 여기에 더해 가장 화급한 문제도 함께 갖고 있으니 어쩔 수 없이 이부터 점검해 보자.

우리 대학사회가 마주하고 있는 가장 화급한 문제란 무엇일까? 그것은 줄어드는 학생 숫자로 비어가는 강의실이 많아지면서 대학이 활기를 잃고 있다는 점이다. 수도권의 세칭 일류대학을 제외하고, 국가의 허리를 맡을 견실한 인력을 키워내는 지역의 대학들은 이 어려움에서 모두 예외가 아니며 이러한 상황은 앞으로 4~5년간 급속히 악화될 것이다. 이러한 예측은 전체 대한민국의 인구 변화를 보면 쉽게 이해할 수 있다. 1960년대, 대한민국의 평균 출산율은 6명에 달했다. 그러나 산아제한을 위한 치열한 노력 덕택에 출산율은 1970년 4.53명에서 1990년에는 1.59명으로 줄었고, 드디어 2005년에는 1.08명으로 세계 최저 수준을 기록했다. 이제 인구감소가 야기한 대학의 학생 부족은 코앞에 닥친 문제가 되었다.

우리 사회에서는 그간 고등학교 졸업생의 약 80% 정도가 200여 개의 4년제 대학과 200여 개의 전문대학에 진학했다. 80%를 상회하던 대학 진학률은 최근 75% 수준으로 내려갔지만, 여하튼 많은 선진국이 유지하고 있는 40% 정도의 대학진학률을 고려할 때 우리의 진학률은 경이로운 현상이다. 이는 굶더라도 자식은 대학에 보내야 한다는 우리 사회의 치열한 교육열이 가져온 결과로 긍정적인 점도 많았던 것으로 믿는다. 실제로 대학 진학에 대한 국민적 욕구는 엄청난 것이었기에, 대학은 설립 허가만 받으면 정원을 쉽게 확보할 수 있었고 또 등록금만으로도 운영되면서 빠르게 발전할 수 있었다. 1985년의 통계를 보면, 당시의 대학 정원은 모두 203,500명이었으나 대입학력고사 응시생은 726,000명에 달했다. 대학에 진학하기 위해서는 무려 3.5대1의 관문을 돌파해야 했다. 쌓여가는 재수생이 사회문제가 된 것은 쉽게 짐작되는 일이다. 대학진학에 대한 열기는 더더욱 높아졌지만 새로운 대학의 설립은 여전히 정부의 특혜를 입은 소수의 사람들에게만 돌아가던 시절이었다.

대학 설립을 포함해 수많은 인가권을 쥐고 있던 정부의 막강한 권한이 축소되기 시작한 계기는 결국 우리 사회의 민주화였다. 1993년 취임한 김영삼 대통령은 하나회 척결 등으로 군사정권을 실질적으로 종식시키고 아울러 금융실명제 도입으로 투명 시장경제 체제를 추구하는 등 문민정부의 기초를 쌓았다. 그리고 1995년에는 대학 설립에 있어서도 소위 준칙을 마련하여 학교 부지와 건물, 교원 그리고 수익용 기본재산 확보 등 기본요건만 만족하면 누구나 대학 설립자가 될 수 있도록 하였다.

대학설립 준칙 제도에 대한 당시의 사회 분위기는 우려보다 환영이 훨씬 많았다. 관료주의에 의한 규제 위주의 교육시장에 자율성이 부여됨으로써 경쟁이 유발되고 촉진될 것이란 기대가 높았던 것이다. 아울러 교육서비스의 절대적인 공급량이 늘어나면서 다양성이 확대될 것으로 믿었다. 그러나 이미 당시에도 수요에 따라 대부분의 대학이 수도권에 설립되면 인구집중이 가속화되어 지방은 더욱 피폐화될 것이란 지적도 있었다. 바로 이런 이유로 대학의 정원, 특히 수도권 대학의 정원은 아직도 자율과는 먼 거리에 있으며, 수도권 정비 계획법에 의해 정부가 이를 확실히 통제하고 있다.

어쨌건 대학설립 준칙제도 도입 후 새로운 대학들은 우후죽순처럼 만들어져, 1997년엔 한 해에만도 20개 대학이 새로 문을 열었다. 그 후 2011년까지 대학 정원도 약 58만 명으로 크게 확대되었다. 부실한 대학에 의한 부실한 교육의 폐해는 사회문제가 되어서, 2004년 당시의 교육부는 "2009년까지 358개 대학 중 87곳을 없애겠다"는 계획을 발표했으나 이는 제대로 실행되지 않았고 오히려 대학의 숫자는 더욱 늘어났다. 2004년의 시점에선 아직 대학 정원이 화급한 문제는 아니었을지 모른다. 그러나 그로부터 10여 년이 지난 오늘, 이 문제는 더 이상 미루어둘 수 없는 시한폭탄이 되었다.

우리나라의 고교 졸업생 숫자는 앞으로 초특급으로 감소될 것이다. 대학 정원이 현재와 같이 58만 명 수준으로 유지된다면 2018년부터는 고등학교 졸업자 모두가 진학한다 해도 대학은 정원을 못 채우는 최악의 상황이다. 우리나라는 전체 대학생의 약 75%가 사립대학에 다니고 있으며, 이들 대학은 학생들이 내는 등록금이 가장 중요한 재원인 것이 현실이다. 학생이 줄어들면 재원이 축소되고 그러면 교육의 질은 낮아질 수밖에 없음이 엄연한데, 그로 인해 점점 질 낮은 인재가 배출되면 우리의 미래는 어떻게 될까? 이론적으로는 약 40%의 대학이 문을 닫아야 하므로 본격적인 대학 구조조정이 불가피하다. 그러나 과거에 대학 정원을 올리는 일은 쉬웠어도 앞으로 이를 깎아 내리기는 지극히 어려운 작업일 것이다.

해결 방안은 무엇일까? 가장 많이 제시되는 의견은 아마도 정부가 강력한 의지를 갖고 대학 통폐합을 추진해야 한다는 것으로 믿어지며, 실제로 지난 이명박 정부에서는 4개의 부실 사립대학을 폐교 조치하기도 했다. 그런데 대학 폐교와 같은 극단적 조치는 기준을 마련하고 대학을 심사해서 이를 집행하는 일인데 이는 당연히 엄청난 갈등의 연속이다. 폐교되는 당사자들에게는 기준 및 그 심사과정 모두가 불합리한 것임에 틀림없다. 그리고 대학들이 요구하는 대로 각 대학의 설립 배경과 지역 환경을 고려하면서 동시에 전공분야의 특색 등 모든 사항을 감안한 그런 기준 마련은 처음부터 불가능한 일이다. 따라서 이미 그러했듯 앞으로 폐교될 대부분의 대학은 이 문제를 행정소송으로 가져갈 것이며, 그 경우 정부가 이길 확률도 절대적인 것은 아니다.

이제는 더 이상 지체할 수 없는 문제이지만 어찌되었건 정부에서 이를 간여하는 일은 결국 전체적이고 획일적이 될 수밖에 없다. 등록금 유용 등 확실한 범법이 있는 경우에는 당연히 강력한 조처가 있어야 한다. 그러나 그 외의 경우라면 자유민주주의 국가에서 정부가 자의적 기준으로 대학을 통폐합하는 일은 적절치 않다는 견해에도 수긍이 간다. 이런 측면에서 지난 기간 대학들이 팽창해온 바탕이 시장경제 원칙이었던 것처럼 앞으로의 축소과정도 궁극적으로는 시장 기능에 맡겨야 할 것이다.

물론 교육은 한 사회의 미래를 좌우하는 무엇보다 중요한 공공재이기에 시장의 역기능과 불합리성은 최대한 제어해야 한다. 예를 들어 시장의 수요에 따라 수도권 대학들은 오히려 크게 팽창하고 지역 대학들은 모두 소멸되어도 좋을까? 대한민국은 지역에 좋은 대학이 없어도 선진국의 꿈을 이룰 수 있을까? 바로 이런 점 때문에 대학 교육시장의 자유도는 제한적일 수밖에 없지만 이외의 많은 사항은 정부가 시장을 존중하는 것이 좋겠다. 유연성은 시장의 특징이다. 사립대학의 경우, 그 대학이 폐쇄될 때 설립자에게 적정한 보상이 돌아갈 수 있는 유연성 확보도 절대적으로 필요한 사항이다.

대학의 학생 수는 정부가 간여하거나 혹은 방관하거나 이에 상관없이 현격히 줄어들 수밖에 없다. 이러한 학생 수의 감소로 인해 예를 들어 10개 중 4개의 대학교가 10년 후 우리 사회에서 아주 사라진다면 나머지 6개 대학들의 운영은 지금처럼이라도 가능할 것이다. 그러나 불행하게도 우리 대학 사회의 미래는 10개의 대학이 모두 존재하면서 각 대학은 현재 학생 수의 절반 정도로 운영이 되는 경우에 가까울 것이며, 교육의 질은 참담하게 추락할 것이다. 앞서 언급했듯이 우리 대학들의 대부분은 등록금에 주로 의존하는 사립대학이기 때문이다.

우리의 경우 사립대학 연간 등록금은 대부분 800만원 수준이다. 물론 학문분야별로 의학이나 이공계의 등록금이 상대적으로 높지만 전체를 평균하면 대학별로 큰 차이가 없다. 이런 점에서 대학등록금은 우리 사회의 다른 여러 분야와 마찬가지로 획일적이며 무차별 평등이다. 만약 등록금 액수가 대학의 수준과 교육의 질을 나타낸다면, 우리나라 모든 사립대학은 거의 모두가 동일한 수준일 것이다. 게다가 우리의 대학들은 "반값등록금"이란 정치적인 구호 속에 지난 8년 가까이 등록금 인상을 동결당한 상태다. 이미 교육의 질은 상당히 추락했다. 우리 사회는 오늘의 안락함을 위해 미래를 희생하고 있는 것이다.

여하튼 오늘의 대학경쟁력이 내일의 국가경쟁력이라는 측면에서 대학의 역할은 막중하다. 각각의 대학들은 예상되는 미래 변화에 적응하면서 변화를 이끌어 갈 유연한 체제를 갖추기 위해 각별한 노력을 경주해야 한다. 동시에 정부와 사회는 국가의 소중한 자산인 대학에 대해 애정을 갖고 그 혁신을 격려하고 지원해야 한다. 미래는 준비하는 자의 것이다.

세계 최고의 과학·기술 인재를 키워야 한다

김도한 서울대학교 수리과학부 교수

　한국 수학계는 서울 코엑스에서 ICM 2014(International Congress of Mathematicians, 세계수학자대회)를 성공적으로 개최하였다. 1897년 스위스 취리히에서 1회 대회가 열린 후 1900년 2회 파리 대회부터 4년마다 열리는 이 대회는 개막식에서 개최국 국가원수가 수학계의 노벨상인 필즈상을 수여하는 것이 관례로 되어 있다. 이번 대회는 최근 ICM 중에서 가장 성공적인 대회로 평가받고 있으며, Maryam Mirzakhani가 여성 수학자로는 처음으로 필즈상을 받아 박근혜 대통령, Ingrid Daubechies 국제수학연맹 회장과 함께 여성 3명이 개회식 연단 중앙에 선 사진은 수학 역사에 길이 남을 것이다.

　이 사진을 보면서 우리는 언제쯤이면 필즈상이나 노벨상 수상자를 배출할 수 있을까 생각하게 된다. 2차 세계대전 패전 이후 실의에 빠진 일본 국민들에게 큰 희망과 자부심을 안겨준 것이 유카와 히데키의 1949년 노벨물리학상 수상이었다. 또한 2010년 후진국에서 처음으로 필즈상 수상자인 응오(Ngo)를 배출한 베트남 정부는 이 경사를 기리기 위하여 하노이에 베트남 수학연구소를 설립하였다. 이러한 일은 하루아침에 이룩된 것이 아니다.

베트남에서는 1960년대, 70년대 미국과의 전쟁이 치열했던 때에도 고등학교 졸업생 중 500여명의 수학·과학 영재들을 선발하여 소련과 동유럽의 대학에 보내 1년간의 현지 언어 교육, 5년간의 대학 학부 교육, 그 이후 박사과정까지 거의 10년간의 해외유학을 지원했다고 한다. 그 후에도 같은 수의 유학생들을 선발하여 선진국으로 보냈다. 당연히 병역 의무는 면제 또는 유예시켰다. 그들은 프랑스와 미국과의 오랜 전쟁으로 피폐하여 어려운 와중에도 미래를 준비하였고 이 결과로 필즈상 수상자를 배출할 수 있었다.

2차 세계대전 중 가장 군국주의적인 일본도 대학 재학 중인 일본인 대학생은 물론 한국인 대학생까지 문과 분야 전공 학생들은 거의 모두 학도병으로 징집하였으나 이공계열 대학생들은 징집하지 않고 학업과 연구를 계속하게 하였다.

한 가지 예를 더 들면, 1차 세계대전 중 프랑스와 독일은 각기 200만 명 정도가 전사 또는 사망하였다. 그러나 두 나라의 과학, 기술자에 대한 인식 차이로 프랑스는 모든 젊은이를 구별 없이 최전선으로 보내 1890년대 출생의 많은 이공계 대학생들이 전사했지만, 독일에서는 과학자나 기술자는 징집을 유예하거나 후방에 배치하여 전후를 대비하였다. 그 결과 전후에 승전국인 프랑스의 수학 연구 수준은 독일에 비해 굉장히 떨어졌고, 그 다음 세대의 프랑스 수학자들이 "부르바키"라는 그룹을 결성하여 독일 수학과 같은 수준까지 만회하는데 많은 시간이 걸렸다.

이와 같이 교육은 국가의 백년대계를 결정하는 매우 중차대한 국가적 사안이며, 특히 수학·과학 교육은 국가의 미래 경쟁력을 좌우하는 결정적 요인이다. 6·25전쟁 후 폐허의 후진국에서 가파른 경제성장을 주도한 것도 과학·기술이며 최근 들어 선진국의 문턱에 걸려 있는 우리나라의 국가경쟁력에 과학·기술이 그 근간을 이루고 있음은 더 말할 나위없다.

필자는 1970년대 초 전자공학과 졸업반 때 수원 삼성전자에 견학을 간적이 있다. 당시 합작회사 삼성-히타치, 삼성-산요가 막 설립되어 시멘트 블록 건물밖에 없었고 아마 칼러TV를 만들려는 계획만 세운 것으로 기억하고 있다. 40년이 지난 지금 신문 보도에 의하면, TV 시장에서 천하무적이었던 소니의 판매량이 2,000만 대를 약간 넘는 수준인데 비하여 삼성이 5,000만 대, LG가 3,000만 대 판매로 세계 1, 2위를 차지하였다.

필자는 2009년 ICM 실사단이 한국에 왔을 때 삼성전자를 방문하였다. 사무총장인 독일 수학자 그뢰철이 삼성전자 전무에게 세계 IT 회사의 규모 순위를 물었다. 그때 1위였던 지멘스, 2위 휼렛-패커드를 제치고 현재 삼성전자가 IT 1위를 향하여 매진하고 있는 것은 그 당시 많은 우수한 학생들이 공대에 진학한 후 선진국에서 학업을 계속하여 인력 인프라를 구축했기에 가능한 일이었다고 생각한다. 이에 반해 산요는 거의 이름이 없는 회사로 전락했고, 소니는 TV 분야에서 성장 동력을 잃었다.

이처럼 수학·과학 교육의 강화는 국가의 미래가 달린 사안이다. 그러나 최근 우리나라 정부는 '사교육 때려잡기'라는 미명 하에 많은 규제로 우수한 학생을 위한 수학·과학 영재 교육과 일반 학생들을 위한 보편적인 수학·과학 교육 모두를 놓치고 있다.

선진국 교육의 장점은 영재를 위한 수준별 학습이다. 학생이 한 분야에서 능력을 나타내면 수준이 더 높은 반으로 올라가 상급생과 수업을 같이 듣는 것이 통례이다. 수학과의 경우 우리나라를 비롯한 선진국의 많은 대학에서는 학부 학생이 대학원 과목을 같이 수강하여 제일 좋은 성적을 받는 경우도 많다. 수학의 천재성은 일찍 나타나기에 생기는 현상이라 볼 수도 있지만, 가장 대표적인 예를 들면, 프린스턴대학 교수인 페퍼만은 11살에 대학에 입학하여 17살에 수학, 물리학 학사를 받고 20살에 박사학위를 받아 22살에 시카고대학 정교수가 되었다. UCLA 수학과 교수인 타오의 경우도 13살에 가장 어린 나이로 올림피아드 금메달을 받았고 16살에 학사, 석사, 21

살에 박사를 받고 24살에 정교수가 되었다. 미국 대다수의 고등학생들이 수학을 잘못하여 오바마 대통령까지 "한국을 보라"고 하지만 미국 유수 대학은 입학생의 반 이상이 대학교 수준의 수학이나 과학의 AP 코스를 듣고 입학한다. 선진국의 문턱에서 턱걸이를 하고 있는 우리가 선진국이 되려면 선진국의 우수한 영재들을 상대로 겨루어야 한다.

지난 2010년 하이데라바드 세계수학자대회 4명의 필즈상 수상자는 고등학교 재학 시 모두 국제수학올림피아드에 참가하여 개발도상국 학자로는 처음으로 수상한 베트남의 응오를 포함 2명이 금메달, 1명이 은메달, 1명이 동메달을 받았다. 2006년도 필즈상 수상을 거부하고 새천년 7개 문제 해결 상금 100만 달러도 거부한 페렐만도 42점 만점의 금메달 수상자이다. 역사상 처음으로 필즈상을 받은 여성수학자인 미르자카니(Mirzakhani) 역시 금메달 수상자이다.

그런데 국제적으로 영재성을 공인 받는 국제수학올림피아드 메달 수상 실적까지 적으면 불이익을 주고 '선행학습금지법'을 제정하는 식의 정부 방침에는 할 말이 없어진다. 사교육의 폐해가 심한 것은 사실이지만 법(法)만능주의식의 이런 해법은 맞지 않다. 공교육을 강화하여 21세기 무한경쟁의 지식사회에서 국제적으로 경쟁력 있는 우수한 학생을 길러내는 것이 중요하다는 것을 간과한 발상이다.

또한 최근 들어 교육부가 추진하고 있는 '문·이과 통합' 교육과정 역시 과학기술자들은 큰 우려감과 불안감을 지울 수 없다. 미래에 새로운 '창조' 경제와 시장을 개척하는 일은 수학·과학 지식에 의존할 수밖에 없기 때문에 미국, 영국 등 선진국은 모두 수학·과학 교육에 집중하고 있다. 세계적인 학업능력 평가도 수학·과학 교육을 강조하며 단편적인 지식이 아니라 종합적이고 논리적인 사고 능력을 평가한다.

2015년 9월에 고시된 교육부의 '문·이과 통합형 교육과정'에서 수년 전의 7차 교육과정에서의 '학습량 30%' 감축에 이어 또 다시 '학습량 20%' 감축을 요구하면서 '학생의 선택권'과 '학습량 감축'을 강조하고 있지만 실상은 국가의 미래를 위협하는 위험천만한 발상이다. 최근 서울에서 열린 국제학술회의에서 도쿄대 수학 교수를 만나 이 주제에 관하여 의견을 나눈 적이 있다. 그 일본인 교수는 일본은 "유토리(餘裕) 교육이 일본 교육을 망쳤다"는 반성 하에 수학 교육을 강화하고 있는데 한국은 실패한 일본의 제도를 뒤쫓고 있다고 필자에게 강조하였다. 이러한 연속적인 학습량 감축이 사교육 문제를 해결할 리는 만무하고 결국 국가 경쟁력과 미래 세대의 삶의 질을 떨어뜨리게 될 것이 명약관화하다.

이스라엘은 수학 성적 1% 이내 학생의 영재교육으로 IT산업 강국이 되고 있다. 이제 우리도 평등이란 미명 하에 결국은 하향평준화를 자초하는 자충수를 두지 말고, 수월성을 인정하고 키워주는 사회가 되어야만 선진국에 진입할 수가 있을 것이다.

수학, 정보의 영재 없이 어떻게 IT산업을 이룩할 수 있으며 물리, 화학 분야의 영재 없이 NT산업을, 생물 분야의 영재 없이 BT산업을 이룩할 수 있는가?

갈등관리 'win-win'을 가르쳐야 한다

박호환 아주대학교 경영학부 교수

우리 주변에는 크고 작은 갈등이 너무나 많고, 대부분이 극한 대치와 파국으로 끝나고 만다. 언제까지 후진적인 분쟁과 파국을 겪으며 살아가야 할까? 앞으로 우리 사회가 당면할 최대 난제의 하나가 갈등을 win-win식으로 해결하는 것이다. 그러나 어떻게 된 일인지 우리는 지금까지 학교에서 한 번도 win-win식 갈등해결방법을 배우거나 가르친 적이 없다. 그러니 win-win을 해야 한다고 모두가 목소리 높여 외쳐대지만 그 외치는 사람조차 win-win을 '어떻게' 하는지는 모른다. 이 '어떻게'를 더 늦기 전에 가르치고 배우고 실습해봐야 한다.

우리나라 사람들만 갈등을 건설적으로 해결하지 못하는 것일까? 그런 것 같지는 않다. 미국의 심리학자들이 연구한 결과를 보면, 실험에 참여한 미국 사람들은 갈등 상황에서 대화보다는 싸울 경우에 이길 확률이 60% 이상이라고 보고 있다. 이것은 동서고금을 막론하고 조그마한 사회적 갈등이 대규모 분쟁으로 번지고 파괴적 행동으로 나아가는 이유에 대한 하나의 단서라고 볼 수 있다. 사람은 타인과 서로 이해관계가 어긋나 다툼이 생기면 대화보다는 싸워서 해결하려는 경향이 더 강하기 때문이다. 말로 해결하기

보다는 빼앗아 오는 것이 더 빠르고 확실하다고 믿으니 대화로 풀자며 나설 이유가 없는 것이다.

그런데 문제는 싸워서 빼앗아 오는 경우가 과연 확실히 이긴 것일까? 우리 모두가 경험했듯이, 이긴 게 이긴 것이 아닌 경우가 대부분이다. 상처뿐인 승리이고, 둘 사이는 원수로 변해버리고, 옆에서 싸움을 부채질하던 자가 이익을 챙겨 간다. 많은 사람들이 법적 소송으로 해결하려고 하지만, 최종 승자는 변호사뿐이다. 그래서 서로 싸움만 하지 말고 서로에게 이로운 방향으로 해결하는 win-win을 자꾸 거론하게 된다.

한 가지 흥미로운 사실은 영어 win-win에 해당되는 우리말이 없다는 점이다. 상생(相生)으로 번역하기도 하지만, 상생은 음양오행설에서 상극(相剋)의 반대말로, 함께 있으면 서로 도움을 줄 수 있는 동반자라는 의미이지, 갈등을 풀어서 당사자들 각자가 원하는 것을 모두 얻는다는 의미의 win-win에 해당되는 말이 아니다. 그렇다면 우리는 지금까지 win-win을 해보지 않고 살아왔다는 결론에 도달한다. 어떤 민족이 사용하는 언어를 보면 그 민족의 가치관, 사고방식과 생활양식을 알 수 있다. 그런 것들이 말로 표현되어야 하므로 특정 의미를 가리키는 단어가 만들어질 수밖에 없기 때문이다. win-win에 해당되는 단어가 없는 우리는 5천년 역사에서 갈등을 win-win으로 해결하지 않으며 살아왔음을 알 수 있다. 미국과 유럽도 마찬가지이다. win-win에 해당되는 별도의 단어가 없기 때문에 win을 두 개 사용하여 새로 만들어낸 것에 불과하다. 그래서 win-win은 모두가 경험해보지 못한 어려운 과제라는 것이다.

win-win은 서로의 속마음을 알고 그것을 모두 충족시키는 과정이다. 상대의 속마음을 알아내고 나의 속마음을 상대에게 알리는 작업은 상호신뢰가 전제되어야 가능하다. 그래서 신뢰사회로 가면 갈수록 win-win이 더 가능해지고, 불신이 쌓이는 사회일수록 win-win은 더 어려워진다. 그렇다면 작금의 우리 사회가 겪는 격렬한 분쟁은 신뢰보다는 불신이 더욱더 팽배해지는 사회분위기가 반영된 것이라고 봐야 할 것이다.

며칠 전 지하철에서 본 사건이다. 의자에 앉아 있는데, 다음 정거장에서 할머니 두 분이 탔고 마침 내 옆자리가 비었다. 할머니 한 분이 얼른 그 자리에 앉고 다른 할머니를 불렀다. 자신은 곧 내리니 여기 대신 앉으라며 자리를 비워주었다. 그런데 바로 앞에 서 있던 20대 여자가 냉큼 그 자리에 앉아버렸다. 그 할머니도 욕하고 주위사람들도 욕하자, 그 젊은 여자는 "나도 아파요." 한마디 하고는 가방에서 이어폰을 꺼내 귀에 꽂는 것이 아닌가. 주변에서 모두 혀를 찼지만 내가 자리를 양보하며 "저 아가씨도 뭔가 사연이 있겠지요." 하며 이해해주자고 했다. 세상에 핑계 없는 무덤이 없다. 뭔가 사연이 있고, 속마음이 따로 있다. 싸우기 전에 그것을 먼저 파악하는 습관을 들이자. 그것만 해도 싸움의 반을 줄어들 것이다.

앞에서 우리는 지금까지 학교에서 win-win에 대해 배운 적이 없다고 지적하였다. 갈등과 관련하여 학교 선생님들과 어른들이 우리에게 가르쳤던 것은 '사이좋게 지내라'는 것이었지만, '어떻게' 하면 사이좋게 지낼 수 있는지는 가르치지 않았다. 유일한 지침은 '서로 양보'하라는 것이었다. 과연 서로 양보하면 win-win이 될까? 그렇지 않다. 왜냐하면 win-win은 서로 원하는 것을 서로 갖는 것이기 때문이다. 서로 반씩 양보하는 것은 win-win이 아니라 '절충'이다. 귤 하나를 놓고 서로 가지겠다고 싸우는 형과 동생이 있다고 하자. 그 귤을 반씩 나눠주는 것은 '절충'이다. win-win은 귤을 하나 더 가지고 오는 '파이 키우기'가 전형적인 방법이다.

그런데 귤이 하나 더 없다면? 어느 한쪽이 양보를 하게 하고, 그에 상응하는 보상을 주는 것도 또 다른 win-win 방법이다. 더 근본적인 방법은 왜 그 귤을 가지려고 하는지 속마음을 알아보는 것이다. 만약 형은 귤껍질이 필요하고 동생은 먹으려고 한다면, 귤을 까서 껍질 모두를 형에게 주고 속을 동생에게 주면 win-win이 된다.

지금까지 우리는 학교에서, 가정에서, 직장에서, 주변 동네에서 싸움을 말려본 적이 있을 것이다. 그런데 성공한 적이 있는가? 아마 거의 없었을 것이다. 왜냐하면, 싸움 말리는 방법을 배우지 못했기 때문이다. 분쟁을 조정하는 일은 갈등관리 훈련을 받은 전문가가 해야 한다. 그런데 흔히 사회적으로 큰 갈등은 고매한 인격을 가진 분들에게 조정을 부탁한다. 그런데 그런 분들은 거의 대부분 조정에 실패해왔다. 이유는 그런 분들이 분쟁조정 방법에 대한 훈련을 받아보지 못했기 때문이다. 인력과 지위만 믿고 조정을 하려다 보니 서로에게 상처만 더 주고 갈등만 더 부추긴 결과를 낳기도 한다.

먼저, 우리 사회는 모든 학교에서 갈등관리를 가르치고, 직장에서 교육 훈련과정에 갈등관리 과정을 넣도록 하자.

학교에서 갈등관리는 두 가지 방향에서 진행되어야 할 것이다. 첫째, 갈등관리 과목을 초등학교부터 고등학교까지 별도 과목으로 가르친다. 반드시 실습과 역할연기 게임을 통해 몸에 익숙해지도록 하는 것이 중요하다. 둘째, 또래조정을 제도화하는 것이다. 또래조정은 학급 내에서 분쟁조정을 체계적으로 훈련받은 학생 몇 명을 양성하고 학우들 사이에서 생기는 다양한 갈등을 자기들이 해결해가는 방법이다. 학생들 간의 다툼은 담임교사나 상담교사가 개입하는 것보다 학생들끼리 해결하는 것이 가장 좋기 때문에 이 또래조정은 선진국에서 많이 도입되는 제도이다.

직장에서 갈등관리를 훈련시키면 그 효과를 직장 내에서뿐만 아니라 가정과 동네에도 보게 되는 이점이 있다. 특히 학교에서 또래조정을 운영하는 것처럼 직장 내에서도 사무실 또는 작업장 별로 동료조정제도를 활용하면 큰 효과를 볼 수 있을 것이다. 고충처리제도라는 공식적인 갈등관리제도가 법제화되어 있지만 그 활용도는 매우 낮다. 직장인들도 많은 갈등을 경험하고 있지만 그것을 공개적으로 해결하기보다는 자체적으로 비공식적으로 해결하길 더 원하며, 동료조정제도가 그것에 적합한 방식이다. 이것도 또래조정처럼 갈등관리방법에 대해 훈련을 많이 받은 직원을 양성하면 가능하다.

협상과 조정에는 왕도가 없다고 한다. 이론 공부보다는 실습과 훈련이 가장 효과적이다. 이제부터라도 '사이좋게' 지내는 방법은 win-win이며 그 방법에 대해 별도로 훈련시키는 제도 구축과 인식 전환이 필요하다.

교육개혁 이루어야 나라가 산다

오세정 서울대학교 물리학과 교수

얼마 전 POSTECH 박태준미래전략연구소가 1,000여 명의 성인과 1,000여 명의 포스텍 재학생을 대상으로 "앞으로 10년 내 한국사회가 당면할 가장 중요한 문제는 무엇인가"라는 설문조사를 한 바에 의하면, 저출산으로 인한 인구감소·노령화, 경제침체로 인한 저성장과 성장 동력 부재, 그리고 일자리부족·청년실업 등이 가장 높은 순위를 차지했다고 한다. 교육·입시 문제도 거론되었지만, 응답자의 1.1%만이 가장 중요한 문제라고 대답하여 9위에 머물렀다는 소식이다.

그러나 필자는 교육 문제가 위에서 거론된 많은 문제들을 해결할 근본적인 대책이라고 생각하며, 앞으로 10년 내에 우리가 꼭 이루어야 할 일이 교육개혁이라고 감히 주장한다. 한 예로 경제 성장과 일자리 창출은 물론 중요하지만, 그것을 이루기 위해서는 무엇을 어떻게 해야 하나? 과거처럼 정부가 자본과 자원을 몰아주어서 기업을 성장시키는 시대는 지났기 때문에, 결국 앞으로는 우리 사회가 개인의 창의력을 바탕으로 한 첨단산업을 일으키는 수밖에는 없다. 그런데 지금 한국의 교육제도 하에서는 개인의 창의력이 길러지기는커녕 오히려 말살되고 있는 평가이다. 이 문제를 해결하지 않고서는 경제성장과 양질의 일자리 창출은 매우 어려울 것이다. 또한 저출산 문제도 경제 불안과 살인적인 자녀 사교육비 부담에 대한 우려 때문에 젊은 부부가 자녀들을 낳기 꺼려하여 더욱 심각해지고 있다. 물론 교육이 안보나 통일 등 우리사회의 모든 문제들을 풀 수 있는 만병통치약은 아니겠지만, 교육 문제를 해결하지 않고서는 우리나라의 미래가 암담하다는 것은 명약관화하다.

사실 지금까지 한국의 교육은 국가발전에 기여한 바가 많고, 그 성취에 대하여 외국으로부터 많은 찬사를 받아왔다. 미국의 오바마 대통령은 기회만 되면 한국 교육을 칭찬하며 미국 교육이 본받아야할 점이 많다고 강조한다. 5월 19일부터 21일까지 인천 송도에서 열린 '2015 세계교육포럼'에서도 한국 교육은 특별한 관심을 받았다고 알려졌다. 폐막식 전날에 열린 '한국교육 특별 세션'에서 좌장을 맡았던 미국 컬럼비아대학의 제프리 삭스 경제학 교수가 "한국의 경제발전은 전례가 없는 성과이고, 교육이야말로 경제 발전의 연료 역할을 했다는 데 의심의 여지가 없다"고 언급하는 등 한국 교육의 성취와 국가 발전에의 기여에 대해 여러 찬사가 나왔다고 한다. 물론 우리나라가 지난 수십 년 간 빠르게 발전한 것은 국민들의 엄청난 교육열에 힘입은 바가 크다. 해방 직후에는 문맹률이 75%를 넘었지만 지금은 1% 내외로 미미하고, 해방 직후에는 이공계 대학을 졸업한 사람들이 200여 명 불과하였지만 현재는 박사학위자만 9만 명에 육박하고 있다. 이와 같은 비약적인 발전은 우리가 자랑스럽게 느껴도 되고, 세계의 여러 개발도상국들이 부러워할 만한 일인 것은 틀림없다.

하지만 이러한 성취와 더불어 우리나라 교육은 현재 여러 심각한 문제점도 드러내고 있다. 예를 들어, 세계 각국 고등학생들의 읽기 및 수학 과학 성취도를 비교하는 '국제학업성취도 평가(PISA)' 를 보면, 한국 학생들은 항상 점수로는 최상위권에 위치하지만 학업에 대한 흥미도나 자신감 등에서는 최하위권에 속한다. 청소년 자살률은 경제협력개발기구(OECD) 회원국 평균에 비해 월등히 높고 청소년들의 행복지수는 거의 바닥을 치고 있는데, 이 현상의 가장 큰 이유는 학업에 대한 부담감 때문이라고 알려져 있다. 게다가 입시 위주의 중고교 교육은 21세기에 필요한 학생들의 창의성을 기르기보다는 아직도 맹목적인 지식 암기에 중점을 두고 있고, 대학 교육 또한 사회와 산업체의 수요와는 동떨어져 있다는 비판도 오랜 동안 계속되어 왔다. 심지어 교육이 계층 간의 유동성을 높이기보다는 오히려 계층구조를 공고히 하고 있다는 비난마저 만만치 않다.

그러면 이제 우리는 무엇을 어떻게 해야 하나? 가장 중요하고 시급한 과제는 우리 어린 중고교 학생들을 암기 위주의 사교육 굴레에서 해방시켜주는 일이다. 이를 위해서는 대학과 정부 당국이 특단의 조치를 강구해야 한다.

먼저 대학들은 입시전형제도를 전면적으로 개편하여 스펙이나 수능점수 순으로 신입생을 선발하는 것을 지양하고, 학생들의 중고교 생활 기록과 가능성/잠재력을 중시하는 제대로 된 의미의 입학사정관제도를 운영할 필요가 있다. 사교육으로 '만들어진' 정형화된 인재보다 건실한 원석(原石)을 골라 대학에서 개성 있는 인재로 '만들려는' 자세가 필요한 것이다. 물론 우리 사회의 사교육이 이렇게 한다고 바로 없어지지는 않을 것이다. 하지만 대학들이 그런 노력을 기울이면 사교육도 점차 완화되고 상위권 대학 입학생의 지역편중도 많이 해소되어 대학들이 좀 더 의미 있는 '계층의 사다리 역할'을 할 수 있게 될 것이다.

정부는 입시제도를 통해서 정치적 의제를 달성하려는 기도(企圖)를 그만두어야 한다. 지금까지 역대 정부는 사교육을 줄인다, 지역균형 발전을 꾀한다는 명목 등으로 수능을 비롯한 대입제도를 이리저리 간섭하여 누더기로 만들어 놓았다. 사실 이처럼 자주 바뀌는 제도 하에서는 의도와는 상관

111

없이 정보에 빠른 부유층/수도권/강남 학생들이 유리해지기 마련이다. 또한 사교육을 줄인다는 명분하에 '물수능'을 만드는 일은 학생들을 실수하지 않게 하는 반복 훈련으로 내몰아 우리나라 미래 인재들의 귀중한 재능과 시간을 낭비시키고 있다. 앞으로는 정부가 정치적인 이유로 교육에 간섭하는 것을 막고 5년 임기의 정부가 대입제도를 좌지우지하지 못하도록 대통령의 임기를 뛰어넘는, 가령 7~9년 임기의 가칭 '미래교육위원회'를 만들어 정권의 간섭 없이 장기적인 입시제도를 짜도록 해야 할 것이다.

이와 더불어 대학 교육의 혁신도 매우 시급하다. 우리나라 고등학교 졸업생의 대학진학률은 세계 최고 수준이어서 매년 대학을 졸업하는 숫자가 국내에서 마련되는 양질의 일자리보다 많은 상황이다. 하지만 그렇다고 지금에 와서 대학진학률을 낮추는 것은 가능하지도 않고 바람직하지도 않아 보인다. 가능하지 않은 이유는, 우리 국민들의 교육열을 인위적으로 막을 방법이 없고 이미 대학 정원이 고졸자 숫자를 넘어설 정도로 많은데 이를 줄일 현실적 방법도 마땅치 않기 때문이다. 또한 바람직하지 않은 이유는, 지식기반사회가 진전됨에 따라 학력에 따른 임금 격차가 심화되는 현상이 나타나기 때문이다. 최근 MIT대학 경제학과 Acemoglu, Autor 교수의 연구에 의하면 지난 수십 년 간 고졸 취업자들의 수입이 대졸자에 비해 많이 떨어지는 현상이 확연하다. 이는 지식기반사회의 진전에 따른 세계적인 현상으로 해석할 수 있다. 앞으로 양질의 일자리는 결국 전문적인 지식이 요구되는 분야에서 나올 것으로 기대되기 때문에 현재 대졸자의 취업률이 나쁘다고 해서 무조건 대학진학률을 떨어뜨리는 것은 국가적으로도 바람직하지 않아 보인다. 결국 해결책은 한국 대학의 교육을 내실화하여 지식기반사회에서 필요한 인재를 키워내는 것이다. 그래야 한국 경제도 살고 국민들도 행복하게 살게 될 것이다.

물론 대학교육을 내실화하는 일이 쉽지는 않다. 선진국의 명문대학들조차 지식기반사회에 맞는 새로운 대학교육 패러다임에 맞추는 데 어려움을 겪고 있다. 예를 들어, 예일대 영문과 교수를 지낸 윌리엄 데레저위츠(Deresiewicz)는 최근 『공부의 배신 : 왜 하버드 학생은 바보가 되었나』라는 책(원제: Excellent Sheep : The Miseducation of the American Elite and the Way to a Meaningful Life, 2014, Free Press)을 펴내면서, 지금 미국 명문대학에서는 많은 학생들이 인생의 진정한 의미와 목표를 고민하며 장래에 커다란 과제에 도전하려는 기백과 용기를 기르기보다는 단순히 개인의 세속적 성공과 안락한 생활을 찾아 스펙을 쌓으며 금융계 법조계 등으로의 진출을 준비하는 '말 잘 듣는 순한 양떼'가 되어가고 있다고 개탄하고 있다. 그보다 먼저 2001년에는 일본 동경대학에서 가르치던 '일본 지(知)의 거장' 다치바나 다카시가 『도쿄대생은 바보가 되었는가 : 지적 망국론과 현대교양론』(이정환 옮김, 2002, 청어람미디어)이라는 책에서 "일본 대학에서 교양교육이 괴멸되어 가고 있어 좁은 전문분야의 지식만 아는 '전문적인 바보'를 양성하고 있다"고 질타한 바 있다. 사실 시대에 못 따라가는 부실한 대학교육이 일본의 이른바 '잃어버린 20년'의 한 원인이라는 진단이 많았다.

우리나라의 경우, 과거에는 선진국 지식을 빨리 수입해서 많은 기술자와 전문가를 양성하면서 산업화에 성공했지만 현재 선진국 문턱에 다다른 상황에서는 우리 대학과 중고교 교육 패러다임의 획기적인 전환을 이뤄야 한다. 그러나 우리 교육계는 이러한 시대적 사명에 전혀 부응하지 못하고 있다. 교육 문제가 국민들이 인내할 수 있는 한계를 넘었음에도 불구하고 그 원인에 대해 서로 손가락질만 하고 있을 뿐, 자기반성은커녕 당사자들 사이의 진지하고 심도 있는 토론조차 부족한 형편인 것이다. 개선책을 실천할 사회적 의지는 더더구나 찾아보기 어렵다.

이제 우리나라가 미래에 살아남기 위해서는 앞으로 10년 내에 우리 교육을 살리기 위한 장기계획이 나와야 하고, 그 실행에 시동을 걸어야 한다. 특

히 1995년에 마련되어 지난 20년간 한국교육의 근간이 되어왔던 5·31교육
개혁은 그 효용성을 다했으므로 더 지체하지 말고 대안을 마련해야 한다.
무엇보다 말보다 실천이 요구된다. 모든 교육 관련자들이 기득권을 버리고
개혁의지로 새롭게 출발해야 할 시점이다. 이 작업이 성공해야 우리나라가
진정한 선진국으로 발전할 수 있을 것이다.

국제학교로써 다문화사회와 미래 인재
- 이주민 2세의 사회적 등장

방현석 소설가, 중앙대학교 문예창작학과 교수

지난 해 침몰 중인 세월호에서 극적으로 구조된 어린 아이가 있었다. 제주도로 귀농하는 엄마, 아빠를 따라 오빠와 함께 배를 탔던 아이는 구조되었지만, 엄마를 잃었다. 아이의 아빠와 일곱 살 오빠는 아직 바다 속에 있다. 오빠가 입고 있던 구명조끼를 벗어서 자기에게 입혀주었다는 아이의 말은 사람들의 눈시울을 젖게 만들었다. 졸지에 가족을 모두 잃은 이 아이는 지금 고모의 보살핌을 받고 있다.

아이는 엄마, 아빠와 오빠가 왜 자기만 남겨두고 이사를 가버렸는지 자주 묻는다고 한다. 아이의 삼촌은 아직도 팽목항에서 돌아오지 않고 있는 동생과 조카를 기다리고 있다. 일상이 파괴된 슬픔이야 다른 세월호 희생자 가족들과 다를 것이 없겠지만 이 아이의 처지는 더욱 안타깝다. 직계 가족이 없다는 이유 때문에 관계기관의 지원은 거의 없다. 친할아버지와 할머니는 일찍 돌아가시고, 외할아버지와 외할머니는 외국인이기 때문이다.

베트남에서 아이의 외할아버지와 이모가 달려왔지만 속수무책이긴 마찬가지다. 아이의 외할아버지는 시집보냈던 딸을 수습해서 화장은 했지만 사위와 외손자를 찾아 함께 장례를 치르기 위해 외국인지원시설에서 하염없이 기다리는 것 외에 할 수 있는 일이 없다. 아이의 이모는 한국 체재비를 해결하기 위해 공장에서 아르바이트를 한다. 슬픔마저 차별을 받는 것이 다문화가족이 처한 오늘의 현실이다.

국경이 희미해지고 사람의 이동과 교류, 교역이 늘어나면서 우리나라도 매우 빠르게 다문화사회로 이행하고 있지만 이에 대한 국가적인 차원의 정책은 뒷받침되지 않고 있다.

법무부의 외국인 통계 월보에 따르면, 2015년 1월 기준으로 국내에 체류 중인 외국인은 180만 명에 달한다. 통계에 포함되지 않은 외국인들까지 포함하면 실제 국내 거주 외국인의 숫자는 이보다 훨씬 많을 것이다. 오랫동안 '단일민족' 신화를 강조해온 우리에게 인종과 종교, 문화가 서로 다른 사람들이 함께 살아가는 다문화사회는 매우 낯선 도전이 아닐 수 없다.

특히 결혼 이주민의 수가 30만 명에 달하고, 이들 가정의 자녀들만도 20만 명을 넘어섰다. 이들의 문제는 자주 사회적인 이슈가 되는 이주노동자들의 문제보다 훨씬 중요함에도 불구하고 우리가 간과하고 있는 부분이다.

2006년에 9천여 명에 불과하던 초·중·고등학교 재학 다문화가정의 자녀는 8년 사이 7배 넘게 증가하여 2만2천여 명에 이르렀다. 이 아이들의 절반 가까이가 일상적으로 차별을 경험하고 있다고 말한다.

다문화가정 학생들이 학업을 중도에 포기하는 비율은 전체 학생들의 비율의 몇 배에 달한다. 이들은 학교를 그만두는 주된 이유로 가정형편과 부모의 이혼, 언어에서 비롯되는 학교공부의 어려움 등을 꼽고 있다. 다문화가정의 취약성이 고스란히 2세들에게 반영되고 있는 것이다. 그러나 다문화가정 자녀들이 학교를 그만두는 더 큰, 가장 압도적인 이유로 밝힌 것은 친구와 선생님과의 관계. 많은 다문화가정의 아이들이 집과 학교에서 이중고를 겪으며 성장기를 보내고 있음을 여실히 알 수 있다.

문제는 이런 사정이 앞으로 더욱 심각해질 것이라는 점이다.

우리나라의 국제결혼 비율은 10%를 넘어섰다. 혼인하는 열 쌍 중에 한 쌍이 외국인과 결혼하고 있다. 문제는 다문화가정의 이혼율이 전체 이혼율 보다 세 배에 달한다는 점이다. 해체된 가정과 학교가 밀어낸 아이들이 우리사회의 외곽으로 밀려나오기 시작했다.

우리나라 전체 학생의 수는 매년 20만 명씩 감소하고 있는 반면 다문화 학생의 수는 매년 6천 명 이상 증가하는 추세다. 급증하고 있는 다문화가정 의 학생들이 우리사회의 미래로 잘 자리 잡지 못할 경우, 그것은 이 아이들 의 불행일 뿐만 아니라 우리사회 전체가 감당하지 않으면 안 되는 문제가 될 수밖에 없다.

뒤늦게 다문화사회로 진입하고 있는 우리는 다행스럽게도 부정적 기능 을 최소화하고 긍정적 기능을 최대화하기 위해 참조할 수 있는 충분한 사례 를 확보하고 있다. 유럽과 미국을 비롯한 외국에서 벌어지고 있는 이주민의 문제는 이들 국가의 다문화정책의 결과물이다.

1988년 올림픽을 분기점으로 외국인들이 대거 들어오기 시작한 우리나 라의 다문화정책은 일관되게 '한국화'였다. 결혼이주민들에 대한 정책 역시 한국문화에의 흡수, 적응과 일체화였다. 출신국가의 전통과 문화에 대한 존 중과 배려, 유지를 위한 정책과 지원이 없는 이주민정책은 '다문화정책'이 아니라 '단일문화정책'에 해당하는 것이었다.

결혼이주민에게 한국어와 한국문화를 습득시키기 위한 캠페인은 끊임없 이 이어졌지만 결혼이주민 가족이 배우자의 언어와 문화를 습득하기 위해 기울이는 노력은 어디에서도 찾아보기 어려웠다. 이러한 상황에서 다문화 에 대한 존중이 이루어질 리 없다.

다문화가정의 자녀들에 대한 교육에서도 동화주의, 일체주의는 철저하 게 적용되어 왔다. 이러한 상황에서 다문화가정의 아이들이 학교에서 존중

받을 길 역시 없다. 그 아이들은 새로운 가능성이 아니라 일체화되지 못한 부적응아로 손쉽게 낙인찍히기 쉽다.

급증하는 다문화가정의 자녀들이 사회에 대거 진출하게 될 십여 년 뒤에 이 아이들이 한국사회의 부담이 아니라 한국사회의 새로운 가능성을 열어가는 축복이 되기 위해서는 교육에서부터 명실상부한 '다문화정책'이 이루어져야 한다.

다문화교육은 상대가 가진 고유한 문화를 존중할 뿐만 아니라 상대가 지닌 가능성을 발견하고, 그것을 계발시킬 수 있는 방안을 마련하는 것으로부터 출발해야 한다. 다문화가정 자녀는 한국어에 취약하지만 두 개의 언어를 배우고 구사할 수 있는 조건과 가능성을 가지고 있다. 세계화시대라고 늘 말하면서 우리는 가정 안에서 자연스럽게 두 개의 언어를 배우고 사용할 수 있는 기회를 가진 다문화가정의 가능성을 외면해오고 있다.

다언어를 사용할 수 있다는 것은 그만큼 삶의 무대를 넓게 사용할 수 있다는 것을 뜻한다. 한국어와 베트남어를 함께 구사할 수 있는 아이들은 한국과 베트남을 모두 삶의 기본무대로 삼아 살아갈 수 있다. 그 아이들 모두에게 수능제도에 맞추어 교육을 시키면서 공평한 교육의 기회를 부여하고 있다고 생각해서는 안 된다. 그들의 가능성을 현실화하여 가장 잘 살아갈 수 있도록 길을 열어주는 교육의 기회를 만들어주는 것이 필요하다.

영어권 학생들이 다니는 외국인학교와 같이 다문화가정의 아이들이 다니는 국제학교가 필요하다. 중국학교가 필요하고, 베트남학교가 필요하다. 필리핀, 캄보디아 학교를 만들어 해당국가의 언어와 문화를 가르치는 조기교육이 필요하다.

베트남학교에서 베트남 어머니를 둔 아이들이 한국인으로서 필요한 교육과 더불어 베트남의 언어와 역사를 배우고 어머니 나라에 대한 자기 긍지와 자부심을 가지고 성장하여 한국과 베트남을 기반으로 세계화시대를 살아가게 교육해야 한다. 이 학교에서 다문화가정의 아이들만이 아니라 지역 전문가로 활약하기를 꿈꾸는 단문화가정의 아이들도 함께 공부하고 준비할 수 있을 것이다.

베트남학교에 다니는 아이의 베트남인 어머니는 다른 어떤 어머니 못지않게 유능한 가정교육을 담당할 수 있을 것이다. 영어를 배우기 위해 어학연수를 보내지 못하는 것을 속상하게 여길 필요도 없다. 외갓집에 가서 베트남어를 연수하고 성장한 학생은 베트남에 든든한 인적 네트워크를 가진 인재로 살아갈 수 있다.

중국학교, 베트남학교, 필리핀학교, 캄보디아학교, 이런 다양한 아시아학교에서는 해당 국가의 언어와 문화뿐만 아니라 해당 국가의 미래에 필요한 전문기술을 가르치는 교실도 함께 운영될 수 있을 것이다. 압축적인 산업화 시대를 거치며 축적한 한국의 기술력을 익혀 아시아 각국에서 유능한 전문기술인으로 활약하며 살아가는 것이 왜 불가능한가? 다문화사회가 십 년 후 우리에게 부담과 재앙이 될 것인가, 기회와 축복이 될 것인가는 우리의 선택과 노력에 달려있다.

공동체 의식의 회복과 다문화사회

이영의 강원대학교 대학원 인문치료협동과정 교수

    개인의 삶에 역사가 있고 정체성이 있듯이 사회에도 역사가 있고 정체성이 있다. 한국사회는 다문화, 통일, 정보화라는 커다란 흐름에서 나타나는 다양성으로 인해 공동체 의식이 퇴보하고 정체성을 상실할 것으로 예상된다. 그렇다면 어떻게 이런 사태에 대처할 것인가?

    인간은 다른 생명체들과 구별되는 차이를 갖고 있는데 그 중 대표적인 것이 사회성이다. 아리스토텔레스는 『정치학』에서 인간을 '사회적 동물'이라고 정의했다. 인간은 소와 개와 같은 동물이지만 사회성을 갖고 있다는 점에서 그것들과 차이가 난다는 것이다. 이런 정의에 따르면 사회를 벗어나 홀로 생활하는 인간은 '인간'으로 볼 수 없다. 사회를 떠난 인간이 가능한지는 『정글 북』이나 『로빈슨 크루소』와 같은 소설에서 제기되었는데, 불가능하다는 대답이 내려졌다. 우리는 경험을 통해 삶에서 타자와의 협동이 필수적이라는 점을 잘 알고 있다. 아침에 일어나 저녁에 잠들 때까지 당신의 하루 일과를 정리해보고 그 중에서 오직 당신의 능력만으로 할 수 있는 것이 과연 얼마나 있는지를 생각해보라. 숨 쉬는 것을 제외하고는 거의 없을 것이다. 이처럼 사회성은 인간의 정체성을 규정하며 인간의 삶은 사회와 분리될 수 없다.

사회에는 여러 종류가 있다. 우선 나의 가족사회나 친척사회가 있으며 학교사회나 직장사회, 더 나아가 한국사회와 인류사회가 있다. 독일의 사회학자 퇴니스는 사회 구성원의 결합 의지에 따라 공동사회(게마인샤프트), 이익사회(게젤샤프트), 협동사회(게노센샤프트)로 구분했다. 공동사회는 가족, 민족, 마을처럼 결합이 목적인 사회이며 사랑과 믿음 등을 기초로 하여 형성된다. 이에 반하여 이익사회는 회사, 정당, 도시, 국가 등과 같이 계약이나 협정 등 타산적 이해에 얽혀 형성된다. 그러나 모든 사회가 그 두 가지로 엄격히 구분되는 것은 아니다. 협동사회는 학교처럼 이익사회이지만 공동사회의 성격이 강한 사회를 가리킨다.

퇴니스의 기준에 따르면, 대한민국은 이익사회이다. 그렇다면 한국사회는 공동사회인가, 이익사회인가, 아니면 협동사회인가? 이 질문이 중요한 것은 그것이 분명해져야만 서두에 제기된 문제를 제대로 다룰 수 있기 때문이다.

한국사회가 한국인만으로 구성되는 사회라면 그 사회는 공동사회가 아닌 것은 분명하다. 왜냐하면 외국인도 이민이나 귀화를 통해서도 한국인이 될 수 있기 때문이다. 통계에 따르면 현재 한국의 결혼이민가정의 비율은 2015년 1.05%로부터 2025년 1.99%에 이를 것으로 추산되고 있다. 한국사회는 점차로 중국, 베트남, 필리핀, 일본, 캄보디아, 태국, 몽골, 우즈베키스탄, 네팔, 러시아 등 다양한 국적을 가진 사람들로 구성되어 가고 있다.

이처럼 한국사회가 다양한 인종으로 구성되어 감에 따라 그 사회는 향후 10년 후에는 그 이전에는 볼 수 없었던 난제들에 직면할 것이다. 우선 그런 난제들에 효과적으로 대처하기 위해서는 상호 이질적인 문화, 전통, 종교를 향유한 구성원들이 각자 자신이 한국사회의 구성원이라는 점을 체득할 수 있도록 해주는 무엇인가가 필요하다. 다양한 인종으로 구성되어 가고 있는 한국사회는 "무엇"을 통해 사회적 통합을 이루어낼 것인가?

미국은 이민자들의 국가이다. 미국사회는 현재에도 흑백 간 갈등과 인종 차별이라는 사회 문제를 안고 있지만 그럼에도 불구하고 여전히 '아메리칸 드림'을 실현할 수 있는 사회를 표방하고 있다. 최근의 한 연구에 따르면, 다문화가정에 대한 우리 사회의 인식이 최근 3년 간 부정적으로 변한 것으로 나타났는데 그 주된 이유는 다문화가정이 증가할수록 사회불안이 높아지고 사회통합이 어려워질 것이라는 생각 때문이었다. 이러한 우려는 다문화가정에 대한 반감으로 발전할 수 있고 사회공동체 의식의 퇴보로 연결된다는 점에서 근본 대책이 필요하다.

다문화적 인적 구성으로 인한 한국사회의 다양성은 또한 남북한의 통일로 인하여 더욱 복잡한 양상을 보일 것이다. 남한과 북한이 언제, 어떻게 통일될 것인지는 현재로서는 분명치 않지만 전문가들의 말을 빌면 통일은 '조만간' 이루어질 것이라고 한다. 북한 주민이 실질적으로 한국사회의 구성원이 될 때 한국전쟁과 장기간의 분단으로 인한 정치·경제·사회·문화·종교 차원에서의 차이는 한국사회의 통합에 있어서 커다란 장애물로 작용할 것이다.

한국사회는 지구촌에서 대표적인 정보사회이다. 정보사회란 정보의 가공, 처리, 유통이 산업의 중심이 되는 사회이다. 인터넷, 스마트폰, SNS로 대표되는 정보사회는 지구를 문자 그대로 지구촌으로 만들었고 사회로부터 고립된 개인을 상상할 수 없을 만큼 거의 모든 구성원을 정보통신망을 통해 연결시키고 있다. 이제 신속한 정보 전달과 익명성이 보장된 가상적 교류가 현대인의 삶을 특징짓고 있다. 다문화와 통일로 인한 다양성의 증가는 이러한 정보사회적 요인에 의해 더욱 가속화될 것이다.

사회성은 인간임을 평가하는 좋은 지표이다. '사회성이 높다'라든가 '사회적이다'는 긍정적인 평가인데 비해 '사회성이 낮다'라든가 '반사회적이다'

는 부정적인 평가이다. 이에 대한 대표적인 예로서 반사회적 인격장애를 의미하는 '사이코패스'나 비사회적인 은둔자를 의미하는 '히키코모리'가 있다. 정보사회 이전에는 사회를 벗어난 인간, 사이코패스, 히키코모리 등이 살아가는 데 상당한 어려움이 있었다. 즉 그들은 비판을 받고 왕따를 당하고 심지어는 격리 수용되기도 했다. 그런데 정보사회에서는 그런 제한과 구속이 느슨해지고 '사회를 벗어난 삶'이 가능해지고 있다. 이것이 가능한 이유는 가상공간이 단순한 '온라인 공간'에 머무르지 않고 실제로 거주가 가능한 삶의 공간으로 진화하고 있다는 데 있다. 영화 〈토탈리콜〉에서 소개된 '가상현실'(VR)이 현재는 부분적으로 활용되고 있지만 앞으로 본격적으로 상용화된다면 이전에는 단지 상상 세계에서만 가능했던 일들이 삶의 공간에서 펼쳐질 것이다.

2014년 국가정보화지수(NCA)에서 한국은 스웨덴과 미국에 이어 3위를 기록하고 있다. 한국사회의 정보화가 현재의 속도와 방향으로 진행된다면 10년 후 한국사회의 구성원들은 실제공간보다 가상공간에서 더 많은 시간 동안 활동할 가능성이 높다.

사회적 동물로서의 인간에 대한 이해는 정보사회에서는 점차로 힘을 잃게 될 것이다. 정보사회 이전에는 가족이나 이웃과 떨어져 평생 혼자 외딴 곳에서 생활하는 사람은 '인간'이 아니었다. 그러나 이제 그 사람이 동일한 조건에서 초고속 인터넷망과 스마트폰을 통해 사람들과 연결되어 있다면 그는 진정한 21세기형 인간으로 간주될 것이다. 가상공간에서의 삶을 진정한 삶으로 보아야 하는가? 어떤 사람이 현실공간에서 하루의 40%를 '지킬'로서 생활하고 가상공간에서 60%를 '하이드'로 생활할 때 그는 악한 사람인가? 이처럼 정보사회는 개인의 정체성 혼란을 야기할 수 있다. 또한 정보사회는 대부분의 삶을 가상공간에서 보내고 타인들과 직접 교류하지 않은 인간을 양산함으로써 전통적인 가족사회의 붕괴를 촉진시킬 것으로 전망

된다.

10년 후 한국사회는 다문화사회, 통일, 정보사회의 급속한 발전으로 인하여 사회 정체성의 혼란과 그로 인한 공동체 의식의 퇴보에 직면할 것이다. 이미 한국사회는 여러 분야에서 구성원들이 표출하는 다양한 요구와 욕망에 심각하게 노출되어 있다. 다양성 속에서 공동체 의식을 회복하고 정체성을 확보할 수 있는 방안은 무엇인가?

그 근본 방안은 바로 중용적 전략이다. 사태가 바람직하지 못한 방향으로 전개될 때 그 반대 방향에 힘을 주어 중심을 찾는 전략이다. 한국사회가 앞으로 공동체 의식과 정체성의 상실 현상에 직면할 것이라면, 그런 상실을 보상할 수 있는 구체적 방안을 모색해야 한다. 예를 들어, 다문화사회의 다양성으로 인한 문제에 대처하기 위해서는 다문화에 대한 이해의 폭을 넓히는 인식 전환이 필요하다. 그런 전환은 여러 외국어를 초중고 교육에서 제2외국어로 채택하거나 사회구성원들이 직접 외국문화를 접할 수 있는 박물관과 미술관 등의 건립하는 것이 하나의 방안이 될 것이다.

정보사회에서 가상적인 삶과 가족해체에 대처하는 효과적인 방안은 정보사회의 특징인 신속성의 대척점에서 '깊이 있는 사고능력'을 배양하는 것이다. 깊이 있는 사고능력은 대중성과 신속성에 매몰되어 가는 창의성을 계발하고 사태를 다각적인 관점에서 볼 수 있는 능력이다. 이 방안 역시 교육을 통하여 구체화되어야 하는데, 사회구성원들이 정보통신 매체에 과다하게 노출되는 것을 방지하고 동서양의 고전들을 직접 읽고 토론하도록 유도해야 한다. 인문학에 중점을 둔 교육을 실시함으로써 다양성에 대한 이해의 폭을 넓히고 타자에 대한 이해 및 공감 능력을 함양하는 것이야말로 상실되어가고 있는 공동체 의식을 회복하는 가장 좋은 방안이다.

고령화사회와 유전자 의료산업

이승주
하버드대학 경영학 박사. 맥킨지 서울사무소 컨설턴트, KDI 국제정책대학원 지식협력센터 소장 역임. KDI School Award for Excellence in Teaching(2011, 2012, 2014) 수상. 현재 KDI 국제정책대학원 교수, KDI 국제정책대학원 개발연수실장. 저서 『경영전략 실천매뉴얼』, 『전략적 리더십』 등.

김동헌
University of California San Diego 경제학 박사. 영국 University of Manchester 조교수 및 부교수. 경제학 국제 저널인 Manchester School 공동편집장 및 《경제학연구》 총괄간사, 기획재정부 주관 공공기관장 평가단 위원 및 팀장 역임. 현재 고려대학교 경제학과 교수. Journal of Money, Credit and Banking 등 국제 유수저널에 다수 논문을 게재함.

박원구
서울대학교 대학원 경영학과 졸업, MIT 경영대학원 수료. 고려대 기술경영전문대학원 전임교수, Erlang System Inc. 대표이사, IT벤처기업협회 부회장 역임. 현재 서울대학교 글로벌공학교육센터 특임교수, 기술경영경제학회 감사, 중소기업학회 이사, 경영학회 이사. 저서 『기술회계』, 『기술과 창업』, 『기술경영개론』 등.

이상오
독일 튀빙엔대학교 사회과학 박사(교육학 전공). 한국교육철학학회 우수연구자상, 한국성인교육학회 우수연구자상, 국무총리실 인문사회과학연구회 우수연구자상 수상. 현재 연세대학교 교육대학원 교수. 저서로 『리더십-역사와 전망』, 『상상력과 교육』 등 20여 권이 있음.

황호택
고려대학교 영문과 졸업. 동아일보 논설위원, 동아일보 논설실장 역임. 한국기자상 3회 수상, 위암 장지연상 수상. 현재 동아일보 논설주간, 한국신문방송편집인협회 회장, 한국언론재단 이사. 저서로 『황호택이 만난 사람』(인터뷰집) 7권, 『광화문의 국격』, 『황호택의 눈을 떠요』 등.

류성호
한국과학기술원(KASIT) 생물공학과 박사. 포항공과대학교 생명공학연구센터 센터장 역임. 1회 생명과학상(한국분자세포생물학회), 동헌생화학상(한국생화학분자생물학회) 수상. 현재 포항공과대학교 생명과학과 교수, 대사질환연구센터 센터장. "Phospholipase signaling network and cancer" Nat. Rev. Cancer 12(11):782~92 (2012) 외 350여편 논문 발표.

방두희
시카고대학교 박사(화학), 하버드대 의과대학 박사후 연구원(유전학). 2015년 Scientific Reports (Nature publishing group), Editorial Member, 2013년 한국공학한림원 선정: 2020년을 이끌어갈 100대 기술의 주역, 2010년 포스코청암 Junior교수 펠로. 현재 연세대학교 화학과 부교수.

송기원
코넬대학교 생화학 및 분자생물학 박사. 미국 밴더빌트대학교 화학과 및 Science Communication 전공 방문교수. 현재 연세대학교 생명시스템대학 생화학과 교수. 저서 『생명이란 무엇인가』, 『의학과 문화』, 『멋진 신세계와 판도라의 상자』(공저), 『세계 자연사 박물관 여행』(공저) 등.

신성장동력과 일자리 창출

이승주 KDI 국제대학원 교수

교수님께서는 '10년 내 한국사회가 당면할 가장 중요한 이슈'에 대하여 "신성장동력의 발굴과 일자리 창출"이라 하시고 그 배경으로 "지난 반세기 동안 고도성장을 통해 한강의 기적을 이룩한 한국경제는 최근 저성장의 늪에 빠져 역동성을 상실해가고 있고, 우리의 주력산업인 전자, 자동차, 철강, 조선산업 등이 세계시장에서 중국의 추격을 받으면서 국제경쟁력을 상실해가고 있는 가운데 인구 고령화와 청년실업의 증가는 세대간 갈등을 증폭시키고 소득양극화 등 각종 구조적인 문제를 발생시키고 있다."고 말씀하셨습니다. 그렇다면 '한국경제의 성장둔화를 극복하고 양질의 일자리를 창출할 수 있는 신성장동력'에는 구체적으로 어떤 것이 있을까요? 제한된 지면입니다만, 교수님의 고견을 들려주시기 바랍니다.

글로벌 메가트렌드

미래 성장동력을 발굴하기 위해서는 글로벌 메가트렌드를 살펴볼 필요가 있다. 메가트렌드는 작은 변화들이 모여 만든 큰 흐름이라고 할 수 있으며, 거대한 변화의 물결 속에서 신규 사업 기회가 발견될 수 있다. 세계 유수 연구기관마다 다소 차이는 있지만 공통적으로 언급하는 5대 글로벌 메가트렌드는 다음과 같다.

1) 인구 고령화로 인한 헬스케어산업의 성장
2) 중국의 부상과 세계경제의 중심축이 선진국에서 개발도상국으로 이동
3) 도시화에 의한 인프라 건설과 중산층 소비시장의 성장
4) 기술혁신에 의한 신시장의 형성 및 기존 산업의 재편
5) 자원의 희소성과 기후온난화

이들 5대 메가트렌드는 서로 상호작용하면서 새로운 사업 기회 및 거대한 신규 시장을 창출할 것으로 예상된다.

모바일 인터넷

미래 성장동력 중 모바일 인터넷에 의한 삶의 변화 및 경제적 파급효과에 주목할 필요가 있다. 맥킨지 분석에 의하면, 모바일 인터넷은 헬스케어, 교육, 유통, 금융, 농업, 정부 서비스 등에 적용되고, 선진국뿐만 아니라 개도국으로 급속히 확산되면서 2025년까지 경제적 파급효과가 10조 달러를 넘을 것으로 예상된다. 인도에서는 이미 모바일 인터넷 사용자 수가 PC 인터넷 사용자 수를 능가하면서 모바일 커머스 시장이 급성장하고 있다. 모바일 인터넷은 모바일 광고, 모바일 게임, 모바일 결제 등 모바일 기반 서비스 시장을 창출하고 새로운 비즈니스 모델을 탄생시키고 있다. 예를 들어, 모바

일 앱을 통해 택시 차량과 승객을 연결해 주는 우버(Uber)는 전 세계에서 폭발적인 성장세를 보이고 있다. 2010년 미국 샌프란시스코에서 첫 서비스를 시작으로 출시 5년 만에 70여 개국에 진출하였으며 2015년 현재 기업가치가 400억 달러로 평가되고 있다. 모바일 인터넷을 통해 수요자와 공급자를 즉각적으로 연결시켜주는 우버의 비즈니스 모델은 쇼핑, 배달, 청소 등 단순 서비스에서부터 부동산, 금융, 법률, 의료서비스 등 다양한 분야로 확산되면서 노동시장의 큰 변화를 초래하고 있다.

사물인터넷

사물인터넷(IoT)은 사람을 포함한 세상의 모든 사물이 인터넷으로 연결되어 정보를 수집하고, 다른 사물과 소통하는 환경을 의미한다. 세계 IoT 시장 규모는 2022년 1.2조 달러로 급성장할 것으로 예상되며, 스마트 홈, 스마트 카, 스마트 도시 등 새로운 시장을 창조하고 다양한 양질의 일자리 창출이 기대된다. 하버드 대학의 마이클 포터 교수는 IT기술의 진화과정을 제1기 컴퓨터 시대에서 제2기 인터넷 시대를 거쳐 제3기는 '스마트,연결 제품'(Smart, Connected Products)의 시대를 맞고 있다고 보고 있다. '스마트,연결 제품'은 하드웨어, 소프트웨어, 센서, 마이크로 프로세서, 데이터 저장 및 통신 네트워크을 결합한 복합적인 시스템 제품으로서 에너지 사용 모니터링, 원격 환자 건강 측정 및 관리, 무인자율주행 서비스 등을 가능케 한다. '스마트,연결 제품'은 기존 산업의 경계를 초월하여 새로운 시장을 창조하고, 산업구조와 경쟁전략의 근본적인 변화를 초래할 것으로 전망된다.

바이오 헬스케어

인구 고령화로 인해 가장 주목 받는 사업분야는 바이오 헬스케어 산업이다. 우리나라의 고령화 속도는 세계에서 가장 빠르게 진행되고 있으며, 2026년에는 노인 비중이 21%에 달하는 초고령사회에 들어갈 것으로 예상된다. 의약품과 의료기기를 포함한 전 세계 바이오헬스 시장은 2024년 이후 반도체, 자동차, 화학제품 등 우리나라 3대 주력 수출산업의 글로벌 시장규모를 추월할 것으로 예상된다. 유전자 분석 기술의 발전으로 개인의 유전자 분석 비용이 크게 하락하고 있으며, 개인별 맞춤형 의료서비스 및 치료제 처방이 가능해지고 있다. 우리나라는 줄기세포치료제, 유전자치료제 등에 대해 세계 최고 수준의 상용화 및 임상연구 실적을 보유하고 있으며, 특히 태동기 바이오 의약품 분야는 이직까지 시장의 절대강자가 부재하여 최초 제품을 출시한 기업이 시장을 선도할 수 있는 분야이다. 정부는 글로벌 바이오의약품 산업의 육성을 위해 기술개발부터 글로벌 임상, 생산/수출에 이르는 전주기(全週期)에 걸쳐 올해 총 3천400억 원을 지원할 예정이며, 헬스케어를 새로운 유망산업으로 주목하고 있어 앞으로 높은 성장이 기대되고 있다.

개도국 인프라 건설

개도국의 경제성장과 도시화가 급속히 진전되면서 주택, 전력, 통신, 교통, 상하수도 등 인프라 투자가 크게 확대될 것으로 전망된다. 2025년에는 25억의 아시아 인구가 도시에 살게 될 것이며, 중국의 도시 인구는 미국 총 인구의 2.6배가 되는 9억2천만 명으로 예측된다. 향후 20년 글로벌 인프라 수요는 50조 달러를 상회할 것이며, 대형 도시의 건설을 위해 시멘트, 철강, 유리 등 건설자재에 대한 수요가 증가할 전망이다. 인구 800만 명 이상의 거대 도시들이 형성되면서 국가에 필적하는 경제력을 갖게 될 것이다. 한편 급속한 도시화와 에너지 소비의 증가로 환경오염, 교통체증, 부동산 가격 상승, 물 및 폐기물 관리 등 다양한 문제가 발생될 것으로 예상된다. 따라서 각 도시를 고객으로 생각하고 문제해결 파트너로서 건설, 금융, 에너지, 환경, 보안 등 다양한 분야의 솔루션을 제공할 수 있어야 한다.

신흥국 중산층 소비시장

아시아를 중심으로 한 신흥국 중산층의 부상은 세계경제의 새로운 '소비 엔진'으로 주목받고 있다. 중국은 내수확대 정책과 임금상승으로 구매력이 높아져 2018년에는 미국을 제치고 세계 최대 소비시장으로 부상할 전망이다. 중국의 가구당 가처분 소득은 2020년에는 8천 달러로 늘고, 중국인들의 생활수준은 한국의 현재 수준과 비슷해질 전망이다. 중산층의 부상에 따라 가전, 자동차 등 내구소비재와 외식, 교육, 여가, 패션, 화장품 등 선택적 소비가 빠르게 늘 것으로 보인다. 인구 고령화에 따라 65세 이상의 노인 인구 비중이 늘면서 금융, 의료서비스, 해외관광, 고급의류 등 고령층 소비가 증가할 것이다. 한편 인터넷의 보급과 모바일 기술 및 소셜네트워크 서비스(SNS)의 확산에 따라 중국은 이미 세계 최대 전자상거래 시장으로 부상하였다. 기업들은 지역별 소득수준과 소비성향을 세밀히 파악하여 진입전략을 수립하고 품질과 서비스 개선을 통해 차별화된 브랜드 이미지를 구축할 필요가 있다.

외국인 투자유치

세계경제의 어려움 속에서 내수침체 및 투자부진을 극복하고 고용창출 및 경제활력을 회복하기 위해 외국인 직접투자(FDI)를 보다 적극적으로 활용할 필요가 있다. 우리나라는 지난해 외국인 직접투자가 190억 달러에 달해 사상 최대 실적을 달성하였으나, 국내총생산(GDP) 대비 한국의 FDI 잔액 비중은 12.7%(2012년 기준)로 OECD 34개국 중 33위로 일본(3.5%)을 제외하면 최하위 수준인 것으로 나타났다. 서비스 산업에서 외국인 소유 제한, 인허가 절차 등 각종 규제와 노사분규, 반기업정서 등이 외국인투자를 가로막는 걸림돌로 작용하고 있다. 외국인 직접투자는 고용창출 및 기술이전 효과뿐만 아니라, 전후방 연관효과를 통한 생산성 향상과 기업간 경쟁촉진을 통해 가격인하 및 소비자 후생을 증가시킬 수 있다. 정부는 불필요한 규제의 철폐를 통해 자유로운 사업환경을 구축하고 양질의 일자리 창출과 파급효과가 큰 프로젝트를 전략적으로 선정하여 맞춤형 인센티브 패키지를 제공하는 등 투자유치 활동을 강화해나갈 필요가 있다.

기업가정신 함양

경제활력의 제고와 고용창출의 확대를 위해서는 기업가정신이 절대적으로 중요하다. 기업가정신은 미래의 불확실성 속에서도 위험을 감수하고 자원의 한계를 극복하면서 새로운 가치를 창조하는 진취적인 자세 및 행동이라고 볼 수 있다. 기업가정신은 현실에 안주하지 않고 발상의 전환을 통해 문제를 혁신적으로 해결하는 자세이며 정체되고 있는 상황을 극복하고자 하는 의지이다. 한국경제의 기적은 도전정신과 사명감으로 무장한 창업 1세대들의 기업가정신이 없었으면 불가능했을 것이다. 그러나 2000년대 벤처 열풍 이후 한국경제는 전반적으로 기업가정신의 침체를 겪고 있다. 쇠퇴한 기업가정신을 회복하기 위해서 기업가정신에 대한 체계적인 교육과 기업가적 의욕을 촉진할 수 있는 정책, 제도 및 생태계 조성이 필요하다. 새로운 도전에 대한 격려와 함께 실패를 용인하고 재기를 가능케 하는 문화를 조성할 필요가 있다.

실버세대의 연착륙

김동헌 고려대학교 경제학과 교수

고령화와 삶의 위기

1960년대 112위였던 한국의 통상규모는 2010년 세계 10위로 급성장하였다. 한국경제는 경제발전 초기에 정부의 주도적인 대외성장정책과 풍부한 인적자본을 바탕으로 지난 50년간 연평균 경제성장률이 4.5%라는 세계사적으로도 경이로운 경제성과를 달성하였다. 이와 같은 눈부신 경제성장을 달성하는 데 결정적으로 기여한 주체들은 다름 아닌 작금의 실버세대들이다. 이들은 한국전쟁 직후 모든 것이 폐허가 되어 사회경제적 인프라가 전무한 상황에서 세계 최빈국의 쓰라린 역사를 안고 매일 배를 움켜쥐며 잘 살아보겠다는 굳은 신념으로 자신을 희생하고 산업화의 주역으로 나서서 한국경제발전의 한 축을 담당하면서 대변혁의 역사를 일구어낸 것이다.

그런데 현재 대한민국의 경제·사회적 환경은 그러한 대성공을 이룩한 실버세대들에게 소비하면서 인생을 즐기게 해줄 여력이 없다. 성장의 과실을 마음껏 누릴 수 있는 여건은 고사하고 오히려 암울하기조차 하다. 65세 이상 고령자 인구는 1990년 219만5천 명으로 전체 인구의 5.1%에 불과했으나 2014년 현재 638만6천 명으로 증가하여 전체 인구의 12.7%를 차지하고 2017년에는 14%를 넘어 고령사회, 2026년에는 20%가 넘어 초고령사회로 접어들 것으로 전망되고 있다. 반면, 출산율은 1982년 2.39명이었으나 2014년 현재 1.19명으로 세계 최저 수준에 이르러 이른바 한국사회는 저출산·고령화로 사회·경제적 대격변기에 접어든 것이다. 저출산·고령화는 생산가능인구 감소, 잠재성장률 하락, 세수 감소, 복지비용 증가 등 경제·사회적으로 엄청난 쓰나미를 불러일으킬 것으로 예견됨에 따라 한국사회의 총체적 난국이 목전에 다가선 것이다.

통계청 자료에 따르면 2014년 생산가능인구(15세~64세인구)가 부양해야 할 65세 이상 고령자 비율을 나타내는 노년부양비는 17.3명으로 생산가능인구 5.8명이 고령자 1명을 부양하는 상황이고, 현재 추세로 지속된다면 2030년에는 2.6명이 고령자 1명을 부양해야할 것으로 전망되어 한국사회에 큰 부담이 되고 있다. 또한 2013년 고령자 진료비는 전체 진료비의 34.5%이고 1인당 진료비는 305만원으로 전체 1인당 진료비 102만원보다 3배나 높아 고령화가 진전될수록 고령자 의료비도 일반 가계 및 공공분야 재정지출에 상당한 부담이 될 것이다. 2012년 기준 60세 고령자의 유병기간은 남성의 경우 9년, 여성의 경우 12.8년으로 질병이나 사고로 상당기간 동안 고통스런 삶에 시달리다가 죽음을 맞이하고 있는데, 향후 고령화가 진전될수록 유병기간이 늘어날 것이다.

반면에 가구주 연령이 60세 이상인 가구의 월평균 소득은 2013년 기준 269만원으로 전국가구(416만원)의 64.7% 수준에 불과해 노년층의 생활수준이 국민 평균 생활수준에 상당히 미달하고 있다. 이로 인해 65세 이상 인구의 지니계수는 2013년 0.420으로 전체 지니계수 0.302보다 0.118p 높고 상대적 빈곤율은 48.1%로 전체 상대적 빈곤율 14.6%에 비해 3.3배 높다. 이렇게 낮은 소득에도 불구하고 2014년 기준 고령층 월 평균 연금수령액은

42만원에 불과해 1인 가구 최저생계비 572,200원에도 턱없이 부족한 상황이어서 노년층의 상당한 부류가 경제적인 어려움을 경험하고 있는 것을 알 수 있다.

이러한 노년층의 암울한 현실은 많은 사회적 부작용을 낳고 있다. 고령자의 고의적 자해에 의한 사망률은 1990년 인구 10만 명당 14.3명에서 2013년 64.2명으로 급등하였으며 건강문제, 경제적 어려움, 외로움·소외감, 노인복지 시설부족 등으로 많은 고령자들이 불행한 여생을 보내야 하는 것이다. 최저한의 생활수준을 영위할 만한 소득을 확보하지 못한 고령자들은 정부의 적극적인 지원을 호소하고 있다. 통계청 자료에 따르면 2013년 기준 65세 이상 고령자의 94.4%는 평소 정부 및 사회단체로부터 복지서비스를 받고 싶다고 응답했고, 67.8%가 공공시설 중 사회복지시설의 확충이 가장 시급하다고 생각했다. 고령자에 대한 사회경제적 열악한 환경은 한국사회가 시급히 풀어야할 당면과제인 것이다. 또한 고령빈곤층의 증대는 노인 범죄자 수를 지속적으로 증가시키고 있을 뿐만 아니라 범죄자 중 노인이 차지하는 비중 자체도 증가하는 추세를 보이고 있으며 범죄 유형의 다양화와 흉포화도 진행되고 있다. 따라서 고령화가 더욱 빠르게 진전되고 있는 상황임을 감안해 볼 때, 실버세대들의 삶의 질을 보장하는 사회경제적 제도 마련은 수년 내에 한국사회가 당면할 가장 중요한 이슈들 중의 하나이다.

어떻게 대처해야 하는가?

상기에서 기술한 바와 같이 고령자가 경험하는 가장 힘든 두 가지 요인은 건강문제와 경제적 어려움이다.

첫째, 건강문제는 질병이나 사고와 밀접한 관련이 있다. 가장 바람직한

135

상황은 질병이나 사고를 미연에 예방하여 이를 피하는 것이지만 삶에서 예상치 못한 상황은 언제나 발생하기 때문에 질병이 왔을 때 적시에 적절한 의료 서비스를 받아서 속히 질병에서 벗어나는 것이다. 결국 건강문제는 국가적으로 얼마나 바람직한 의료안전망을 구축하는가와 매우 밀접히 연계되어 있다. 이런 관점에서 영국이나 호주의 국민의료제도(National Health System)는 바람직한 벤치마킹이 될 것이다. 국가가 주도적으로 의료안전망을 구축하여 국민 누구나 의료혜택을 받을 수 있도록 하여 고령자들이 의료 사각지대에서 제외되는 상황이 없도록 하는 것이다. 그런데 국민의료제도 개선에는 엄청난 정부예산이 필요하다. 국민이 세금이나 국민의료보험금(national insurance) 납부를 충실히 이행하여 정부예산을 충분히 지원해 주어야 가능한 일이다.

고령자들의 체육 및 여가생활을 수용하여 보다 예방적 차원에서 건강한 삶을 누릴 수 있도록 하는 고령층을 위한 체육 및 여가 복지시설 기반을 확충하는 것도 중요하다. 그런데 이것 역시 충분한 정부예산이 확보되었을 때 가능한 일이다.

결국 국가적 관점에서 볼 때 고령층의 건강한 삶은 의료안전망 구축, 체육 및 여가 복지시설 기반 확충이 중요하고 이는 충분한 복지재원이 뒷받침되었을 때 가능한 일인 것이다. 그러나 복지재원 확보를 위한 일방적인 세금인상은 재정적자 누적을 통해 성장둔화를 초래할 염려가 있어 복지재원 확보를 위한 창의적인 정책마련이 필수적이다.

둘째, 경제적 어려움은 고령층의 소득과 연계가 되어 있다. 고령층의 소득은 정년 연장을 통한 부가적 소득 확보, 은퇴 후 연금소득, 은퇴 후 재취업을 통한 소득, 다양한 금융 및 부동산 자산, 그리고 자녀부양에 의한 소득보조 등을 들 수 있다. 현재 정년연장은 연급수급연령과 퇴직 연령과의 간극을 줄이고 고령빈곤 문제를 완화하기 위해 정부가 적극적으로 추진하고 있는 고령노동 정책인데, 청년고용과 상충되는 부문이 있어 적극적인 고령층 소득보완정책으로서는 한계가 있다. 따라서 보다 장기적으로 고용연장을 위한 문화적인 변화가 필요한데 예컨대 연령을 고려하지 않는 사회 (Age-Blind Society)를 조성해가는 것이다.

현재 고령층 연금수령액은 고령자들의 최저생활을 보장할 만한 수준에 미치지 못한다. 즉, 노후 소득대체율이 낮아 공적연금 및 이전지출의 증가가 고령층 근로소득의 감소를 막기에 역부족인 것이다. 따라서 국가적 차원에서 최저생계수준을 보장할 수 있는 소득대체율 확보가 중요하고, 이를 위해서는 실효성 있는 국민연금제도 개혁이 필요하다. 통계청 자료에 따르면 55세 이상 고령층 인구의 10명 중 6명은 재취업을 희망하고 있는데 그 이유는 생활비를 보충하고 일하는 즐거움을 찾기 위한 것이라고 한다. 고령노동시장의 수요측면과 공급측면을 살펴보면 고령자의 취업률이 감소하지 않는 주요인은 생계형 고령노동 공급의 증가인 것으로 분석된다.

반면 지난 10년간에 발생한 산업구조의 변화는 고령근로자의 고용안정성을 낮추는 방향으로 이루어져왔기 때문에 고령노동시장의 수요측면도 고령근로자들의 소득을 보전할 만한 여건이 충분치 못한 상황이다. 따라서 정부는 공급측면에서 고령인력의 인적자본을 개선하고 근로유연성을 증가시켜 고령근로자 취업을 진작시키는 정책을 추진하고 수요측면에서 고령근로자의 고용안정성을 제고시킬 수 있는 제도적 개혁을 추진할 필요가 있다. 노년층의 경우, 근로소득 감소에 대비해 저축한 자금을 부동산 또는 금융자산에 투자했다가 은퇴 이후 생계수단으로 활용하려는 유인이 크다. 따라서 고령자들이 은퇴 이후 소득보전을 위해 금융자산을 안정적으로 활용할 수 있도록 금융상품이나 제도적 개선이 중요하다.

현재 실버세대들은 우리나라 경제발전의 한 축을 담당했던 세대였지만 대부분 자식교육과 부모를 부양해야 했던 부담으로 자신의 노후를 적절히 준비하지 못했다. 그렇다고 고령층의 노후소득을 보전할 수 있는 국가 재정 인프라가 구축되어 있는 것도 아니다.

이러한 상황에서 실버세대들이 자신들의 과거 국가경제발전을 위한 기여를 인정받고 최소한의 삶의 질을 추구할 수 있는 노후생활을 보장 받는 것은, 향후 한국사회가 지속적인 경제성장을 추진하고 이어지는 후세대들에게 희망적 국가를 물려주는 데 절대적으로 중요한 당면 과제이다. 우리는 향후 수년 동안 실버세대들의 연착륙을 위해 국가적 차원에서 총력을 기울여 제도를 마련하고 정책을 펼쳐야만 성장 과실이 대물림될 것이다.

삶의 질 개선과 국가경쟁력을 함께 이뤄나가야

박원구 서울대학교 글로벌공학교육센터 교수, 경영학

신제품 도입과 성장 과정에 대한 제품수명주기(product life cycle)라는 것이 있다. 신제품을 시간과 매출액 측면에서 분석해 볼 때, 모든 신제품은 출시되고(도입기), 매출액이 증가하며(성장기), 본격적 성장과정(성숙기)을 지나, 결국 매출액이 감소하게(쇠퇴기) 되는 사이클이 있다는 논리이다.

이러한 논리를 국가경쟁력 측면에도 적용해볼 수 있다. 시간을 X축, 국가경쟁력을 Y축에 설정하고 시간 흐름에 따른 국가경쟁력을 살펴보면 유사한 사이클을 갖는다는 점을 유추할 수 있다(《그림 1》 '국가경쟁력 변천cycle' 참조).

-(농경국가; 도입기) 원시 농경국가에서 일부 국가는 본격적인 산업화를 추진함

-(산업화진입국가; 성장기) 산업화를 추구한 일부 국가는 저원가를 바탕으로 진입에 성공하여 경쟁력이 급격하게 개선되며 산업화를 확산시킴

-(성숙산업국가; 성숙기) 산업화가 확대됨. 성숙기 후반에는 삶의 질에 대한 욕구가 높아져서 복지비용 지출을 확대함. 일부 기술자본집약산업에서는 계속하여 경쟁력을 높여감

-(쇠퇴국가; 쇠퇴기) 삶의 질에 대한 투자를 확대하다 보니 근로시간 축소, 복지비용 증가를 초래하여 원가경쟁력도 낮아짐. 산업경쟁력이 계속 하락하여 수출감소, 생산설비 축소가 일어나는 '악순환의 확대재생산'이 반복됨

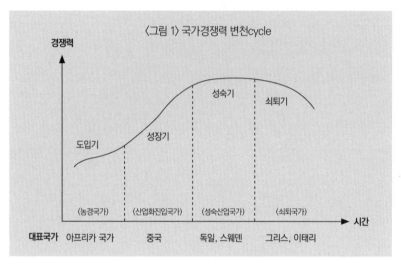

〈그림 1〉 국가경쟁력 변천cycle

국가경쟁력은 대부분 유사한 패턴을 두고 변화해 나간다. '국가경쟁력 변천 사이클' 상으로 볼 때, 한국은 성장기에서 성숙기로 넘어가는 단계에 있다고 할 수 있다. 중국은 당분간 성장을 계속할 것이며, 여전히 농경국가인 도입기에 머물고 있는 국가들도 다수 존재한다.

〈그림 2〉'다양한 국가경쟁력 변천 유형'에서 보듯이 국가경쟁력 변천 사이클도 상이한 유형을 보인다. A유형은 장기간 성장을 유지하는 국가이며, D유형은 성장기를 제대로 가져보지도 못하고 쇠락하는 국가이다.

한국은 삶의 질을 지속적으로 개선하는 과정에서 근로시간 감소, 행정서비스 증대 등이 필요하였으며, 이것은 그 반대급부로 원가경쟁력 저하, 산업경쟁력 약화에 큰 영향을 미치게 되었고, 결국 성장동력을 잃어가는 원인이 되기도 했다.

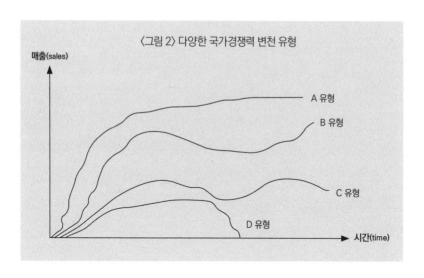

〈그림 2〉 다양한 국가경쟁력 변천 유형

매출(sales)

A 유형
B 유형
C 유형
D 유형

시간(time)

　삶의 질을 개선해 나가는 가운데 경쟁력과 성장을 지속시킬 방안은 없는 것인가?

　모든 국가는 국가 산업경쟁력 측면에서 변화하기 마련이다. 그러나 국가의 노력 여하에 따라 성장기를 늘리고 쇠퇴기가 오는 시기를 늦출 수 있다. 바로 이것이 한국 사회가 10년 후를 바라보고 추진해야 할 국가경쟁력 측면에서의 과제라고 생각하며, 몇 가지 방안을 제안한다.

끊임없는 혁신

　산업경쟁력을 중심으로 한 국가의 경쟁력을 지속적으로 유지, 향상시키기 위해서는 한마디로 끊임없는 혁신을 추구해야 한다. 물론 혁신(innovation)만으로 다양한 분야의 행동 계획(action plan)들을 모두 포함할 수는 없을 것이다.

　혁신은 시대에 따라 다양한 형태로 나타났다. 중세 암흑기를 깨트린 이

141

탈리아의 르네상스, 18세기 영국을 중심으로 공업화가 이루어진 산업혁명은 당대의 역사적인 혁신이었다. 혁신의 주체가 속한 집단과 국가는 상당기간 경쟁력의 원천을 보유하여 번영을 누렸다.

혁신적인 이벤트는 한국에도 많이 있었다. 일찍이 세종대왕이 한글을 창제한 것을 가장 먼저 꼽을 수 있다. 일관제철소 운영 경험이 없고 관련 인프라가 빈약한 상황에서 흑자 철강기업을 육성한 포스코, 현대그룹이 선박건조시설마저 없는 시기에 선주를 설득하여 추후 조선 강국이 되게 한 것도 성공한 혁신사례이다. 전 세계에 K-POP 열풍을 불러일으킨 엔터테인먼트 회사와 연예인, 스마트폰 시장에서 미국 애플사와 세계 1, 2위를 다투고 있는 삼성전자도 혁신의 좋은 성공사례이다.

기업행동 측면에서 바람직한 혁신적 행동 귀감으로 삼을 만한 좋은 연구결과가 있다. "어떤 기업이 결국 market-leader가 되었는가?"에 대해 실증적 연구를 수행한 리처드 루멜트(R. Rumelt) UCLA 교수에 의하면, "평소에 실력을 쌓고 있다가 기회의 창(window of opportunity)이 열렸을 때 과감히 초기에 뛰어들어 성공한 기업이 마켓리더가 된다"고 밝혔다.

미래형 신성장산업 발굴

새로운 신성장산업 육성도 국가 산업경쟁력 제고를 위해 필요하다. 이에 대해서는 저명한 분들의 견해가 많이 있으므로, 대표적 미래사업을 간단히 거론하면, 그린에너지산업, 융합형고부가IT산업, 수출형서비스산업을 들 수 있겠다. 서비스산업은 내수산업과 아울러 K-POP, 의료산업, 애니메이션 등과 같은 수출산업도 중점 육성해야 한다. 흑자가 많은 독일도 내수형이 아닌 수출형산업을 꾸준히 육성한다는 것을 되새겨봐야 할 것이다. 물론 새로운 산업의 발굴을 위해서는 도전적인 기업가정신(entrepreneurship)을 살리는 정책이 뒷받침되어야 할 것이다.

경쟁력 강화와 고용증대 보조방안

고용을 증가시키는 것은 모든 정부가 중요시하는 정책 어젠다이다. 그러나 많은 노력과 예산을 투입해왔음에도 효과는 높지 않았으며, 투입되는 많은 비용과 조직의 비효율성 문제가 끊임없이 지적되어 왔다. 이의 근원적 치유를 위한 역발상은 없을까?

기업이 고용을 줄이고 문을 닫는 것은 원가경쟁력이 없고 채산성이 맞지 않아 발생하는 경우가 대부분이다. 원가 중에서 정부가 조정가능한 요소가 세금인데, 생산요소를 구입하기 이전의 2, 3차 단계까지 누적적으로 고려하면 세금은 원가에서 상당한 비중을 차지한다.

기업관련 세금을 줄여줘서 원가경쟁력을 높임으로써 결국에는 매출을 늘리고 고용을 증대시키는 방안을 생각할 수 있다. 단, 채산성이 좋지 않은 기업들의 세금 부담은 줄여주지만, 흑자가 많은 기업들은 조세감면액 축소 등을 통해(요사이 도입을 추진하고 있지만) 세금을 더 많이 징수해야 할 것이다.

생산방식을 결정할 때 자본집약적인 방식보다 인력이 많이 소요되는, 노동집약적인 방식을 채택하도록 정부가 유도하는 것도 고용증대에 도움이 될 것이다.

절약하는 정부: 그리스, 독일, 영국에서 얻은 교훈

한계기업의 세금 부담을 줄여주고 지속적인 복지정책을 펼치려면 어디엔가에서는 세금 소요를 줄여나가야 한다. 이 고통을 감내해야 할 곳이 정부이다. 경제활성화를 위한 정부 정책으로는 두 가지 상반된 방안을 생각해볼 수 있다.

첫째는 정부가 적극적으로 개입하여 다양한 정책과 많은 예산을 집행하는 방안으로, 재정지출확대를 통한 경기부양을 지지하는 이른바 케인즈주의와 유사한 방안이다.

둘째는 확실한 효과가 있는 소수 사업만을 정부가 수행하고, 절약된 예산은 국민이 부담하는 세금을 줄여줘서 가처분소득을 증대시킴으로써 결국 경제를 활성화시키자는 방안이다. 두 번째 방안은 긴축재정으로 성장률이 낮아진다고 생각할 수 있으며, 정부의 예산집행액이 줄어들어 인기가 없는 정책이다. 그러나 효과는 비록 늦게 나타나지만 강력하다. 니얼 퍼거슨(Niall Ferguson) 하버드대 교수는 "재정지출확대는 문제해결 방법이 아니라 문제의 원인"이라 지적한 바 있다.

급증하는 가계부채 문제가 한국경제의 주요 이슈로 대두한 현재 상황을 고려할 때, 필요한 방향은 정부가 예산을 절감하여 국민의 가처분소득을 늘려주는 방향으로 가는 것이 아닐까 생각한다. 이는 부채팽창트랩에 빠진 다수 서민의 가계부채 축소에도 기여할 것이다.

정부 역할을 축소하고 사업을 선별해서 투자승수가 높은 사업만을 정부가 시행하는 등 정부예산을 줄여야 한다. 취업률을 높이기 위해 공조직 고용을 늘리는 것은 미래 재정부담을 늘리는 위험한 발상이다. 한국사회의 전반적으로 높아진 통제수준에서 통제강도를 다소 낮추는 것도 행정비용 절감에 기여할 것이다. 공무원연금 축소 노력도 정부 씀씀이 축소의 일환이라 할 수 있다.

그리스와 독일의 1990년대 복지 및 연금 개혁 성패가 이후 양국의 경쟁력에 큰 영향을 준 사실을 되새겨봐야 한다. 독일은 1998년 이후 사민당, 기민당 정부 모두가 과감한 복지개혁을 성공시켰으나, 그리스는 몇 차례의 복지개혁을 용두사미로 실패하였다. 그리스의 비대한 공공조직도 재정파탄의 원인이 되었다는 것을 우리는 익히 알고 있다.

2015년 5월 과반수 의석확보로 정권 유지에 성공한 영국 보수당 정권은 과거 장기간 긴축재정을 실시해왔다. 그 결과 2010년의 글로벌 경제적 상황이 심각했음에도 불구하고 2014년 경제성장률이 G7 중에서 가장 높았다. 영국의 고용률도 현재 사상 최고치인 73%로, 59%인 미국보다 좋다. 평균실질임금이 감소하는 고통을 겪었지만 2014년 9월 이후 임금도 오르고 있다.

근로의식 고취 및 대중영합주의 절제

10년 후 한국 산업의 지속적 발전을 위해서는 지속적인 근로의식 고취가 있어야 하겠다. 과거 유수한 강대국들이 침체할 즈음에는 나태하고 포퓰리즘이 만연하는 현상이 있었다. 이미 1975년 일본 월간지 《문예춘추》에 "많은 국가가 붕괴하는 원인은 외부의 적이 아니라 내부요인인 이기주의와 포퓰리즘(대중영합)이다"라는 일갈이 등장한 적이 있었다. 대중이 권리만 주장하고 엘리트는 대중의 비위를 과도하게 맞추려할 때, 그 사회는 자살 코스로 접어든다는 것이다.

대학에서 학생들을 가르치면서 느끼는 점은 젊은이들은 기성세대는 뻔히 알고 있는 역사적 사실도 모르는 경우가 많다는 것이다. 깨끗한 백지와 같은 청년들의 마음에는 처음 접한 색깔을 지우기가 평생 쉽지 않다는 점도 느낀다. 물론 기성세대도 과거에는 그러했지만……. 역사교육과 근로의식에 대한 교육이 지속되어야 할 것이다.

초고령사회의 엔트로피와
아우토포이에시스 전략

이상오 연세대학교 교육대학원 교수

10년 후 우리 사회는 65세 이상 노인이 국민 전체의 20%를 넘는 초고령 사회가 된다. 지나가는 다섯 사람 중 한 사람은 원하든 원치 않든 우리 사회에서 더 이상 기능과 역할을 제대로 해낼 수 없는 사람들이라는 뜻이다. 달리 말하면, 국민 네 사람이 경제적으로 가장 취약한 노인 한 사람에 대한 경제적 책임을 져야 한다는 계산이다. 특히 경제능력이 없는 미성년층을 제외하면 노인 인구에 대한 국민의 경제적 부담은 2배 이상으로 급상승한다. 지금 우리 사회가 초고령사회라는 엔트로피(entropy)의 늪으로 급속하게 빠져들어가고 있는 것이다. 대한노인협회에서 노인의 기준연령을 만 70세로 올린다고 해도 결과는 별로 달라질 수 없다.

'엔트로피'라는 개념의 발견은 마이어, 헬름홀츠, 주울이 수립한 〈열역학 제1, 2법칙〉을 수정보완한 클라우지우스(Rudolpf Clausius)의 공적이라고 해야 한다. 나무를 태우면 재가 된다. 그러나 재는 다시 나무가 되지 못한다. 열에너지가 비(非)가역적이기 때문이다. 이로써 〈열역학 제2법칙〉은 수정된다. 열은 반드시 높은 곳에서 낮은 곳으로 이동한다. 그러나 그 역은 불가능하다. 물리학에서 '무질서의 정도'를 의미하는 엔트로피는 일상에서 '소멸하려는 경향'으로 전이된다. 우주의 엔트로피도 늘 증가한다. 인간이 에너지를 사용하는 한, 엔트로피의 양은 늘 증가한다. 결국 엔트로피의 증가로 인하여 모든 생명체는 죽고 만다. 그래서 인간이 죽는 것이다.

그렇다면 엔트로피는 왜 발생하는 것인가? 간단히 말하면, '마찰열' 때문이다. 공(球)이 아래로 떨어지면 지면과 닿은 순간 마찰열이 발생한다. 위치에너지와 운동에너지의 관계 속에서 열에너지가 발생한 것이다. 공을 자꾸 떨어뜨리면 언젠가 해체된다. 마찰열 때문이다. 이렇게 본다면 계속해서 열에너지를 사용하면서 삶을 지속시키고 있는 인류의 멸망도 당연하다. 개인적으로도 열을 많이 받으면 일찍 죽는다. 모든 스트레스는 열에너지 발생이 주범이다. 모두가 마찰열을 만들어내기 때문이다. 그것이 바로 엔트로피를 증가시키는 원인이기도 하다. 마찰열의 증가로 생명은 언젠가 모두 소멸한다. 달리 말하면, 엔트로피가 발생하면서 에너지총량보존의 법칙은 깨진다. 에너지가 모두 보존되지 않고 마찰열이라는 열에너지의 발생만큼 마모(磨耗)가 되는 것이다. 마모가 계속 쌓이면서 결국 모든 것은 와해되고 소멸한다.

인간은 호흡을 하고, 무엇인가를 계속 먹어야 산다. 이는 생명의 조건이다. 그러나 살아남겠다는 인간의 발버둥이 죽음으로 이어지는 셈이다. 호흡을 하고 식사를 하면서 계속 우리는 우리를 결국 죽게 하는 마찰열을 발생시킨다. 삶이 아이러니 그 자체인 셈이다. 살아남기 위해서 하는 모든 행위가 결국은 죽기 위한 일이 된다. 독일의 사회학자 루만(Niklas Luhman)에 의하면, 인간뿐만 아니라 인간이 만들어낸 모든 시스템 즉 기계시스템과 사회시스템도 언젠가는 모두 소멸하고 만다. 모두가 엔트로피의 증가 때문이다. 이제 우리가 할 수 있는 유일한 것은 사회적 엔트로피의 총량을 최대한 억제하고 줄여 보는 일이다. 비록 언젠가는 소멸한다고 하더라도 사회의 지속가능성을 최대한 연장시키기 위함이다.

우리 사회가 초고령사회라는 것은 '사회적 엔트로피'의 증가가 극에 달한 다는 뜻이다. 우리 사회 구성원 모두가 공멸할 수 있다. 피치 못할 엔트로피 의 증가 때문이다. 이제 우리 사회의 생명력을 연장하기 위해서는 무엇보다 도 엔트로피의 증가를 최대한 억제할 수 있는 방안을 만들어야 한다.

　　생물학자 마투라나(Humberto Maturana)와 바렐라(Francisco Varela)에 의하면, '아우토포이에시스'(autopoiesis)가 대안이 될 수 있다. 물론 완전한 대책은 아니다. 인간을 비롯한 모든 생명체는 자기제작(self-making), 자기 창조(self-creation), 자기갱신(self-renewal)의 능력을 천부적으로 가지고 태 어난다. 이것을 이들은 '아우토포이에시스'의 능력이라고 명명했다. 인간은 스스로 자신을 창조하면서 스스로를 살아남게 하는 능력을 가지고 태어난 다. 또한 우주의 모든 생명체들도 아우토포이에시스의 능력 덕분에 스스로 를 새롭게 창조하고 갱신하면서 살아남는다. 엔트로피의 증가로 인한 에너 지 총량의 소실을 최대한 보전하는 것이다.

　　가이아이론을 대표하는 생태학자 러브록(James Lovelock)에 의하면, "지 구는 살아 있으며 우주 역시 자기 자신을 스스로 조직하고 창조하면서" 확 장된다. 자기생산, 자기창조, 자기갱신의 선천적 능력 때문이다. 사람은 살아 남기 위해서 무엇인가를 반드시 먹어야 한다. 그렇지 않으면 죽기 때문이다. 물론 수명을 연장할 뿐이다. 그러나 그것이 바로 우리가 할 수 있는 최선이 다. 병이 나면 약물을 투입하고 수술도 하고 때로는 장기(臟器)를 바꾸어 끼 우기도 한다. 인간이 만들어낸 기계들도 언젠가는 망가진다. 기계가 안 가면 윤활유를 친다. 고장이 나면 수리를 하고 부품들을 갈아 끼운다. 그래도 언 젠가는 기능이 멈추면서 기계는 멈춘다. 영원한 기계는 없다. 인간이 만들 어내는 사회시스템도 마찬가지이다. 사회조직, 법, 제도 역시 수명이 다하면 폐지되고 그 자리에 새로운 것들로 대체된다. 모두가 엔트로피의 증가를 가 능한 억제하기 위해서 아우토포이에시스의 능력을 새롭게 투입하는 것이다.

좀 더 살아남기 위한 해법이다.

여기서 아우토포이에시스는 네가티브 엔트로피(negative entropy), 즉 네겐트로피(negentropy)의 일환이다. 이는 사회적 생명력을 최대한 연장시키고 엔트로피의 발생을 최대한 억제하기 위함이다. 초고령사회의 엔트로피를 억제하기 위한 네겐트로피는 노인들이 자기제작, 자기창조, 자기갱신의 능력, 즉 아우토포이에시스의 역량을 최대한 발휘할 수 있는 기초 인프라를 만들어 주는 일이다.

첫째, 정부는 노인 개개인에게 자기생산, 자기갱신, 자기창조를 할 수 있도록 '일자리'를 주선해주어야 한다. 아니면 이들에게 여가선용의 놀이터를 만들어주어야 한다. 삶의 세계는 크게 '일의 세계'와 '놀이의 세계'로 구분된다. 물론 육체적-정신적으로 취약한 노인계층의 일자리는 청년층의 그것들과 반드시 구분되어야 한다. 세상에는 청년들이 할 수 있는 일자리가 있고, 노인들이 할 수 있는 일자리가 있기 마련이다. 노인심리학, 노인교육학, 노인사회학, 노인인간학, 노인수행공학 등 노인학의 학문연구에 보다 주력함으로써, 이들에게 가장 적합한 일자리가 무엇인지 확실히 규명해내야 한다.

둘째, 정부는 노인들이 일을 수행할 수 있는 내용, 방법 그리고 역량을 정확하게 측정하고 교육·훈련함으로써 이들에게 가장 적합한 일자리를 알선해줄 수 있는 국가차원의 '노인고용시스템'을 수립하고 가동해야 한다.

셋째, 신체적이든 정신적이든 이런 저런 이유로 인하여 더 이상 일을 할 수 없는 노인층에게는 '노인놀이터'를 제공해야 한다. 놀이 역시 자기갱신, 자기창조의 방법이다. 이들에게 가장 중요한 놀이는 '대화와 소통의 놀이'이다. 사회는 노인들이 늘 대화하고 소통할 수 있는 만남과 대화의 놀이터를 제공하여 이들에게 고독감과 소외감까지 극복시켜 줄 수 있어야 한다. 독일의 사회학자 루만은 "인간에게 의사소통은 사회적 자기 창조의 방법"이라고 했다. 물론 노인들에게는 무엇보다도 '의료혜택'이 가장 먼저이다. 이는 국가가 할 수 있는 최우선의 분배적 사회복지정책이다. 그러나 생로병사의 문제는 반드시 이들에게만 국한된 것은 아니다. 다만 육체적-정신적으로 쇠약해지는 이들에게 더 절실할 뿐이다. 국가와 사회가 존재하는 한, 노인의료문제의 해결은 이미 어느 누구도 피할 수 없는 숙명이다.

주지하는 대로 모든 인간은 죽어야 한다. 우리의 몸을 구성하는 모든 세포가 정해진 수명(壽命)을 가지고 있기 때문이다. 수명이 다 했는데도 죽지 않는 세포가 있다. 바로 암세포이다. 정상 세포가 변형되어 마침내 암세포가 된 것이다. 세포는 제때 죽어야만 새로운 세포로 거듭날 수 있다. 인간의 췌장은 24시간 만에 세포 전체를 새로운 것으로 바꾼다. 그렇지 않으면 췌장은 본래의 기능을 잃고 만다. 인슐린을 분비하는 췌장이 기능을 잃으면 생명은 끝난다. 위벽의 세포들은 재생이 되는 데에 꼭 3일이 걸리며 뇌 속 단백질의 98퍼센트는 한 달만 지나면 모두 새것으로 바뀐다. 또한 우리의 피부는 분당 10만 개의 속도로 세포를 교체시킨다. 즉 세포들은 파괴되어 구조를 만들고 조직과 기관들은 연속적인 주기로 자신들의 세포를 교환한다. 이렇게 모든 세포들은 지속적인 생명을 유지하기 위해 새로운 세포로 교체하면서 스스로를 (재)창조하는 것이다. 이렇게 계속되는 창조에도 불구하고 생명은 그 전체적인 자기동일성을 유지한다. 자기창조하고 자기갱신하는 것은 한 생명체가 다른 생명체가 되는 것이 아니라 자신의 생명성을 유지·보존하는 것이다. 한마디로 우리는 생명을 유지하기 위해서는 반드시 자기창조, 자기갱신을 해야 한다. 모두 다 우리가 운명적으로 피할 수 없는 엔트로피의 증가 때문이다.

사회에서 존재하지 말아야 할 인간을 두고 우리는 사회의 '암적 존재'라고 한다. 모두 다 같은 이유이다. 초고령사회에서 노인들이 수명이 지난 암적 존재가 되지 않도록 하기 위해서 우리 사회는 노인들에게 아우토포이에시스를 가능하게 하는 네겐트로피를 보다 체계적이고 적극적으로 투입해야 한다. 노인들이 자기창조하고 자기갱신할 수 있는 사회에서는 청년, 장년, 유년 등 비노년층의 삶도 보다 유리해진다. 왜냐하면 전체적으로 볼 때 자기창조, 자기갱신을 통한 네겐트로피 즉 아우토포이에시스의 투입으로 인하여 사회적 엔트로피의 총량이 줄어들기 때문이다.

세상에 쓸모없는 것은 하나도 없다. 모두가 행복한 사회가 행복한 사회이다. 노인들이 행복한 사회가 바로 유년층, 청년층, 장년층 모두를 행복하게 한다. 노인이 불행한 사회는 우리 모두에게 비극을 초래한다. 행복한 사회 이전에 초고령사회라는 극대화된 엔트로피를 억제하는 것, 다시 말해 노인들의 아우토포이에시스를 보장해 주는 것은 무엇보다도 우리 사회가 공멸(攻滅)을 피할 수 있도록 해주는 유일한 길이다.

120살 장수 시대와 의료산업의 혁명

황호택 동아일보 논설주간

구약성경에 나오는 최초의 인류인 아담은 930세, 아담과 하와 부부의 셋째 아들인 셋은 950세, 노아의 할아버지인 므두셀라는 향년 969세를 살았다. 노아는 950살을 살았다. 바벨탑 이후에는 수명이 200세 이하로 줄어든다. 아브라함은 175세를 살았고 요셉은 110세, 모세는 120세. 구약성서에 나오는 족장들의 이야기는 20세기에 발굴한 수메르 왕들의 리스트(The Sumerian king list)와 비교하건데 한 개인의 수명이 아니라 왕조의 연대기라고 보는 해석도 있다.

창세기 6장 1절에서 3절까지에는 인간의 수명과 관련해 유추할 수 있는 말이 나온다. '사람이 땅 위에 번성하기 시작할 때에 그들에게서 딸들이 나니, 하나님의 아들들이 사람의 딸들의 아름다움을 보고 자기들이 좋아하는 모든 여자를 아내로 삼는지라. 여호와께서 이르시되 나의 영이 영원히 사람과 함께 하지 아니하리니 이는 그들이 육신이 됨이라 그러나 그들의 날은 120년이 되리라 하시니라.'

여기서 120년이 노아의 방주 건조에 걸린 기간이라는 해석도 있고, 인간의 수명이 120년이 될 것이라고 풀이하는 이도 있다. 이것을 문자적으로 보느냐, 상징적으로 보느냐에 따라 의미가 다를 것이다.

평균 수명은 나라마다 차이가 나지만 영양이 풍부하고 의학이 발달한 선진국에서는 남녀 모두 70대 80대에 이르렀고 지금 추세대로 가면 100세를 넘을 것이라는 예측이 나온다. 줄기세포의 연구자 강경선 교수(서울대 수의과대학 연구부학장·강스템바이오텍 대표)는 유럽의 장수연구소와 공동연구를 통해 인간의 줄기세표가 완전히 소진되는 수명을 120세라고 보았다. 그러니까 인간이 질병에 걸려 죽지 않고 노화로 인해 수명을 다한다면 충분히 120세까지 살 수 있다는 이야기다. 유엔에서 발행한 미래보고서도 인간 수명이 130세까지는 될 것이라고 예측한다. 창세기 6장 3절의 '그들의 날이 120년이 되리라'는 구절과 묘하게 일치한다.

인간의 평균 수명은 현재 80세 정도이지만 건강수명은 이보다 10~20년 적다. 암이나 치매같은 난치병으로 고통 받거나 다른 질병으로 누워 지내는 기간이 길다. 줄기세포로 암 치매 같은 난치병이나 불치병을 치료할 수 있게 되면 인간의 건강수명은 획기적으로 늘어날 수 있다.

자동차가 고장 나면 카센터에서 새 부품으로 바꿔 끼듯이 우리 몸도 줄기세포를 이용해 못 쓰게 된 간이나 심장을 갈아 끼워 건강수명을 연장하는 시기가 멀지 않았다. 어린이는 뼈가 부러져도 잘 붙고 노인은 안 붙는다. 그것은 인간이 노화하면서 줄기세포의 숫자가 줄어들고 재생력이 약화되기 때문이라고 줄기세포 연구자들은 설명한다.

현재 전 세계에서 6개의 줄기세포 의약품이 판매되고 있는데 이들 중 한국에서 개발 판매하는 약이 퇴행성 관절염, 심근경색, 크롬병, 루게릭 병 치료약 등 4개나 된다. 임상시험을 하는 줄기세포 약의 숫자도 미국 다음으로 많다. 줄기세포 연구와 개발이 황우석 교수 사건으로 한때 타격을 받았으나 2009년 버락 오바마 대통령이 줄기세포 연구지원을 발표하면서 한국에서도 다시 활기를 찾았다. 그러나 한국의 지원은 너무 사회주의 식으로 똑같이 나눠주는 식이어서 가능성이 높은 쪽에 선택과 지원이 필요하다.

줄기세포 약은 수출이 필요 없다. 루게릭병 환자들 중에는 1억 원을 쓰더라도 한국에 와서 치료를 받고 싶다는 사람이 많다. 우리가 줄기세포 치료의 선진국이 되면, 기존의 약이 안 듣는 난치병 환자들이 가족들과 함께 한국에 와서 치료받고 쉬고 노는 의료관광이 한국을 먹여 살리는 시대가 올수 있다.

일본은 아베 총리가 줄기세포 연구개발을 촉진하는 재생의학법을 만들어 지원을 가속화하고 있다. 각국의 재생의료약에 대한 승인절차가 복잡한데 일본이 과감하게 규제완화를 함으로써 세계적인 연구개발의 거점이 되려는 전략을 펴고 있다. 재생의료약은 일본에서 국가의 승인을 얻는 데 걸리는 시간이 보통 7년 정도였으나 관련법 개정을 통해 2~3년 정도면 판매가 가능해졌다.

미국 나스닥에 상장된 이스라엘 기업 플루리스템 테라픽스(Pluristem Therapeutics)는 태반에서 만든 세포를 배양해 다리의 혈류가 나빠진 질환의 치료약을 개발한다. 금년에 일본기업과 제휴해 안전성을 확립하는 임상시험에 들어갈 예정이다. 태아에서 유래된 세포를 사용해 뇌경색의 치료약을 개발하는 영국의 리뉴론(Reneuron)도 일본에 진출할 계획이다(니혼게이자이 2015년 1월 6일자 보도). 일본의 이런 과감한 규제완화로 한국이 줄기세포 치료제의 개발에서 뒤처질 수 있음을 유념해야 한다.

미래에는 맞춤형 신약, 바이오마커(생체지표)를 이용한 조기진단 키트 개발, 생체기능 조절 치료제도 큰 시장을 형성할 것으로 예상된다. 바이오마커란 간단히 피 한방울을 통해 치매 연관 물질인 아밀로이드바이를 측정해 치매의 진행 정도를 조기에 알아 볼 수 있는 기술이다. 전립선암도 혈액을 뽑아 표면항체(PSA)를 측정해 조기진단과 치료가 가능해졌다.

세계보건기구(WHO)는 2020년에는 일본 인구의 3분의 1이 60세 이상이 될 것이라고 예측했다. 앨빈 토플러는 미래예측서 『제3의 물결』에서 이같은 장수인류는 역사적으로 전혀 새로운 현상이며 보건의료 체계의 개혁만으로는 대처할 수 없을 것이라고 예고했다. 세금 연금 주택 고용 은퇴 재정과 부의 변동요인에 영향을 미칠 이런 변화현상을 제대로 파악해 대처하고 있는 나라가 없다는 것이 토플러의 분석이다.

노령화 장수시대의 의료혁명에 대한 대비가 한국에서는 잘 되어가고 있는가. 한때 전국 어느 의과대학에도 들어가지 못한 이과생들이 서울공대와 카이스트에 들어간다는 말이 있었다. 그만큼 이과의 우수한 인재들이 의대로 쏠렸다. 그러나 의학에 우수한 인재가 몰리는 것을 꼭 부정적으로만 바라볼 이유가 없다.

경제발전의 초기에 우수한 인재들이 공대에 몰려들어 오늘의 산업발전을 이루고 삼성 LG나 현대자동차 같은 기업을 만들었다. 이 우수한 의료인력이 고령화 시대에 의료산업 줄기세포 산업을 세계 최고로 만드는 자원이 될 수 있다고 본다.

고령화시대에 의료산업은 블루 오션이다. 작년에 17만 명의 외국인이 한국에 와서 치료를 받은 것으로 집계되고 있다. 개인병원의 경우 세금 문제 때문에 잘 신고를 하지 않기 때문에 정확한 집계는 어렵다. 서울대병원의 경우 작년에 1만6,000명 가량의 외국인 환자를 치료했다. 그 수가 해마다 두 자리 수의 비율로 늘어나고 있다. 중국은 물론이고 러시아 몽고 카자흐스탄 베트남의 상류층이 한국에 가족과 함께 와서 치료를 받고 돌아가는 사례가 많다. 한국은 의료기술의 발달과 지정학적 위치에서 이들을 끌어들이는데 우월한 요소를 지니고 있다. 그러나 중국의 의료수준이 이미 우리의 90~95% 수준에 이르러 특성화 전문화 차별화가 필요하다고 강대희 서울대의대 학장은 말한다.

노동집약산업인 병원은 일자리 창출의 보고다. 서울 종로구 연건동 서울대병원의 경우 7,000명이 1조 원의 매출을 올린다. 200여 종의 직종이 서울대병원에서 일하고 있다. 삼성병원의 경우 1,200여 명의 의사와 2,000여 명의 간호사를 포함한 6,500여 명의 인력이 근무하고 있다.

미래시대에는 의사 마인드만으로는 의료기기의 첨단화 지능화를 쫓아갈 수 없다. 의학 수의학 공학이 융합해 인간 삶의 질을 획기적으로 향상시키는 시대가 성큼 다가온다. 지금 학자들이 수행하는 연구과제 중에는 줄기세포와 3D 프린터를 융합해 인공장기를 만드는 연구도 진행되고 있다. 잉크젯 프린터가 검정색과 파란색 잉크를 섞어서 쏘아 인쇄를 하듯이 3D 프린터가 줄기세포와 신소재를 섞어 개인맞춤형 인공장기를 만드는 세상이 도래한다는 것이다.

IT와 의학 공학이 하나로 융합되는 시대가 다가왔는데 한국의 대표적인 공과대학인 포스텍과 카이스트에 의과대학이 없는 것도 문제다. 의학계열을 세우기가 어렵다면 의과대학을 가진 다른 대학과 통합을 하는 방법도 고려해볼 만하다.

대부분의 국가들은 의료인을 양성하는 과정을 국가가 지원한다. 하지만 우리나라는 의대에 대한 지원이 거의 없는 실정이다. 특히 국부 창출의 선도 역할을 수행할 기초의학자 의사과학자를 육성해야 한다.

한국에서 의사를 배출하는 데는 14년이 걸린다. 의과대학 6년, 인턴 1년, 레지던트 4년, 군의관 3년을 합하면 그렇다. 2030년 이후의 의사 수요에 지금부터 대비하지 않으면 낭패를 볼 수 있다. 전공분야 별로 의료 인력의 공급조절도 필요하다. 2030년에 가면 17만 명의 간호 인력이 부족할 것이라는 전망도 나온다.

최근 미래창조과학부와 한국과학기술기획평가원이 한국 미국 유럽연합 일본 중국의 '2014년 기술수준 평가'에서 정부가 미래 먹거리로 선정해 육성하는 국가전략기술 120가지 가운데 세계 1등은 하나도 없었다. 유전자

치료 같은 기술도 선진국과의 격차가 벌어지고 있는 것으로 나타났다.

의료산업을 우리 미래의 최대 먹거리 산업으로 만들자면 국가의 어젠다로 만들어 부처간 종합적인 지원 체계를 마련하는 일이 시급하다.

초고령사회와 개별맞춤 의료

류성호 포스텍 생명과학과 교수

최근에 한 노인 요양원을 방문한 일이 있다. 대부분 연세가 많고 몸이 불편하신 분들이 힘들게 견디면서 삶을 유지하고 계신 듯했다. 누구나 나이가 들면서 질병은 피할 수 없다. 수명이 늘어나면서 도처에 아프지 않은 노인이 없을 정도이다. 수명이 늘었다고 마냥 좋아만 할 수 없다. 아파서 누워 지내는 삶의 시간이 더 늘어나는 상황이 된다면 과연 좋다고 할 수 있는 것일까? 고령 사회의 건강과 삶의 질은 사회적으로 큰 화두가 되고 있다.

나이가 들어도 건강하게 살고 싶은 것은 모든 사람들의 간절한 소망이다. 의학 발달로 이러한 소망이 어느 정도 이루어지고 있다. 특히, 병균에 감염되어 죽는 사람들은 옛날보다 크게 줄었다. 그렇지만 아직까지 암, 당뇨, 고혈압, 치매, 뇌졸중… 이런 병들은 심해지면 쉽게 치료하지 못하고 장기간 동안 병에 시달리게 된다. 초기에 알게 되면 다행히 어느 정도 치료가 가능하지만, 대신 초기에는 스스로 알기가 어렵다. 자주 병원에 가서 검진을 받아야 한다.

따라서 초기 진단을 통한 치료가 중요해지고 있다. 호미로 막을 것을 가래로 막는다는 옛말처럼 일단 병이 심해지면 치료가 어려워진다. 암과 같은 질병에서는 특히 조기에 진단하는 것이 생존율을 높이기 위한 해답이 되어 가고 있다. 정확한 조기 진단을 위해서는 가능하면 건강에 많은 정보를 확보하는 것이 중요하다. 사람의 타고난 특징을 짐작할 수 있는 유전 정보와 현재의 건강 상태를 알 수 있는 질병 표지(Biomarker: 질병의 종류와 상태를 판단하는데 사용되는 몸 안의 단백질과 같은 물질) 정보들이 그 구체적인 예이다.

이에 따라 개별맞춤의료(personalized medicine)가 글로벌 화두로 떠오르고 있다. 같은 증상을 나타내는 질병도 개인마다 원인이 다르므로 여기에 맞게 예방과 치료를 하자는 것이다. 기존의 표준화된 의료와 블록버스터(blockbuster) 약들은 한계가 있다. 전문가들은 90% 이상의 약들이 단지 50% 이내의 환자에게만 효과를 나타내고 있다고 한다. 획일적인 치료가 유효하지도 못하면서 부작용을 일으켜서 더 많은 비용을 발생시킨다는 보고도 있다. 미국에서는 매년 10만 명 이상이 의약품 부작용으로 죽는다. 이 때문에 획일적인 치료보다는 개인의 특성에 맞는 맞춤치료의 중요성이 부각되고 있는 것이다.

아직까지는 맞춤의료가 비용과 노력이 많이 들어갈 것으로 우려되고 있다. 하지만 앞으로 의료는 당연히 그렇게 발전될 것이며, 이제는 '맞춤의료의 시대'라는 데 대부분의 전문가들이 공감하고 있다. 개인의 타고난 체질(유전정보)을 잘 알아서 맞는 의약품으로 최적화된 치료가 가능해질 것이다. 신약 개발에 있어서도 개인의 질병관련 정보를 종합하여 이용하면 임상시험의 비용, 시간, 실패를 줄일 수 있다. 실제로 다시 분류하고 개발 중인 의약품에 대해 환자의 개인 정보를 활용하여 잘 맞을 수 있는 사람들만을 대상으로 임상시험을 하여 실패하였던 신약을 살린 경우도 있다. 또한, 새로운 치료나 신약이 개발될 때 이에 반응하는 환자의 상태를 동반하여 알아내는 동반진단기술을 이용한 맞춤의료는 질병 치료의 유효성을 크게 증대 시킬 수 있을 것이다.

맞춤의료에는 정교한 진단을 위하여 환자의 질병 및 특성, 상태를 아는 것이 중요하다. 개인별 유전정보와 질병표지로 활용될 수 있고 현재 상태를 알 수 있는 유전체(Genomics: 유전자들을 총칭하는 용어) 및 단백질체(Proteomics: 단백질들을 총칭하는 용어) 정보의 활용이 중요하다. 개인의 유전적 특성과 건강 상태와 같은 대량 정보를 쉽게 얻을 수 있는 이러한 오믹스(omics) 기반 기술들이 빠르게 발전하고 있어 조만간 이와 같은 정보를 기반으로 하는 진단/예방/치료 시대가 올 것이라는 공감대가 형성되고 있다. 그러나 이러한 정보를 기반으로 한 맞춤의료를 통해 건강관리를 일상화하려면 싼 값에 쉽고 정확하게 첨단 기술들을 적용할 수 있어야 한다.

최근 생명공학기술이 눈부시게 발전하면서, 처음 사람의 유전체 염기서열을 분석하는 데 15년간 27억 달러나 들였지만, 곧 수천 달러 정도의 비용으로 며칠 만에 개인의 유전자 정보를 모두 알아낼 수 있는 단계에 이를 예정이다. 그러나 아직 기술적으로 가야 할 길은 멀다.

질병 표지들과 특정 질병과의 관련성을 고효율로 밝히는 기술도 요구되고 있다. 특히, 앞서 설명한 새로운 치료나 신약이 개발될 때 이에 반응하는 환자의 상태를 동반하여 알아내는 동반진단기술의 발전이 중요해지는 시점이다. 암 환자에게 항암치료가 효과를 나타내고 있는지를 진단하는 것은 항암제나 치료 방법의 선택에 중요한 판단 요소이다. 조기 진단을 위해서는 적은 변화를 민감하게 감지할 수 있는 바이오, 나노 기술들이 요구되고 있다. 또한, 정확한 판단을 위하여 대량의 정보를 쉽게 확보하고 분석할 수 있는 기술들이 필요하다.

현재의 기술 발전 속도를 고려하면 앞으로 10년 안에 이와 같은 기술들이 실제 활용되는 사례가 급속히 증가할 전망이다. 미국을 비롯한 선진국들은 이미 이와 같은 방향으로 헬스케어의 흐름을 전망하고 서둘러 준비하고 있다. 필요한 기술의 개발과 정보 축적의 틀을 마련하는 노력들이 나타나고 있다. 우리도 적극적인 대처로 글로벌 경쟁에서 뒤쳐지지 않아야 한다. 다행히도 우리나라는 정보 분야의 기술적인 경쟁력이 있고, 바이오-의료에 대한 기반 기술들도 상당 수준 구축되어 가고 있으므로 국제적인 협력과 적극적인 투자를 병행한다면 글로벌 선도 모델로 발전할 가능성도 있다

맞춤의료가 기술만 발달하면 모두 이루어지는 것은 아니다. 개인의 많은 정보를 계속 수집하여 질병을 예방하는 데 사용하자면, 개인정보를 어디까지 알아야 하는지와 보호와 보안에 대한 공감대도 필요하다. 환자 개인정보의 대규모 데이터베이스화로 인한 프라이버시 보호 및 보안 문제는 어려운 문제로 대두될 것이다. 여기에 대한 법과 제도도 정비되어야 한다. 지금의 젊은 세대들에게는 기대 수명이 100세가 가능하게 되는 시대가 오고 있다. 기술과 의료의 발달로 건강하게 초고령 시기의 삶을 살아갈 수 있을 것이다. 물론, 개인이나 사회가 증가하는 의료비용을 감당할 충분한 여력이 있을 때 그럴 것이다. 의료가 발달되었는데도 이용할 수 없는 사람이 많아지면 우리 사회의 심각한 빈부 갈등을 피할 수 없다. 질병에 대한 최소한의 치료와 관리가 보장되지 못한 삶은 개인에게 매우 비참한 상황이 될 것이기 때문이다. 좋은 옷을 입고 비싼 문화생활을 할 수 없어서 생기는 실망과 다른 차원의 문제이다.

한 사회에서 개인간 혜택의 차이에 따른 갈등 못지않게 국가간 경쟁과 격차가 늘어나서 불안 요인이 될 수도 있다. 국가간 건강관리와 삶의 격차도 점점 증가함에 따라 후진국들은 선진국들의 헬스케어 시장에 종속되어 그나마 적은 국가재원에서 여기에 투입해야 하는 비중이 늘어날 것이기 때문이다.

고령화사회가 되면서 병원을 찾는 사람들이 늘어나 의료비용이 계속 증가하고 있다. 미국에서는 벌써 GDP의 20% 정도를 의료비로 쓰고 있다. 우리도 점점 의료비가 늘어나고 있다. 앞으로 맞춤의료가 발전하면서 의료비

사용은 급격히 증가할 것이다. 우리나라가 무엇을 어떻게 해야 앞으로 이와 같은 위기를 헤쳐 나갈 수 있을지 고민해야 할 시점이다.

미래에는 감당할 수 있는 적절한 비용으로 모두가 오랫동안 건강하게 살 수 있을까? 개인, 가족, 국가가 모두 고민해 보아야 하는 숙제이다.

유전자 산업에 집중하자

방두희 연세대학교 화학과 교수

고령화 한국사회 그리고 유전자 산업

한국사회가 당면할 중요한 이슈 중의 하나로 현재 급속도로 진행되는 인구의 고령화 현상을 꼽고자 한다. 고령화에 수반되는 한국사회의 경제, 정치, 산업적 지형의 변화는 앞으로 10년 후 다양한 이슈들을 만들어낼 것이다. 이 글에서는 고령화사회에 대처하기 위한 생명산업 분야의 대응 방안에 그 논의의 초점을 맞추고자 한다.

고령화사회가 되어감에 따라 나타나는 노화 관련 질병에 대응하는 비용의 증가는 고령화사회의 비용 중 매우 높은 부분을 차지하며, 앞으로도 점점 증가할 것으로 예상된다. 예를 들어, 나이가 들어감에 따라 생기는 유전자의 변이에 의해 발병하는 암과, 뇌 조직에 존재하는 단백질의 변형과 축적에 기인한 치매 등이 대표적인 노화 관련 질병의 양상일 것이다. 한국사회가 현재보다 나은 건강한 사회가 되어가는 과정에서 무엇보다 노화에 수반되는 질환의 발병을 늦추거나, 또는 궁극적으로 이를 극복하는 것이 개인의 행복에 중요한 요소가 될 것이다. 이와 연관하여 올바른 식습관과 쾌적한 생활환경이 중요하겠지만, 노령화에 수반되는 수많은 질병의 양상은 우리가 가지고 있는 유전자의 다양성과도 깊은 연관 관계를 가진다는 점에 주목할 필요가 있다.

유전자 산업이란?

유전자 산업이란 무엇인가? 유전자 산업은 두 가지 기반 기술의 발전에 의해 이루어졌다.

첫 번째 기술이 유전 정보를 읽어내는 기술(DNA sequencing)이다. 2000년도 초반 한 명의 유전체에 대해 1조 원이 넘는 비용을 들여 진행했던 인간 유전체(genome) 프로젝트를 시작으로 2014년 1천 달러의 비용을 통해 개인의 유전체 서열에 대한 데이터를 확보할 수 있는 기술이 선보였다. 지난 10년간 유전자 서열을 읽어내는 비용은 대략 백만 배쯤 저렴해졌는데, 이러한 기술의 진보는 반도체 칩의 집적도 증가 속도를 예측한 무어의 법칙보다 빠르다는 것으로 종종 비유되곤 한다.

두 번째 기반 기술은 유전자 정보를 쓰는 기술이다. 최근 생명 현상의 근원을 탐구하기 위한 목적으로 바이러스 유전체 또는 미생물 유전체의 합성을 이루어 낸 것과 같이 유전자 정보를 화학생물학적 방법론을 이용하여 써 내려 가는 기술이 급격한 진보를 이루고 있다. 또한, 유전체 내의 원하는 부분만을 효율적으로 교정하는 기술 역시 빠르게 발전하고 있는데, 현재 인간 유전체의 경우 전체 유전체 쓰기의 기술적인 어려움으로 인해 원하는 유전자만을 교정하는 기술이 각광을 받고 있다.

유전정보를 읽고, 쓰는 기술 그리고 유전 정보와 컴퓨터 공학의 융합을 통해 유전 정보에 대한 새로운 해석을 하고, 이러한 정보를 응용하는 산업이 유전자 산업이다.

왜 유전자 산업에 집중해야 하는가?

왜 유전자 산업이 고령화되어가는 향후 10년의 한국사회를 대비하기 위한 방안인가?

고령화사회는 개인적인 관점에서는 오래 살 수 있다는 점에서 축복이지만, 생물학적으로는 노화로 인해 다양한 질병에 노출되는 빈도가 늘어난다는 점에서 마냥 축복일 수는 없다. 누구나 피할 수 없는 양면성이다. 향후 10년 한국은 고령화사회로 인한 사회적 비용의 증가에 직면할 것으로 예상된다. 이에 대한 대안으로 유전자 산업의 중요성을 논의하는 이유는, 유전자 산업이 실질적으로 노화로 인한 질병들의 진단과 치료에서 저비용의 해법을 제시할 것으로 생각하기 때문이다. 즉, 노령화되어가는 사회 구성원 모두가 건강하게 살아가는 사회를 상대적으로 낮은 비용으로 구현할 가능성을 열어줄 것으로 기대한다. 다음의 두 가지 예를 통해 유전자 산업을 통한 고령화사회에 대한 효율적 대처의 가능성을 엿보고자 한다.

고령화사회가 진행될수록 더 많은 개인들의 유전자를 읽어야 하는 현실적 요구가 증대될 것인데, 특정 질병을 가지는 더 많은 수의 개인 유전 정보를 확보하면 그 질병과 개인의 유전 정보를 연결하는 패턴 인지가 용이해지며, 개인의 유전정보에 기반하여 질병에 맞춤 대응하는 것이 가능해진다. 따라서 컴퓨터 과학 분야에서 영상 인식, 처리 등을 위해 최근 각광 받고 있는 딥러닝 기법이 앞으로 생산될 대량의 개인 유전 정보와 질병의 상관관계를 해석해내는 데 사용될 것으로 예상된다. 이러한 유전자 읽기 산업에 주목하는 이유는, 유전자를 분석적으로 읽어내는 기능이 고령화 관련 질병의 진단 비용을 획기적으로 낮춰줄 것이기 때문이다.

최근 암 치료 분야에서 획기적인 변화가 이루어진 영역이 개개인의 암 조직으로부터 유전자 변이를 분석하고, 종양의 유전자 정보에 기반하여 약물을 제공하는 사례인데, 이러한 암환자 유전자 정보 맞춤 치료는 앞으로 점차 보편화되어 갈 것으로 여겨진다. 즉, 유전 정보를 읽어내는 비용이 낮아질수록 질병에 대한 유전 정보를 값싸게 제공할 수 있고, 효율적인 치료 프로그램이 가동되는 원동력으로 작용하여 질병으로 인한 사회적 비용을 낮출 것으로 기대한다. 최근 미국에서 정밀 의학(precision medicine)이라는 영역을 강화하기로 한 기술적 배경도 유전자 정보를 매우 저렴하게 읽어내는 기술의 성숙이라는 점을 강조하고 싶다.

고령화되어가는 한국사회의 사회적 비용 해소와 건강한 개개인의 삶을 위해서도 우리들의 유전정보를 효율적으로 생산하고 유지, 응용하는 산업적 영역을 강화하는 것이 미래를 위한 한국사회의 효율적 대응 방안이다.

유전자 쓰는 기술과 노령화 사회

유전자를 쓰는 기술은 유전자를 읽어내는 기술에 버금갈 정도로 눈부신 발전을 거듭하고 있다. 앞에서 언급했듯이 우리 인간은 이미 미생물의 유전체 정보물질 전체를 생산하는데 성공하였을 뿐만 아니라, 인간 세포에서 원하는 유전자만을 정밀하게 교정하는 기술을 획득하였다. 이러한 유전자 쓰기 능력의 진보는 유전자를 읽어내는 기술의 발전과 함께 앞으로 다가올 세상에 대한 많은 시사점을 제공하는데, 유전 정보의 축적은 질병 유전자에 대한 정밀 해석을 가능하게 하고, 이를 기반으로 향후 노화 관련 질병 영역에서도 변형된 유전자를 바른 형태로 교정하는 유전자 쓰기에 근간한 치료가 각광을 받을 것임을 암시한다.

유전자 기반 치료는 현재 그 시장이 미미하지만, 인간이 경험하는 많은 질병의 원인이 유전자의 변이와 개개인 유전자의 다양성에 근거한다는 점을 고려할 때, 유전자 쓰기 기술 기반 치료 시장은 앞으로 성장해 나갈 여지가 클 것으로 생각한다. 또한 원하는 형태의 유전자로 교정하는 유전자 치료의 경우, 단 한 번의 교정만이 요구되는 치료법으로 기존의 지속적인 투여가 필요했던 약물치료와는 대비되며, 이는 향후 노령화 관련 질환에 대한 새로운 패러다임을 제시할 가능성이 충분하다고 생각한다.

유전자 산업에 집중해야 할 때이다

지난 10년간 유전자를 읽고 쓰는 기술은 반도체 집적도의 증가보다 빠른 속도로 발전되어 왔다. 고령화되어가는 한국인의 건강을 모니터링하고, 증진하고, 이를 통한 고령화의 사회적 비용을 줄이기 위해서 유전자 기반기술을 지렛대로 이용할 필요성을 거듭 강조한다. 유전자를 읽는 기술을 효율적으로 적용하면, 건강을 유지하기 위한 기존 진단의 비용을 획기적으로 낮춰나갈 수 있다. 또한 유전자를 쓰고 교정하는 기술은 노화 관련 질병의 치료에 새로운 패러다임을 제공하고, 치료의 비용을 낮출 수 있는 가능성을 가지고 있다. 무엇보다도 현재 개발이 진행되고 있는 혁신적 유전자 기술들을 통한 유전 정보의 생산은 컴퓨터, 인터넷의 발전과 접목되었을 때 비단 생명산업뿐만 아니라 필자가 예측할 수 없는 미래사회의 새로운 영역을 개척할 수 있는 잠재력을 가지고 있다.

유전자 산업에 대한 집중은 현재 진행되고 있는 고령화 한국사회의 향후 10년을 대처하기 위한 초석이 될 것이라 믿어 의심치 않는다.

생명 변형의 시대에서 생명 설계의 시대로

송기원 연세대학교 생화학과 교수

45억 년 지구의 역사에서 생명체가 출현한 이래 생명체의 변화는 계속되어왔다. 그래서 현재 지구에 존재하는 수백 만 종의 다양한 생명체가 만들어질 수 있었다. 다윈은 이 과정을 생명체에서 자연적 혹은 환경적 요인에 의해 발생하는 무작위적 돌연변이들 중 생존에 유리한 변이를 갖는 생명체들이 특정 자연 환경에 의해 선택되면서 가능했다고 설명했다. 적어도 인류가 탄생하기 전 지구의 생명체들은 지난 35억 년 동안 이런 과정을 통해 다양하게 진화되었다.

그러나 인류가 지구에 출현한 이래, 특히 인류가 농업과 목축을 시작하고 문명을 만들기 시작하면서, 인류는 자연적 진화에 순응하는 대신 생명체와 환경을 변형시키는 새로운 진화를 시작하였다. 변형의 대상은 주로 우리의 먹거리가 되었던 식물과 동물. 적어도 수천 년의 세월 동안 인류는 같은 종(種) 안에서 인간에게 유리한 변이를 갖는 개체를 골라내어 교배시키거나 접목시켜 생명체를 계속 인간의 의도에 적합하게 변형시켜 왔다.

20세기 후반에 이르러서는 이른바 유전공학이라고 일컫는 분자생물학의 발달에 따라 인류에 의한 생물체의 변형은 새로운 전환기를 맞게 된다.

이전의 교배나 접목이라는 방법으로는 전혀 유전정보를 주고받을 수 없는 생명체들에 인간이 원하는 유전자를 집어넣어 생명체를 변형시키는 새로운 진화의 형태가 가능하게 되었다. 빠르게 인간의 의도대로 생명체를 변형하고 선택하는 진화가 가능하게 된 것이다. 그리고 그 추세는 점점 가속화되어 이제는 생명체의 단순한 변형을 넘어 인간이 생명체를 설계하고 생리학적인 형태를 의도적으로 변경하는 진화의 시대를 살게 되었다.

이 글에서는 지금 인간에 의해 다양한 방법으로 생명체가 변형되는 현주소를 살펴보고 우리에게 닥친 생명을 설계하는 진화의 시대에 대해 함께 생각해 보려고 한다.

차라리 소박했던 유전공학의 시대

DNA가 생명의 정보인 유전물질이고 DNA가 기능을 수행하는 기전을 밝혀내면서 시작된 분자생물학은 1970년대 이후 생명체에서 특정 유전자를 분리하고 그의 기능을 알아낼 수 있는 기술을 제공하였다. 또한 1970년대에 들면서 DNA의 특정 염기서열을 인식해 자를 수 있는 제한효소(restriction enzyme) 라는 유전자 가위들을 다양한 미생물에서 발견하였고, 이들을 원하는 유전자의 DNA를 자르고 붙이는데 이용할 수 있게 되었다. 한편 유전자를 생물체 내로 쉽게 전달하여 발현시킬 수 있도록 세균과 동물 및 식물에 유전자 전달책(責)으로 사용 가능한 vector(매개체)도 개발되었다. vector에 인간의 목적에 맞는 유전자의 DNA를 제한효소로 쉽게 잘라 붙여 다른 생명체에 집어넣을 수 있는 유전공학(genetic engineering)이라고 불리는 기술이 가능해 진 것이다. 이렇게 인간의 의도대로 유전정보가 변형된 생명체를 일반인들의 용어로는 GMO(genetically modified organism) 혹은 LMO(living modified organism)라고 부른다.

인간의 의도대로 특정 유전자를 발현시키는 생명체의 변형은 크게 두 가지 목적을 갖는다. 첫째는 변형된 생명체에서 인간이 원하는 물질을 손쉽게 대량으로 얻는 것이다. 둘째는 변형된 생명체 자체의 경제적 가치가 원래 생명체보다 월등히 높아지는 경우이다.

이렇게 유전공학을 이용해 원하는 물질을 대량으로 얻게 된 첫째 사례가 바로 혈당을 조절하는 단백질인 인슐린(insulin)이다. 유전공학적 방법을 사용하기 전까지는 인슐린을 소 등 동물의 피에서 분리했고, 1회 주사 분량의 인슐린을 얻는 데 적어도 동물의 피가 20리터 이상 필요했다고 한다. 따라서 인슐린 주사가 비쌀 수밖에 없었다. 1980년대 초반 대장균에 사람의 인슐린 유전자를 주입해 인슐린을 적은 비용으로 대량 생산할 수 있게 되었고 가격을 대폭 낮출 수 있었다. 이후 미생물에 인간 유전자를 주입하여 면역 증가제인 인터페론, 성장을 촉진시키는 성장호르몬, 예방주사용 백신 등 수많은 단백질 치료제를 손쉽게 대량 생산할 수 있었다.

유전공학으로 미생물뿐 아니라 동물을 인간이 필요한 단백질 생산을 위한 도구로 사용할 수 있게 되었다. LMO 동물을 이용해 공인된 의약품을 생산한 첫 사례는 2009년 미국 식품의약청(FDA)에서 의료용으로 승인된 혈전치료제인 안티트롬빈이다. 미국의 젠자임 트랜스제닉(GTC)사(社)는 1998년 인간의 안티트롬빈 유전자를 추출해 이를 산양의 유선(乳腺)에서 발현될 수 있도록 변형한 산양을 만들었다. 이 산양은 자신의 우유에 안티트롬빈을 다량으로 함께 분비하므로, 원래 동물의 혈액에 아주 미량으로 존재하는 안티트롬빈이 우유와 함께 계속 대량 생산되도록 만드는 데 성공하게 된 것이다. 그 외에도 빈혈치료제인 조혈촉진인자 등 다양한 의약품을 LMO 동물의 우유나 소변 등 분비물을 통해 대량으로 생산하려는 여러 가지 시도가 계속되었다. 또한, 인간에게 좋다는 오메가-3 불포화지방산을 만들도록 변형시킨 돼지, 빨리 자라서 시장성이 있도록 성장호르몬을 과다하게 분비하게끔 변형된 연어, 인간 초유에 풍부한 항(抗)바이러스성 물질인 락토페린 유전자를 이식한 젖소 등의 유전자 변형 동물이 인간의 필요에 의해 만들어졌다.

보통 친숙하게 GMO라 불리는 유전자 변형 식물체는 인류의 식량 문제와 에너지 문제를 해결해줄 것으로 기대를 모으며 그 영역을 확장하였다. 식물 유전자 변형의 시작은 농작물의 생산성과 시장성을 높이기 위해 시작되었다. 1994년 미국 칼진(Calgene)사가 잘 무르지 않고 잘 썩지 않는 토마토를 개발하였고, 1995년 미국 몬산토(Monsanto)사가 자사의 제초제에 저항성을 갖는 콩, 해충에 저항성을 갖는 옥수수를 출시한 이후 GMO 농산물은 전 세계적으로 대규모로 재배되기 시작하였다. 이들이 사용한 제초제 저항성 유전자는 미생물에서, 해충에 저항을 갖도록 해주는 유전자는 독소를 만들어 해충을 쫓는 동물에서 온 것이었다. 즉, 자연적으로는 서로 유전정보를 주고받을 가능성이 전혀 없는 생명체끼리의 유전자 교환이 인간 때문에 시작된 것이다. 또한 이들의 성공으로 해충과 제초제에 견딜 수 있는 유전자 변형이 감자, 토마토, 벼, 밀, 호박 등의 농작물로 확대되었다. 이런 GMO 식물은 앞으로 바이오연료의 생산을 가능하게 해줄 에너지 대안으로도 기대를 모으고 있다. 현재 식물의 많은 부분을 차지하나 식용으로는 적합하지 않은 셀룰로오스를 유전자 변형을 통해 에탄올 같은 에너지원으로 전환시키는 연구가 활발히 진행되고 있다.

생물 로봇 등 새로운 형태의 생명체 변형

최근에는 유전공학적 방법으로 생명체를 변형시키는 것을 넘어 곤충이나 동물의 뇌와 신경에 직접 전극을 장착하여 인간 임의로 조작할 수 있는 곤충 로봇이나 생물 로봇을 만들고 있다. 이미 전극을 바퀴벌레의 신경절과 뇌에 장착하고 그 위에 송신기를 달아 인간이 조이스틱을 이용하여 임의대로 움직이게 할 수 있는 바퀴벌레 로봇이 만들어졌다. 또 번데기 상태의 나방에 전선과 컴퓨터 칩을 심어 나방이 되었을 때는 인간의 조절에 의해 원하는 방향으로 날 수 있는 드론 나방 로봇을 만들었고, 여기에 카메라를 장착해 군사용 정찰 등에 이용할 계획이라고 한다. 현재 이러한 생물 로봇 기술은 곤충을 넘어 이미 쥐에 적용되었고 원숭이까지 확장되고 있다.

또 다른 새로운 형태의 생명체 변형은 메사추세츠 대학(University of Massachusetts)의 찰스 배컨티에 의해 창조된 쥐의 예에서 잘 볼 수 있다. 그는 쥐를 완전히 개조해 인간에게 이식할 수 있는 귀 구조를 가지고 있는 쥐를 만들었다. 쥐를 유전자 조작해서 사람의 피부에 대해 면역반응을 덜 일으키는 피부를 가지게 하고, 그 피부 밑에 사람 귀의 고분자 발판을 이식했다. 그러므로 이 쥐는 자신에게서 뜯어낼 수 있는 귀를 만들어 냈고, 그걸 사람에게 이식하는 데 사용할 수 있었다. 유전 공학이 고분자 물리 테크놀로지와 융합되고 동물 장기를 인체에 이식하는 이종 기관 이식 기술과 결합할 수 있게 된 것이다. 이런 기술의 확장은 종국에는 다양한 동물이 인간의 조직과 장기를 대체할 수 있는 조직이나 장기를 자신의 일부로 만들어 공급할 수 있는 미래로 나아가고 있음을 보여준다.

생명체를 설계하고 디자인하는 합성생물학의 시대로

2000년대 들어서며 인간 유전체 프로젝트가 마무리될 무렵부터는 한두 개 인간이 원하는 유전자를 집어넣어 생명체를 변형시키는 유전공학의 시대가 차라리 소박했다고 느껴지게 하는 새로운 개념의 연구가 시작되었다. 이름하여 합성생물학이다. 합성생물학은 '자연세계에 존재하지 않는 생물 구성 요소와 시스템을 설계하고 제작하거나 자연세계에 이미 존재하고 있는 생물 시스템을 재설계하여 새로이 제작하는 분야'로 정의된다. 간단히 말하면, 새로운 시스템의 생명체를 설계하고 만들어내겠다는 것이다. 도대체 합성생물학이 무엇인지 일반인들이 의아해하고 있는 사이 2010년 5월 크랙 벤터가 이끄는 연구팀은 동물의 장 속에 기생하는 아주 단순한 세균의 유전체를 유전자 데이터베이스의 정보로부터 인공적으로 합성한 후, 다른 종의 세균에 이식시키고 원래 이 세균이 가지고 있던 유전체는 제거하여 합성된 유전체 정보만으로 유지되는 새로운 생명체를 만들었다. 또한 이 새로운 생명체가 생명의 가장 큰 특징인 자기 복제에 의한 재생산과 대사 등 정상적인 생명체로서의 기능을 수행함을 보였다. 이로써 모두에게 공유되는 데이터베이스의 유전정보를 이용하여 생명체를 디자인하고 디자인에 따라 유전정보를 합성하며 그 정보에 따라 생명체가 만들어지는 새로운 시대가 열린 것이다. 또한 새로운 생명체를 만들기 위해 기존 지구의 생물체에는 존재하지 않는 새로운 형태의 염기나 화합물을 이용해 유전자를 만들려는 연구도 진행되고 있다.

합성생물학의 경제적 목적은 의약품 생산, 환경오염 물질 제거, 에너지 생산 등 인간의 목적대로 디자인된 인공 생명체를 개발하는 것이다. 생명체를 'DNA라는 소프트웨어가 담긴 유전자회로로 구성된 하나의 기계' 정도로 인식하고 '가장 효율적인 유전자 생산 설비의 구축'을 목표로 한다. 자연계에 존재하는 생명체의 유전자를 모두 분리한 후 데이타화 하고 이들을 변형 및 재조합 하는 방식으로 유전자를 마치 레고 블록의 부품처럼 단순화시키고 이로부터 인간에게 유용한 특성의 생명체와 물질을 대량으로 얻겠다는 것이다. 앞으로 10년 이내 현재의 화학공정 파이프라인의 1/3 이상이 합성생물학으로 대체될 것으로 예측하고 있다.

우리에게 남겨진 숙제와 질문들

　20세기 이후 인구의 폭발적인 증가와 평균수명의 확대로 인류에게 생명을 변형시켜 먹거리와 의약품을 얻는 기술 개발이 불가피했을 것이다. 이제 우리는 원하는 생명체를 무엇이건 조작하고 만들 수 있게 되었고 그런 미래를 향해 빠르게 달려가고 있다. 문제는 어디까지인가이다. 인간이 마음대로 새로운 생명체를 설계해 만들어내고, 다른 생명체를 제작 기계나 유기체 로봇으로 만들어도 되는 것일까? 더 걱정스러운 것은 이 기술들이 궁극에는 인간에게도 그대로 적용될 수 있는 기술이라는 것이다.

　이제 인류는 스스로에게 지구에서의 위치에 대해 질문해야 하는 시점에 와 있는 것 같다. 이런 질문은 과학자나 윤리학자에게만 필요한 것이 아니다. 지구에서 이러한 기술 개발에 의한 혜택을 받으며 살고 있는 우리 모두에게 남겨진 숙제이다.

의식 그리고 리더

민경찬
캐나다 칼튼(Carleton)대학교 수학박사. 연세대학교 이과대학 수학과 교수, 한국 지능시스템학회 회장, 대한수학회 회장 역임. 현재 연세대학교 명예특임교수, 포스코청암재단 이사, 바른과학기술사회실현을위한국민연합(과실연) 명예대표, 국무총리 소속 인사혁신추진위원회 위원장. 공저『대학선진화 정책의 방향과 과제』『융합학문, 어디로 가고 있나?』등.

박철순
미국 컬럼비아대학교 경영학 박사(전략 및 국제경영). 영국 런던경영대학원 교수, 한국경영학회 부회장, LRP: long range planning 특별호 편집위원장(2003-2007년) 역임. Academy of Management Journal의 '1994년도 최우수 논문상' 수상. 현재 서울대학교 경영대학 교수. 저서로는『세계수준의 한국기업에 도전한다』등.

최동주
영국 University of London 대학원 (SOAS) 정치경제학 박사. 한국다문화학회 이사, 국제정치학회 이사, 유네스코 석좌교수 역임. 현재 숙명여자대학교 대외협력처장, 글로벌서비스학부 교수. 공저『미래사회의 리더십과 선진국가의 엘리트 생성 메커니즘』『국제기구와 과학기술협력』『포스코의 창업정신과 청암의 리더십』『국제기구의 과거 현재 미래』등.

최진덕
서강대학교 대학원 철학박사. 현재 한국학중앙연구원 교수(철학). 저서로『주자학을 위한 변명』『인문학, 철학, 그리고 유학』『주자의 중화신설과 경의 공부론』『생명과 죽음, 그리고 윤리』외 공저 다수.

백기복
미국 the University of Houston 경영학 박사. 미국 James Madison University 교수, 한국인사조직학회 회장, 대한리더십학회 회장, 한국윤리경영학회 회장 역임. 현재 국민대학교 경영대학 교수, KMU생활협동조합 이사장. 저서『미래형리더의 조건』『대왕세종』『성취형리더의 7가지 행동법칙』『리더십의 이해』『리더십리뷰』『조직행동연구』『새로운 경영학』등.

이현숙
1999. Univ. of Cambridge, MRC, Lab. of Molecular Biology(MRC-LMB), Cambridge, UK. PhD.. 2012년 서울대학교 자연과학대학 연구상 수상. 2015년 마크로젠 여성 과학자상 수상(한국생화학분자생물학회). 현재 서울대학교 자연과학대학 생명과학부 교수(전공: 암세포생물학). Dev. Cell; Mol. Cell; Genes & Dev.; J. Cell Biol.; EMBO J.; J. Exp. Med.; J. Biol. Chem. 등 40여편 논문에 교신 저자와 제1저자.

'위기의식' 공유가 먼저다

민경찬 연세대학교 명예특임교수·수학

교수님께서는 '10년 내 한국사회가 당면할 가장 중요한 이슈'에 대하여 "2014년 4월 세월호 참사와 2015년 5월 메르스 사태는 더 큰 위기의 전조일 수 있기 때문에 무엇보다 '위기의식의 공유가 먼저'라며 기본과 방향을 바로잡아야 한다."고 말씀하셨습니다. 제한된 지면입니다만, 그 기본과 방향에 대한 교수님의 고견을 들려주시기 바랍니다.

공동체적 가치관 세우기

호주의 〈미래위원회〉 사무실 벽에는 "위기를 대비했을 때, 위기가 오지 않으면 괜찮다. 그러나 위기를 대비하지 않았는데, 위기가 오면 그것은 정말 위기다."라는 문구가 걸려 있다. 짧은 기간에 놀라운 발전을 이루며 세계 10위권 경제 대국을 이루었다는 자부심을 가졌던 우리가 지금 이 시점에서 깊이 새겨야 할 경구라고 생각한다.

앞으로 10년간 일상을 살아가는 평범한 한 사람에게 영향을 줄 것으로 예측되는 주요 이슈들을 찾아보고, 한 개인이나 한국사회가 대비해야 할 전략적 방안을 논의하면서, 특히 한 개인을 중심으로 우리가 어떠한 환경에서, 무엇으로, 무엇을 위해 살아가야 하는가에 초점을 맞추고자 하는데, 맨먼저 공동체적 가치관을 바로 세워야 한다는 것을 말하고 싶다.

2014년 4월 세월호 사건은 그동안 우리가 무엇을 추구하며 살아왔는지를 성찰하게 하는 슬픈 참사였다. 오로지 경제, 돈, 경쟁을 중심으로 달려오다 보니, 사람, 가치, 정신, 공동체, 행복 등 삶에 깊이를 더하는 요소들을 잊고 살아왔다는 것을 적나라하게 드러내주었다. 더구나 갈수록 빈부격차와 교육, 기회, 건강에 대한 격차 등 불평등이 심화되고, 갈수록 마음이 각박해져서 우리 사회는 일종의 분노사회로 변화되고 있다는 우려가 나오는 것도 바로 거기에서 원인을 찾을 수 있다.

우리는 '무엇을 위해, 누구를 위해 살아가고 있는가?' 얼마 전 하와이대 미래학자 짐 데이터 교수는 미래 한국사회의 위기 요인 중의 하나를 '불균등한 분배를 통한 성장 방식'이라고 하면서, '성장' 자체가 주요 목표라면 성장의 의미를 근본적으로 재해석할 때라고 조언하였다. 이 시대의 화두는 '더불어', '함께', '나눔', '공유'이다. 우리 모두는 공동체적 가치관을 우리 사회의 정신과 문화로 정착시키기 위해 많은 노력을 기울여야 한다. 공동체적 가치관, 바로 여기에 우리의 생존과 행복이 달려 있음을 깨달아야 한다.

좋은 일자리 갖기

'무엇으로 살아갈 것인가?' 이는 사람의 삶에서 가장 기본이다. 2015년 2

월 현재 우리나라 실업률은 11.1%로 IMF 외환위기 이후 최악이다. 청년 실업자 100만 시대, 7포세대(연애, 결혼, 출산, 집, 인간관계, 꿈, 희망을 포기한 세대)라는 말이 있듯이, 나라의 미래인 청년들이 꿈을 포기하는 상황이다. 이는 매우 심각한 문제인데 쉽게 개선될 전망은 안 보인다. 고령화 시대의 정년 후 일자리 문제도 심각한 노인 빈곤층 증가로 이어지고 있다. 복지문제가 바로 일자리와 연계되어 있는 것이다.

우리 사회는 창업환경을 적극 혁신하며 기업가 정신을 독려해야 한다. 미국은 4%의 벤처기업이 60%의 일자리를 공급했다. 창업을 위한 정부의 '창조경제'가 성공을 해야 하는 이유다. 기존 일자리의 질도 크게 높여야 한다. 현재 중소기업은 전체 기업의 99%, 전체 기업 종업원의 88%를 책임지고 있는데, 경쟁력을 높이려면 많은 우수인력들이 필요하다. 그러므로 대·중소기업 간 격차를 줄여 젊은이들이 중소기업에서도 보람과 가치를 충분히 찾을 수 있도록, 일자리의 생태계를 혁신적으로 바꿔야 한다.

가정 환경

가정은 개인의 삶은 물론 사회 안정에 가장 중요한 곳이다. '수신제가치국평천하'라는 말이 있듯이, 국가 공동체도 가정에서 출발한다. 그런데 한국사회는 이혼율, 자살률, 낙태율이 세계 1위를 기록한다. 가정폭력, 주말부부, 기러기 아빠 등과 함께 가족해체를 앞당기는 요소들이다. 가족에 대한 긍정적인 생각도 급속히 붕괴되고 있다.

조부모를 '우리 가족'으로 인식하는 비율이 2007년에는 63.8%였는데, 2012년은 23.4%다. 부모와 배우자의 부모를 가족으로 인식한 비율도 계속 낮아지고 있다. 나홀로 가구는 1990년대 9%였는데, 2010년 23.9%, 2030

년에는 32.7%로 늘어날 것이다. 노인 1명을 책임지고 부양할 사람은 1970년 17.5명, 2010년 7명, 2030년 2.8명, 2050년 1.4명으로 갈수록 젊은 세대의 허리가 휘어지게 된다. 출산율은 1970년 4.53명, 1992년 2.2명, 2013년 1.19 명으로 급격히 줄어들어 경제협력개발기구(OECD) 국가 중 최하위권이다.

저출산을 비롯한 가족해체 현상의 주된 원인은 경제다. 사교육비, 가계 부채, 청년실업을 비롯한 심화되는 양극화 등으로 사는 게 힘든 것이다. 우리는 먼저 '따뜻한' 가정의 소중함에 대한 사회적 분위기를 새롭게 고양시켜야 한다. 정부는 일자리 창출, 소득확대 등 경제적 안정 문제와 더불어 청년과 노년층의 개인적 삶의 문제 해결에 더욱 세심한 관심과 노력을 기울여야 한다.

사람들 간의 관계

우리는 오랫동안 '성장', '경쟁', '성과'라는 틀 안에서만 열심히 달려오다 보니 심신이 탈진이 되었고, 주변 사람들과 더불어 지내는 일도 어려워졌다. 어려서부터 겪게 되는 '왕따' 현상, 그리고 OECD 국가 중 1위인 각종 사회 병리현상의 원인이 여기에 있다. 또한 빈부격차, 지역, 세대, 계층 간의 격차와 더불어 북한이탈주민, 다문화 가정에 대한 사회적 이슈들은 앞으로 국민들 사이에 새로운 혼란과 갈등을 유발할 수 있다.

사람이 하는 모든 일의 궁극적 목표는 행복이다. 하버드대의 연구팀이 72년 동안의 추적 조사하여 발견한 행복의 조건은 '사람들과의 관계, 따뜻한 인간관계'이다. 그러므로 우리는 정책, 제도, 법보다는 먼저 사람이 중요함을 인식하고, 모든 과제들도 사람들 간의 관계라는 생태계적인 틀에서 이해하고 풀어가야 한다. 특히 '따뜻한 관계'를 위해 사랑, 배려, 공동체 정신

등의 요소들을 기반으로 공감과 신뢰의 사회를 만들어가야 한다. 모든 일은 결국 사람이 만들어간다.

경제 환경

우리 경제 환경은 갈수록 어려워지고 있다. 이는 일자리, 소득확보 등 개인의 삶의 질에 직접 영향을 주게 된다. OECD는 2031년의 우리나라 성장 잠재력은 1.0으로 OECD 국가 34개국 중 33위로 가장 빠르게 하락하여 성장 정체로 이어질 것이라고 경고했다. 시한폭탄인 저출산·고령화로 생산가능인구(15세~64세)가 2017년부터 급격히 감소하기 시작할 것이다.

중국, 일본 등 주변 나라들과의 경쟁은 갈수록 어려워지고 있다. 얼마 전 중국은 '중국 제조 2025'를 발표하며 IT(정보기술)·로봇·항공우주·의료 등 10대 첨단 제조업의 경쟁력을 10년 후 독일과 일본의 위치에 올리겠다고 선언했다. 중국은 이미 우리의 8개 주력산업 중 6개의 점유율에서 우리를 넘어섰다. 앞으로 우리의 전통 제조업의 설 땅이 얼마나 남게 될지 불투명하다.

국가 경쟁력 향상 문제는 우수인재와 과학기술로 풀어나가야 한다. 미국 오바마 대통령은 물론 빌 게이츠 등 대기업 CEO들이 나서서 과학·기술·공학·수학 분야의 학위를 취득한 외국인에게 취업비자를 대폭 확대하자는 이민법 개혁에 적극 나서는 이유다. '청년층 인력수급 전망'에 따르면 앞으로 10년간 인문계열은 6만 명이 넘치고, 공학계열은 27.8만 명이 부족하다. 여성의 경제활동참가율은 56%로 OECD 가입국 가운데 최하위권이다. 그러므로 앞으로 지속적 성장을 위해서는 문·이과 구분 없는 균형 잡힌 교육, 과학기술에 대한 효과적 투자운영과 함께 우수인재 확보를 위한 이민 정책,

여성 경제활동 지원 정책 등을 과감하게 펼쳐야 한다.

교육 환경

저출산 환경으로 우리 교육환경에 지각변동이 일어나고 있다. 2023년에 고교졸업생은 약 40만 명으로 현재의 대학입학 정원 56만 명에 비해 16만 명 정도 적은 수다. 그러나 명문대 입학을 궁극적 목표로 삼는 초·중·고교의 점수중심 교육환경은 그리 변할 것 같지 않다. 사교육비 문제는 지속적인 부담이 될 것이고, 자라나는 세대들이 자신의 꿈과 끼를 마음껏 살리는 교육은 기대하기 어렵다. 특히 부모의 경제적 능력과 양육방식에 따라 지적 발달, 교육 기회의 격차가 크게 영향을 받게 되어 빈부격차가 자녀세대에서 더 벌어질 수 있다는 점은 심각한 사회적 부담이다.

한편 글로벌 인재 전쟁은 전략적으로 확대되고 있다. 앞으로 두뇌순환(brain circulation)과 온라인 공개강의(MOOCs) 흐름은 더욱 빠르게 변할 것이다. 라파엘 라이프 MIT 총장은 "2025년이 되면 고등교육의 지평은 상상할 수 없을 정도로 크게 바뀔 것이다."라고 하였다. 정부와 대학은 서둘러 시야를 글로벌 시장으로 넓혀, 세계로부터 우수학생들이 '오고 싶어 하는' 글로벌 대학환경을 혁신적으로 조성해야 한다.

우리가 글로벌 시스템에 합류하려면, 먼저 교육의 본질을 되찾아야 한다. 우리끼리 점수로 한 줄 세우는 교육에서, 학생들의 다양성을 끌어안아주고 재능 있는 분야에서 최고가 되도록 지원하는 교육으로 대전환해야 한다. 특히 대입제도로서 초중등교육을 '지배'하는 대학들이 책임감과 의무감을 가지고 확실히 초중등교육을 정상화되도록 도와야 한다. 또한 대학교육의 질도 대학의 이념을 지키면서도 기업가 정신 등 시대적 요구에 적극 부응해야 한다. 이제는 개별 대학이 아닌, '국가의 대학' 위치에서 다음 세대들이 건강하게 '제대로' 성장하는 일에 적극 나서야 한다. 바람직한 가치관과 정신은 바로 미래 대한민국의 힘이다.

과학기술/디지털/데이터 시대

오늘의 IT 융합기술의 발전은 한 개인 일상의 편리함과 더불어 삶의 형태를 매우 빠르게 변화시키고 있다. 이제는 IT 중심의 디지털시대를 넘어, DT(data technology)시대에 접어들어, 데이터를 어떻게 활용하느냐가 핵심이 되는 '빅 데이터' 시대가 열리고 있다. 앞으로 사물 인터넷(IoT), 3D 프린터와 무인자동차, 인공지능을 탑재한 로봇을 매개로 예측 불가능한 '무시무시한' 제3, 제4의 산업혁명이 일어날 것이다.

10년 후 대한민국의 미래는 미국 등 선진기술국들과의 과학기술 경쟁에서 승리하고 살아남느냐에 달려 있다. 기본적으로 우리 교육과 연구의 질을 획기적으로 높여야 하며, 더 나아가 글로벌 커뮤니티와 개방과 협력의 관계(open innovation)를 활성화 시켜야 한다. 이를 위해 우선 과학기술 투자 방식과 규제와 법 등 기본 인프라를 글로벌 프레임에 매치되도록 패러다임 차원에서 대대적으로 시급히 전환시켜야 한다.

지난 20세기에 인간 생명의 비참한 희생을 강요했던 과학기술이, 21세기에는 인간의 사고와 삶의 방식에 어떤 영향을 끼칠지는 상상조차 할 수 없다. 미래학자들은 세계 인구, 산업화, 환경오염, 식량생산, 자원고갈 등의 문제를 지금처럼 다루면 2030년대에 우리 문명 자체가 붕괴할 수 있음을 경고하고, 획기적인 과학기술로 돌파구를 찾아야 한다는 것을 강조하였다. 그러므로 21세기에 사는 우리는 인간의 존엄, 생명윤리 등에 기반을 둔 인류가 공감할 수 있는 새로운 사상과 철학을 만들어내며, 이를 기반으로 지구 공동체 차원에서 새로운 과학기술을 창조하는 일에 지혜와 힘을 모아야 한다.

정치·사회 환경

세계경제포럼(WEF)의 2014~15년 144개국 글로벌 경쟁력 평가에 의하면, 한국 '정치인에 대한 공공의 신뢰'는 97위, '사법부 독립성', '공무원 의사결정 편파성'은 각각 82위, '정부규제 부담'은 96위, '정책결정의 투명성'은 133위, '기업경영윤리'는 95위, '노사간 협력'은 132위, '여성 경제활동 참가율'은 91위다. 이러한 현실은 국가 경쟁력은 물론 국민 한 사람의 삶에 여러 형태의 불편함과 부담으로 다가온다. 문제는 앞으로 이러한 우리나라 정치, 경제, 사회, 문화 등의 후진성이 빠른 기간 안에 더 나아질 것으로 기대할 근거가 잘 안 보인다는 것이다.

하와이대 미래학자 데이터 교수는 "한국이 단순히 과거의 성공 방식을 답습한다면 한국사회의 위기는 더욱 빨리 도래하며 심각해질 것이다. 미래를 위한 새로운 정부 시스템을 백지상태에서 재창조할 필요가 있다."라고 충고하였다. 정치권은 과도하게 정책에 영향을 주지 않도록 해야 하며, 단기적 업적을 강조하게 되는 '5년 단위 정부'의 틀을 넘어 중장기 전략, 전문성, 지속성을 확보해나가야 한다. 정부도 운영방식에 있어 갈수록 심화되는 '관리' 중심의 '갑-을'관계의 틀을 뛰어 넘어, '동반자적 수평적 협력관계'를 통해 서로가 격려하고 지원하는 문화를 만들어야 한다. 창의성, 생산성이 여기에 달렸다. 물론 일반 국민의 시민의식도 뒷받침되어야 한다.

지정학적 환경

현재 예측하기 어려울 정도로 급변하고 있는 우리나라의 주변 환경은 국민의 안전, 삶의 질에 직·간접적으로 영향을 주고 있으며, 매일 매일 심적 부담이 될 때도 있다. 북한의 위협적 핵전략, 중국의 급부상, 일본의 극우화, 미국의 아시아 전략 등과 맞물려 주변 나라들과의 관계와 경쟁은 마치 사면초가에 빠진 것처럼 갈수록 불안감마저 주고 있다.

앞으로 분명히 동아시아시대가 열리는데, 대한민국의 리더십은 어디에서, 어떻게 만들어갈 것인가? 통일 이슈에 대해서는 급격한 변화를 예상하며 어떤 통일을 어떻게 해야 하는지에 대한 입장과 북한 주민과 주변국들의 마음을 얻으며 기회를 잡아내는 전략적 사고가 필요하다. 글로벌 전략 차원에서는 먼저 아시아지역을 안고, 중국과 일본 사이의 연결고리로서의 위치를 다져나가야 한다. 또한 우리의 성장경험으로 지구촌 저개발국가를 돕고 기후변화 등 글로벌 이슈 해결에 앞장서도록 하여, 존경받는 나라 위치에 서는 큰 리더십을 만들어야 한다. 이는 우리의 생존 방식을 찾는 일이다.

글로벌화/새로운 대(大)항해시대

오늘의 세계는 국가 간의 경쟁은 갈수록 치열해지지만, 기후변화, 환경, 에너지, 질병, 재난, 물, 식량 등 자연 환경과 연계된 이슈들은 지구촌 인류가 공동으로 대처해나가야 하는 공존의 시대에 접어들었다. 시장 자체도 FTA, 공유경제 등 국경을 넘는 협력 모델로 바뀌고, 교통수단과 인터넷의 발달로 새로운 대항해시대가 열리고 있다.

일자리 문제만 하더라도 "다가오는 3차 대전은 양질의 일자리를 차지하기 위한 글로벌 전면전이다"라는 갤럽의 짐 클리프턴 회장의 말처럼 전 세계적 이슈가 되었다. 전 세계 70억 명의 인구 중 일하고 싶거나, 일하는 인구는 30억 명이지만 양질의 일자리는 12억 개 정도다. 방사능 오염, 황사, 조류독감 등에서 보듯이 이제는 국내외 이슈 구분 없이 세계 모든 나라들과 '함께', '더불어' 공유하고, 공조하며 살아가야할 때다.

지금 이 시대는 개인의 삶의 모습도 갈수록 글로벌 시민으로서 변화되기를 요구하고 있다. 정부 자체는 물론 기본 구성단위들 자체도 국제화된 환경이 기본이어야 한다. 우리 사회도 한류 수출에만 관심을 두기보다 각 나라의 역사와 문화에 깊은 관심을 가지고 인류 전체의 평화와 행복에 기여하는 큰마음을 가져야 한다. 우리 모두 전 세계로 나가야 한다. 우리 스스로 앞장서서 새로운 대항해시대를 열어가야 한다. 이것이 대한민국이 선진국으로 도약하는 길이며 기본 요건이다.

앞으로 10년 후의 한국사회는 예상하기 어려울 정도로 빠르게 변할 것이다. 최소한 정부가 두 번 바뀌게 될 것이며, 기업 등 산업현장을 비롯한 국가 경쟁력은 물론 개인의 삶의 모습, 그리고 지구촌의 환경에도 부침이 심할수 있는 위기적 상황이다. 우리는 먼저 위기의식을 공유하고, 긴장해야 한다. 그리고 10년 후를 제대로 대비하려면, 먼저 10년 전을 되돌아보고 많은 교훈을 찾아내야 한다. 세월호, 메르스 사태에서도 많은 메시지를 읽어내야 한다.

이제는 모든 일에 있어 정책, 제도, 법 등의 시스템보다 먼저 '사람'을 중시해야 하며, 이들 간의 관계를 하나의 바람직한 생태계로 형성해나가야 한다. '한 사람'의 생명의 가치와 권리를 존중하고, 동시에 공공적 가치를 세워나가며 우리 사회의 새로운 정신, 문화를 만들어가는 바르고 건강한 공동체를 이루어가야 한다. 개인이나 국가의 생산성과 복지 역량도 여기에 달렸다.

이러한 사회로 변화하며 지속적으로 발전하려면, 먼저 국가 차원의 철학과 싱크탱크가 필요하다. 기본적으로 우리는 대한민국을 '어떤 나라로 만들고 싶은가?', '어떠한 가치를 추구하는 사회로 만들고 싶은가?'에 대해 고민해야 한다. 또한 이를 위해 중장기 전략, 전문성, 지속성을 확보해야 한다. 이러한 관점에서도 포스텍(POSTECH)의 박태준미래전략연구소는 '기초(fundamental)'를 중시했던 청암 박태준 이사장의 정신을 이어가며, 우리 국가와 지구촌의 행복한 미래를 제대로 대비하는 일에 적극적으로 나서야 한다.

법과 원칙이 지배하는 사회와
인간적인 신뢰가 충만한 사회

박철순 서울대학교 경영학과 교수

'아버지가 아이의 만류에도 불구하고 고속도로에서 운전 중 전화를 한다. 참다 못한 아이가 아버지를 경찰에 신고해 처벌 받도록 했다. 이에 대한 자신의 생각을 800자 이내로 논술하라.'

한자로 800자이니 한글로는 2000자일 텐데, 2015년 6월 7일부터 사흘 동안 실시된 중국의 대입 학력고사 가오카오의 전국 공통 작문 문제였다. 법과 윤리 사이의 갈등에 대한 수험생들의 의견을 묻고 있으나 그 배경에는 시진핑(習近平) 국가 주석이 2014년 10월 당 중앙위원회 제4차 전체회의에서 강조한 법치가 있다고 한다. (LA 중앙일보 2015.6.11.) 언급된 기사만으로는 정확한 내막을 알 수 없으나 지금 중국에서는 윤리보다 법이 우선이라는 사회 분위기를 확산하고자 하는 듯하다.

우연한 것이지만, 몇 달 전 내 수업을 듣는 학생들을 대상으로 그와 비슷한 질문을 하고 의견을 물어본 적이 있다.

먼저 40대 후반에서 50대 중반의 고위 경영진 80여명을 대상으로 질문을 해 보았다. "여러분 자녀 중 한 명이 사회에서 지탄받을 불법행위를 저질 렀다. 그 사실을 여러분만 알고 있고 다른 그 누구도 모르고 있다. 신고를 할 것인가 말 것인가?" 여러 가지 조건에 대한 문의가 뒤따랐다. "어떤 종류의 범죄인가?" "가족이므로 범인은닉죄에 해당하지 않는 것이 아닌가?" "자수 를 권유하는 방안은 어떤가?" 이러한 문의에 대해 다음과 같은 가정 하에서 생각해 보라 했다. 아주 중대한 범죄로서 사회적 지탄을 받을 행위이며, 가 족이라도 신고하지 않을 경우 처벌을 받는다고 가정하시라. 그리고 자수를 권해도 받아들이지 않는 상황이라고 생각하시라. 결과는 단 한 명의 예외도 없이 전원 절대 신고할 수 없고 그러지 않겠다고 했다.

학부 학생들에게 똑같은 질문을 해봤다. 단지 대상을 자녀 대신 부모로 바꾸었다. 결과는 그 이전과는 너무나 현격한 차이를 보여주었다. 무려 30% 이상의 학생들이 비록 부모라 하더라도 사회정의에 어긋나는 행위를 했다 면 신고하겠다는 것이다.

두 집단의 가치관이 너무 차이가 나기에 두 집단의 중간에 해당하는 30 대 중반에서 40대 중반인 MBA 학생들을 대상으로 물어 보았다. 놀랍게도 결과는 두 집단의 그 중간쯤인 15% 정도가 신고하겠다고 했다.

왜 이렇게 세대 간 가치관의 차이가 존재하는가? 해석은 다양할 수 있다.

하나의 해석은 사회 전반적인 가치관이 바뀌었다는 것이다. 즉, 과거에는 인륜은 천륜이라는 것이 사회 전반적인 가치관으로서 법이나 규정보다 우 선시되었고 그러한 분위기에서 성장한 과거세대는 법보다 인륜을 중시했는 데, 현 세대는 인륜보다 법을 더 중시하는 것으로 바뀌었고 이러한 분위기 에서 성장하여 법의 중요성을 더 강조하게 되었다는 것이다.

또 하나의 해석은 사회 전반적인 가치관 및 분위기는 변화가 없으나 사람 이란 나이가 듦에 따라 삶의 경험에 의해 그 가치관이 바뀔 수 있다는 것이 다. 즉 나이가 어릴 때에는 의협심에 의해 법과 원칙에 따르는 것이 사회정의를 실현할 수 있는 것이라는 믿음을 가지게 되나, 살아가면서 가까운 사람에 대한 중요성과 애착을 경험함으로써 인륜에 더 많은 가치를 부여하게 된다는 것이다. 물론 부모의 자식에 대한 감정과 자식의 부모에 대한 생각이 다르기 때문에 생긴 결과라고 할 수도 있으나, 연령대가 높은 세대에게 같은 주제로 그들 부모에 대해 어떻게 할 것인가란 질문을 해도 대부분 신고하지 않는다고 할 것이다.

어떤 해석을 따르더라도 법과 윤리 사이의 우선순위에 대한 가치관에 있어 세대 간의 차이는 분명히 존재하는 것 같다. 어느 생각이 옳다고 단정지을 수는 없지만 앞으로 우리 사회가 어떤 방향으로 나아가는 것이 바람직할지에 대한 진지한 논의는 필요하지 않을까 한다. 이러한 논의와 이에 따른 결론에 대한 공감대 확산은 바람직한 사회질서 및 정의의 확립을 위해서도 중요하지만, 세대 간의 오해와 불신을 줄인다는 점에서도 매우 중요하다.

다양한 사람들이 모인 사회나 조직에서 법과 형벌에 의한 통제는 사회정의 실현을 위해 아주 효율적일 수 있다. 하지만 법과 원칙 그리고 이에 따른 처벌만이 존재하는 사회가 과연 바람직한 사회일까? 부작용 또한 적지 않을 것이다. 필자는 예전에 아파트 단지가 아닌 일반 주택가에 산 적이 있다. 그곳은 서울 도심임에도 불구하고 정해진 주차구역 외에 주차한 차가 거의 없는, 아주 질서 정연하고 깨끗한 동네였다. 이사 온 지 얼마 되지 않은 어느 날 출근하다 집에 핸드폰을 두고 나온 것이 생각나 잠시 주차가 금지된 집 앞 공간에 차를 세워둔 적이 있다. 놀랍게도 그 짧은 사이에 내 차에는 주차위반 딱지가 붙어 있었다. 이사 온 지 불과 한 달도 지나지 않아 같은 일이 세 번이나 일어났다. 이곳에 사는 사람들이 주차질서를 잘 지키는 이유 중 하나를 그때서야 알게 되었다. 그것은 주차위반 차량을 보면 이곳 주민들은 바로 구청에 신고를 한다는 사실이었다. 그 후로 나는 아무리 짧은 동안이어도 주차가 금지된 곳에 주차하지 않고 주차장에 제대로 주차하게 되었다.

거듭된 처벌에 의해 나도 법과 원칙을 철저히 따르게 된 것이다.

그런데 내 심리에 이상한 변화가 생겼다. 이웃사람들을 보면 "혹시 저 사람이 그때 나를 신고한 사람이 아닐까?" 하는 의구심이 들고, 그들에 대해 알 수 없는 경계심과 적대감을 갖게 된 것이었다. 그리고 더욱 놀라운 일은 혹시 주차위반을 한 차가 없는지 유심히 주위를 살피고, 이를 신고하려고 하는 나를 발견할 수 있었다. 질서 정연한 것도 좋지만 주위 사람들에 대한 불신, 적대감 그리고 주위 사람들의 잘못을 캐내려는 나의 추한 모습이 싫어져서 결국 나는 6개월 만에 그 동네를 떠나게 되었다.

법과 원칙에 따른 통제보다 강력하고 효과적인 통제는, 주위의 사랑하는 사람들의 기대를 저버리지 않기 위해 스스로 통제하는 것이다. 나는 크고 작은 많은 실수와 잘못을 저지르며 살아왔다. 그리고 나의 성향으로 볼 때 법과 원칙에 따라 성실하게 살아가기보다는 내가 하고 싶은 대로 자유롭게 사는 것을 더 좋아 하기에 사회적으로 지탄과 비난을 받고 살 가능성이 아주 높다. 하지만 내 앞에는 내가 치명적인 실수와 잘못을 할 수 없게 가로막고 있는 높은 벽이 존재한다. 나는 그 벽을 넘지 못하거나 넘더라도 금방 다시 돌아오곤 했다. 과연 그 높은 벽은 어떻게 형성된 것인가?

10년 전에 작고하신 부친은 매우 고지식하고 완고하며 공정하지 못한 분이셨다. 엄격한 유교적 가풍 하에서 살아오신 부친은 누나와 남동생보다 장남인 나에 대해 많은 편애를 하셨다. 어렸을 때도 자식들 사이에 다툼이 생기면 잘잘못은 전혀 따지지 않고 무조건 내 편만 드셨다. 나이가 들어 우리 자식들이 부모님을 모실 때가 되어도 여전히 부친은 무조건 내 편이셨다. 어느 정도였는가? 두 가지 예를 들겠다.

나는 직장 생활을 하다 미국으로 유학가기 전에 작은 소형차를 운전하고 다녔다. 당시 내 동생은 치과를 개업해 꽤 많은 돈을 벌고 있을 때였고, 그래서 차도 고급 중형차를 타고 다녔다. 하루는 부친께서 동생을 불러 이렇게 말씀하셨다. "형하고 차 바꿔라. 형이 동생보다 작은 차를 타고 다니는 것은 안 된다. 그리고 집안 행사 시 내가 형 차를 타야지 네 차를 탈 수 없지 않느냐?" 너무나 비합리적인, 동생 입장에서는 매우 공정하지 못한 처사였으나 부친은 아랑곳하지 않으셨다.

부친의 칠순을 맞이하여 우리 삼남매는 균등하게 돈을 모아 가족들 간의 식사 모임과 부모님 여행을 해결하였다. 이때에도 부친은 누나와 남동생을 불렀다. 교수인 필자는 다른 두 사람보다 경제적으로 어려우니 돌려주라는 것이었다.

그렇게 공정하지 못하고 편파적인 부친의 말씀이나 행동이 일관되게 나에게 준 메시지는 "나는 어떤 일이 있어도 네 편이다"란 것이었다. 같은 자식과의 관계에서도 장남에 대한 당신의 메시지가 그만큼 강력했으니 다른 사람들과의 관계에서는 그 강도가 얼마나 더 강력했겠는가?

내가 큰 잘못을 저지를 수 없게 가로막고 있는 높은 장벽은 다름 아닌 "나는 어떤 일이 있어도 네 편이다"며 정말 우직하게 나를 신뢰하고 있는 부친을 배신하거나 실망시킬 수 없다는 무언의 강력한 심적 압박이다. 나를 그토록 철저하게 믿고 계신 분이 내가 어떤 사람이 되었으면, 그리고 어떤 의미 있는 일을 했으면 하고 기대하는 바를 누구보다 잘 알고 있으면서 바로 그분의 기대와 신뢰를 저버리는 것은 아무나 할 수 있는 일이 아닌 것이다.

법과 규정을 지키는 것은 기본적인 사회 정의와 질서 유지를 위해 반드시 필요하다. 하지만 눈에 보이는, 명목적인 법과 규정은 지키면서도 기본적인 사회질서와 정의를 위한 취지에는 반하는 일들은 얼마든지 가능한데, 과연 그런 명목적인 법과 규정을 지키기 위해 서로의 잘못과 비리를 캐서 신고하는 사회, 그래서 서로 간에 경계와 불신이 만연한 사회가 바람직한 것일까? 아끼고 사랑하는 주위 사람들을 절대적으로 믿고 그 믿음에 대한 배신을 하지 않기 위해 최선을 다하는 사회는 법과 원칙을 고집하는 사회보다 나쁜 것일까?

　유교에 문외한이지만 논어(論語)에 나오는 얘기 중 기억나는 것이 있다. 초나라 섭 지방의 대부인 섭공이 공자에게 자기 지방의 정직한 청년을 자랑삼아 이렇게 얘기하였다. "우리 마을에 정직한 사람이 있습니다. 그는 자신의 아버지가 양을 훔치자 그 사실을 증언했습니다." 이에 공자께서 이렇게 말씀하셨다. "우리 마을의 정직한 사람은 그와 다릅니다. 아버지는 자식을 위해 그런 일을 숨기고, 자식은 아버지를 위해 그런 일을 숨깁니다. 정직은 그런 가운데 있습니다." (葉公於孔子曰 吾黨有直躬者 其父攘羊 而子證之 孔子曰 吾黨之直者 異於是 父爲子隱 子爲父隱 直在其中矣)

　공자의 말씀은 단지 부자간의 잘못을 서로 숨겨주는 것이 중요하다는 것이 아니라, 서로의 잘못을 이해하고 용서함으로써 상대에게 사랑과 신뢰를 주고 그 상대는 자신을 절대적으로 사랑하고 신뢰하는 사람의 기대를 저버리지 않기 위해 반성하고 다시는 그런 일을 하지 않기 위해 최선을 다하는 것이 중요하다는 뜻이 아닐까 한다. 이것이 중요하다. 내 자식, 내 학생에 대해 나는 그렇게 하고 싶다.

상호의존이 확대되는 미래 국제사회, 우리의 대응은?

최동주 숙명여자대학교 글로벌서비스학부 교수

"창사 이래 최악의 시장환경" "물러설 데가 없다" "비상경영 수준의 쇄신"……. 지난 수십 년 간 연초에 어김없이 기업의 사내 신년사를 장식하고 주요 경제지 1면에 빠짐없이 큰 활자로 실리던 문구들이다. 우리 기업들은 개발과 성장의 시대를 거치면서 어둡고 막막한 시장환경과 경영환경을 '불가피하게' 예측하고 허리띠를 졸라매며 경쟁을 뚫고 지금의 경쟁력을 유지해왔다. 대한민국이라는 국가도 마찬가지이다. "고유가 지속으로 암울한 한국경제" "고환율에 멍드는 수출 환경" "중국과 일본 사이의 넛크래킹"……. 탈냉전기 개방성이 제고된 세계경제의 환경에서 우리는 또 다른 초조감과 불안감 속에서 하루하루를 버텨오며 생존해온 것으로 느낀다. 정신을 바짝 차리지 않는 한 대한민국 사회는 바로 나락으로 떨어질 것으로 믿는 데 익숙해져 있기도 하다.

사실 우리 사회만 조급함과 초조함을 유지하는 것은 아니다. 프라임 모기지 사태가 빌미가 된 재정위기를 심하게 겪은 뒤 처절한 회복의 노력을 경주하고 있는 세계 최대 강국 미국, 그리고 2대 경제강국으로 군림하던 일본도 장기침체를 벗어나기 위해 극단적인 방법을 쓰며 아베노믹스라는 것을 주창한다. 조만간 미국을 집어삼킬 거라고 언론이 주장하던 중국도 성장 조정기에 들어가 '신창타이'라는 내수 중심의 경제안정 전략을 추구하는 기조를 유지하고 있다. 하나의 대륙경제를 표방해온 EU도 동구 회원국을 끌어안고 후유증을 심하게 앓는 신음을 거듭하며 돌파구를 찾고 있다. 중동의 자원부국들도 초조하긴 마찬가지이다. 고갈되는 자국의 화석원료를 대체할 경제가치의 창출을 위해 경제구조는 물론 외교전략이나 사회문화적 가치와 제도의 변환도 마다하지 않고 있다. 이란의 핵협상 타결과 UAE와 카타르의 여성해방과 민주화 추구가 이를 방증한다.

치열함과 초조함, 경쟁과 승리, 갈등과 외면, 목적달성과 성취와 같은 화두들이 한국사회 뿐 아니라 전 세계를 달구고 있는 것이다. 목적이 국가경제 차원의 압도이든 뒤늦은 민주화의 추구이든, 그건 문제가 되지 않는다. 그저 보다 빠르게 앞으로 가려는 국가들의 경쟁인 것이다. 그렇다면 왜 모든 국가들, 특히 이들 잘 사는 국가들이 부의 축적과 높은 복지수준의 유지에도 불구하고 어떤 미래를 염두에 두기에 그리 다급하게 변화를 모색하고 또 다른 경쟁에 참여하려고 하는가? 그 모색과 참여는 과연 어떤 미래의 종착점을 전제로 추구되는 것인가?

이제까지 국내는 물론 국제사회에 팽배해온 다급하고 초조한 긴장감과 위기감은 어쩌면 달콤한 미래를 위해 인간사회가 감내할 수 있는 수준의 한계 안에서 형성되고 작동되었을 수 있다. 특히 특정 영역의 제한적인 구성원을 지닌 국가사회의 성장과 발전을 위한 필연적 경로의 추종에서 그 원인을 찾을 수 있다. 즉 배타적이고 상대적인 성공과 우월을 위한 경쟁 과정의 배태 요소이자 부산물일 수 있다는 것이다.

하지만 다가올 미래의 환경은 과거의 것과 다르고 국가별 접근의 동기와 목적도 사뭇 지난 시절의 그것과 다르다. 미국경제 회복의 견인은 대거 유입된 중국자본이 추동한 부동산 가격의 회복과 이로 인한 금융건전성의 회복이라는 주장이 압도적이고, 심각한 재정위기에 빠져들던 EU경제의 성장률이 플러스로 전환된 것은 미국의 원유생산 개시로 인한 저유가의 지속과 러시아 천연자원에 대한 의존도의 축소에서 그 원인을 찾는다. 수출주도에서 내수성장과 국내의 사회문화적 안정에 더 중심을 두는 중국의 신창타이 전략은 가장 큰 규모의 해외발행 미국 국채를 보유한 중국의 자신감에서 비롯되었다는 평가이다. 일본의 아베노믹스는 폐쇄적인 자국 시장의 개방과 투자와 연관된 규제의 철폐에서 시작되었고 정치군사적 영역의 영향력은 지역을 넘어 국제사회로 확산시키려는 움직임을 보인다. 이란을 필두로 한 중동의 맹주들은 핵협상에 임하고 월드컵 개최를 주도하는 등 지구사회에 더욱 친화적으로 다가가는 경향이 뚜렷해지고 있다. 자국경제의 경쟁요소, 즉 노동력이나 기술 혹은 천연자원에 의존하는 배타적이고 보호주의적 발전전략을 탈피하고 보다 강화된 국제사회에의 상호의존성을 통해 위기 극복과 지속성장을 모색하는 국제적 추세는 무엇을 의미하는가?

이스라엘을 주목할 필요가 있다. 디아스포라 민족국가인 이스라엘은 역내의 정치경제적 고립성에도 불구하고 세계 최고 수준의 국제경쟁력을 지닌 과학기술 국가로 자리매김하고 있다. 이민 유대계 자본이 창설하고 운영하는 국제금융산업의 핵심기업은 조국의 과학기술 발전을 가능하게 하는 디딤돌이었고, 세계 최고 수준의 창업국가를 가능하게 했다. 그들에 대한 국제사회의 차가운 경계의식과 질시에도 불구하고 말이다. 하지만 이스라엘과 같은 국가는 지구상에 많지 않다. 그들과 같은 길을 가기 위한 환경을 거의 모든 국가들이 공유하고 있지 않다.

그렇다면 얽히고설킨 상태로 생존하고 번영하는 미래 환경 속에서 개별국가가 가야할 방향은 무엇인가? 수구적이고 국수주의적인 배타적 가치는 여전히 주권국가의 발전과 성장을 위해 유효한 것인가? 어느 수준까지의 개방성을 유지하며 완전 개방을 전제로 한 미래사회에 대비해야 하는가? 정말 어려운 질문들이다.

고령화 속도가 지구상에서 가장 빠르고 출산율이 가장 저조한 OECD 회원국이 대한민국이다. 정치권은 대선 때마다 외치고 있지만 고도 성장기를 넘어 저 성장기를 어쩔 수 없이 맞이하고 이를 중차대한 위기로 인식하는 국가도 대한민국이고, 그 인식을 적극 활용하는 집단은 우리 정치권이다. 가치 있는 천연자원은 애초에 존재하지도 않았고, 열정적인 교육열로 양질의 노동력을 스스로 생산하여 거기에 거의 절대적 의존을 해온 나라이기도 하다.

이렇게 보면 기업과 정부가 매년 허리띠를 졸라매고 위기에 대응할 것을 적극적으로 주문하는 것이 이해가 간다. 하지만 이제 대한민국은 '위기를 극복하고 기적을 이루는 성장과 발전'의 관념적인 틀로부터 벗어나야 한다. 우리 사회의 구성원도 국제사회도 대한민국이 그러한 틀 속에서 미래에 더 번영할 국가라고 생각하지 않는다. 그렇다면 대한민국 사회는 미래 번영을 위해 어떤 가치 프레임과 전략적 방향성을 유지해야 하는가?

우선, 대한민국과 국가의 구성원은 지구사회를 향해 더 '얽히고설키는 데' 전력을 다해야 한다. 우리는 냉전기에 미국의 도움으로 안전한 보호주의 무역의 혜택을 받으며 성장한 국가이다. 90년대 말 자의보다는 타의에 의해 지니게 된 전면적 개방기조가 국제사회로의 편입을 가능하게 했고, FTA 적극 추진과 유엔 사무총장의 배출 등 다자협력을 통한 국제사회에서의 역할을 자임하고 있는 것은 매우 다행스런 일이다.

그러나 보다 근본적인 수준에서의 대응이 미래에는 요구된다. 경제뿐 아니라 민족의 미제인 남북간 평화와 더 나아가 통일을 위해서는 훨씬 확대되고 심도 있는 다자 협력제도의 활용이 필요하다. 우리의 글로벌 기업들도 다소 소극적이고 형식적인 CSR 수준을 넘어 그들의 성장을 가능하게 하는 생산과 판매의 현지시장에 더 높은 수준에서의 접근을 시도해야 한다. 이미 글로벌 CSR이라는 용어는 사라지고 글로벌프로젝트파이낸스(GPF: Global Project Finance)라는 개념의 사업들이 세계 최고 기업들을 중심으로 전개되고 있다. 로컬의 진정한 니즈와 지속성장을 가능하게 하기 위해 소외된 지역이나 국가의 연구진을 참여시키는 통합적 사회공헌 기법이다. 결국 국가브랜드의 가치는 우리 기업과 정부가 추구하는 사업이나 행사에 의해 좌우되는 것이 아니라 그들이 지구사회를 위해 추진하는 새로운 가치들에 의해 평가되고 좌우될 것이다.

둘째, 모든 국민이 외교관인 시대가 다가오고 있다는 점이다. 미래학자들과 과학자들은 20년 이내에 전 세계는 일일생활권을 접하게 될 것이라고 확신하고 있다. 지금도 폭증하고 있는 해외교류 국민들의 수가 몇 배로 증가할 것임은 자명하다. 현지에 거주하는 외교관보다 더 많은 국가에서 더 많은 교류를 수십만, 수백만의 국민이 담당하고 수행하는 시대가 오는 것이다. 글로벌시민으로서의 의식과 소통능력을 갖추게 할 교육시스템이 절실하다. POST-MDGs(새천년개발계획 이후) 시대인 2016년 이후 UN의 정책어젠다는 다름아닌 지속가능목표(SDGs)이고 그 핵심과제는 글로벌시민교육이다. 과거의 필수이수 교과였던 국민윤리 과목을 글로벌시민윤리로 바꾸어야 할 날이 다가옴을 직시하고 준비를 서둘러야 한다.

마지막으로 대한민국이라는 사회의 공통가치의 창출에 최선을 다해 준비를 해야 한다. 상호의존도가 높아지는 국제사회에서는 국가의 정체성이 모호해지는 상황이 빈번히 발생한다. 분단의 극복, 새로운 산업과 경제적 가치의 창출 등은 미래의 도전이고 우리가 힘을 합쳐 풀어야 할 고유의 과제이다. 이 과제의 극복은 우리의 가치가 발현될 때 가능하다. 그 가치는 이 시대를 힘들게 이끌어온 우리 역사 속의 리더십에서 찾을 수 있다. 그들은 우리의 관심으로부터 멀어져 있지만, 대한민국에 대한 국제사회의 관심이 증폭

되면서 다시 주목받고 있다. 얽히고설키지 않았던 시절에 몸을 바쳐 오늘의 대한민국을 있게 한 그들을 배우고 느낄 때, 우리는 우리의 공동가치를 창출하고 미래사회의 도전에 대비할 수 있다.

지식인들의 이상주의와 야성의 상실

최진덕 한국학중앙연구원 교수·철학

　미래를 내다보려면 과거를 돌이켜보아야 한다. 과거가 현재를 낳고 현재가 미래를 낳기 때문이다. 과거학은 미래학의 필수 전제다. 10년 뒤 우리 사회의 최대 문제 역시 그게 어떤 것이건 간에 지난날 우리 역사의 산물일 것이다. 다시 말해 식민지와 분단과 전쟁과 빈곤으로 얼룩진 20세기 이후 우리 현대사의 비극과 이 비극을 극복하기 위한 엄청난 노력의 도정 자체가 장차 우리의 미래 사회를 괴롭히는 문제의 뿌리가 될 것이다.

　심각한 문제는 많겠지만 필자는 전공이 철학인만큼 정신적 차원에 초점을 맞추고 우리 역사를 돌이켜보면서 10년 뒤 우리 사회의 가장 심각한 문제가 무언지에 대해 한번 예상해보고자 한다. 결론부터 말하면 유교화 내지 중국화로 말미암아 조선조 오백년에 걸쳐 죽어만 가던 저 야성(野性)이 우리 민족사의 최저점에 해당하는 20세기 우리 현대사의 비극 속에서 불현듯 되살아났다가 경제적 풍요와 함께 이상주의가 부활하면서 다시금 죽어가고 있다는 것, 바로 이것이 가장 심각한 정신적 차원의 문제가 아닐까 한다.

　조선조 오백년은 남의 나라 중국 고대 공자와 맹자의 가르침과 송대 주희의 가르침에서 유래하는 유교적 이상주의에 의해 지배되었다. 그 결과 조선은 임진왜란과 병자호란을 겪은 다음에도 수백 년 동안 아무 반성 없이 지지부진하다가 결국 일본의 식민지로 전락하고 말았다. 해방이 되어도 부강한 근대국가는 요원했다. 식민지는 분단으로 이어졌고 분단은 전쟁으로 이어졌다. 식민지와 분단과 전쟁의 비극이 우리에게 남긴 최종적 상처는 50년대와 60년대의 참담한 빈곤이었다.

참담한 빈곤의 연원이 전쟁과 분단과 식민지에 있고 더 거슬러 올라가 빈곤을 예찬하던 조선조 주자학에 있다면 빈곤을 극복하기 위한 박정희의 경제개발은 우리 현대사의 비극 전체를 극복하기 위한 노력일 뿐만 아니라 조선조 이래 우리 민족사의 흐름을 바꾸기 위한 노력이라 볼 수 있다. 박정희의 역사적 노력은 이상주의적 경향을 가진 수많은 지식인들의 반대에도 불구하고 성공을 거두었다.

빈곤의 극복이 갖는 의미는 역사적 차원에 그치지 않는다. 빈곤은 인간다운 삶을 불가능하게 만들고 더 나아가 삶 자체를 위협한다는 점에 주목해야 한다. 빈곤은 그 어떤 역사적 비극보다 더 비극적인 현상이다. 식민지를 극복하여 독립을 성취하고 분단을 극복하여 통일을 성취하더라도 빈곤이 극복되지 않는다면 별 의미가 없다. 심지어 전쟁을 극복한 평화까지도 빈곤이 지속되는 한 별 의미가 없다. 인간이란 이기적 욕망의 덩어리이다. 그런 인간의 현실을 직시할 때 비로소 무책임한 낭만적 이상주의와 결별하고 현실적 실용주의에 귀를 기울일 수 있다.

우리 현대사의 비극적 현실을 수락하고 "조국근대화"의 기치 아래 비극적 현실과 과감하게 맞섰던 개발연대에는 유교적 이상주의가 지배하던 조선조와는 정반대로 현실적 실용주의가 팽배했다. 조선시대에는 천시 받던 군인과 기업인이 정치와 경제의 주역으로 등장한 것이 그 단적인 증거다. 하지만 자본주의적 경제성장이 궤도에 오른 80년대 이후 또 다른 이상주의가 지식인사회를 풍미하기 시작했다. 서구 근대로부터 수입된 민주적 이상주의

200

가 그것이다. 조선시대 주자학자들의 유교적 이상주의가 종족 단위의 목가적 농촌사회를 꿈꾸었던 것과 비슷하게, 80년대 이후 우리 지식인들은 민주적 이상주의에 입각하여 군부 출신이 주도하던 당시의 정치체제와 성장 위주의 경제개발방식을 비판하다가 급기야는 빠른 속도로 좌경화하여 평등하게 더불어 잘사는 사회주의 사회를 꿈꾸기에 이르렀다.

민주적 이상주의에 열광하던 지식인들은 박정희의 경제개발을 평가절하하고 부국강병이라는 국가목표를 조선조 주자학자들처럼 치지도외하거나 혹은 범죄시했다. 현실주의와 실용주의를 거부해온 조선시대 이래 이상주의적 전통이 우리 현대사의 참담한 비극과 그 치열한 극복의 과정에서 잠시 숨을 죽였다가 다시 되살아난 셈이었다. 90년대 말 이후 좌파정권이 두 번이나 연이어 등장한 것은 지식인들의 이상주의적 열망이 정치 현실에 반영된 결과였다. 그 후 좌파정권에 실망한 생활현장의 일반 국민들이 이명박 대통령과 박근혜 대통령을 선택하면서 좌파적 이상주의는 현실적 기반을 상실해가고 있는 것이 아닌가 하는 느낌을 주고 있다.

하지만 현실적 기반 따위에는 아랑곳하지 않고 옳은 건 옳다고 동어 반복적으로 외치는 지식인들의 이상주의적 열망은 아직 수그러들지 않고 있다. 소통, 힐링, 꿈, 자연, 느림 등 오늘날 유행하고 있는 소녀 취향의 단어들 속에도 이상주의적 열망이 숨어 있다. 현실보다 책을 우선시하는 지식인들은 동서고금을 막론하고 이상주의적 경향이 강하지만 우리의 경우 조광조 이래 오늘에 이르기까지 이상주의적 경향이 심해도 너무 심하다. 요순의 나라를 16세기 조선 땅에서 회복하려 했던 주자학자 조광조의 유교적 이상주의도 끔찍하지만 주체사상이 보여주는 북한식 사회주의의 해괴한 변태적 양상이라든가 북한 동포의 참혹한 현실을 보고도 모른 채 하는 남한 지식인의 야릇한 행태 따위는 이상주의가 극단화될 때 나타나는 병리 현상이다.

적어도 오백 년 이상의 전통을 가진 지식인들의 이상주의적 경향은 10년 뒤에도 수그러들지 않을 듯하다. 그 사이에 운이 좋아 남한 주도로 통일이 된다 하더라도 우리 지식인들은 망해버린 북한의 사회주의를 정의로운 이념으로 고집하면서 통일 한국의 현실을 사사건건 비판할 가능성이 짙다. 세계에서 가장 강력한 사대 강국의 이해관계가 교차하는 한반도에서 살아가는 지식인들이 이상주의에 집착하고 국제사회의 현실을 있는 그대로 보지 못한다면 결과는 파국적일 것이다. 약소국일수록 현실적이고 실용적이라야 생존에 유리하다. 이상을 기준으로 강대국들의 행태를 자꾸 비판하다 보면 약소국의 지식인들은 이상주의에 더 기울게 된다.

살아있는 존재가 다 그렇듯이 인간 역시 삶에의 의지로 가득 차 있고 또한 자기중심적이다. 이기적 욕망의 덩어리들로 가득 찬 인간세계의 현실은 늘 대립과 갈등과 투쟁으로 가득 차 있기 마련이다. 인간세계의 비극적 현실을 있는 그대로 직시하는 지혜(wisdom), 그리고 비극적 현실을 긍정한 다음 거기에 발을 딛고 미래를 향해 나아하는 용기(courage)가 필요하다. 그런데 이상주의적 지식인들은 대립과 갈등과 투쟁의 현실세계를 넘어 화해와 사랑과 평화의 이상세계를 꿈꾼다. 대립과 갈등과 투쟁이 전혀 없는 순수한 화해와 사랑과 평화는 세상에는 존재한 적이 없다.

그런데도 이상주의자들은 순수한 이상세계가 있다고 믿고 그것을 기준으로 현실세계를 비판한다. 순수한 이상을 기준으로 선악이 뒤섞인 현실을 평가하다 보면 비판은 끝이 없다. 끝없는 비판은 절망을 낳거나 아니면 폭력을 낳는다. 혼자 절망하다가 나자빠지면 세상에 큰 해악을 끼치지 않겠지만 현실을 억지로 바꾸기 위해 폭력을 행사하는 순간 세상은 더 나빠진다. 레닌의 러시아혁명이나 모택동의 중국혁명은 러시아나 중국을 예전보다 더욱 나쁘게 만들었다.

순수한 이상세계는 지식인들이 읽은 책 속에 문자로 존재하거나 아니면 지식인 자신들의 머릿속 관념으로 존재할 뿐이다. 순수한 이상세계는 허구에 불과하다. 지식인들은 왜 현실세계를 직시하지 못하고 허구의 이상세계에 집착할까. 그들은 왜 현실보다 책을 더 존중할까. 그들은 왜 현실 앞에서 터무니없이 오만할까. 그들은 대립과 갈등과 투쟁으로 가득 차 있는 비극적 현실세계를 선악의 도덕적 판단 없이 있는 그대로 받아들일 수가 없기 때문이다. 비극적 현실세계 속으로 들어가 그 안에서 보다 나은 미래를 위해 분투할 수가 없기 때문이다. 다시 말해 지혜도 없고 용기도 없기 때문이다.

대립과 갈등과 투쟁으로 가득 찬 비극적 현실세계는 옛날이나 지금이나 야만적이고 잔인하다. 우리가 화해와 사랑과 평화를 기대하더라도 그런 비극적 현실세계 안에서 대립과 함께 있는 화해, 갈등과 함께 있는 사랑, 투쟁과 함께 있는 평화만을 기대할 수 있을 뿐이다. 있는 것이라고는 오직 그런 비극적 세계뿐임을 직시하고 그 세계와 정면으로 대결하여 비극을 극복하려면 무엇보다 먼저 야성이 필요하다. 잠시도 쉬지 않고 변화하는 혼탁한 현실세계를 넘어 불변의 순수한 이상세계를 추구하는 이상주의는 야성의 상실과 함께 온다. 야성의 상실과 더불어 지혜도 용기도 함께 사라진다.

공자는 군자의 조건으로 "문질빈빈(文質彬彬)"을 말했다. 문(文)은 자연을 세련되게 가공하는 문명이고, 질(質)은 도야되지 아니한 자연의 야성이다. 빈빈은 이질적인 것들이 조화를 이루고 있는 모양이다. 공자의 말은 서로 이질적인 문명과 야성이 조화를 이루어야 군자일 수 있다는 뜻이다. 문명이 없는 야성은 야만에 불과하지만 야성이 없는 문명은 타락에 불과하다는 것이 공자의 생각인 듯하다. 그런데 논어를 자세히 읽어보면 공자는 은근히 문명보다 야성을 더 근본적인 것으로 본다. 공자가 예(禮)를 인(仁)보다 낮추는 데서 그것을 짐작할 수 있다.

그러면 야성이란 무엇인가. 야성은 동물적 본능도 당연히 포함하지만 그보다 훨씬 더 근원적인 힘이다. 야성은 문명의 질서가 생기기 이전, 선악을 구분하는 도덕 이전의 텅 빈 마음, 이 우주의 근원과 일치하는 그 마음에서 우러나오는 힘이다. 다시 말해 야성은 무위(無爲)에서 나오는 유위(有爲)의 힘이다. 바로 그 힘이 지혜와 용기의 원천이다. 그 힘이 있어야 지혜로운 성자나 용기있는 영웅일 수 있다. 그런데 문명이 발달하고 도덕윤리가 강조되고 교육이 실시되면 인간의 마음은 점차 인위적인 것들로 가득 채워져 무위의 텅 빈 마음을 잊어버리고 야성의 힘을 상실하게 된다.

10년 뒤 우리 사회는 어떨까. 지금 20대, 30대 젊은이들 사이에서는 좌파 성향의 민주적 이상주의가 예전처럼 맹위를 떨치고 있지는 않다. 좌파 성향은 분명히 약화될 것으로 보인다. 그렇다고 속물주의가 맹위를 떨칠 것으로 예상되지도 않는다. 10년 뒤에도 어떤 형태의 이상주의이건 이상주의가 담론의 주도권을 잃지는 아니할 것으로 보인다. 이상을 포기하면 즉각 속물로 전락한다는 두려움이 있기 때문이다. 우리 젊은이들은 이상주의자보다는 이기적 속물이 더 나을지 모른다는 판단을 할 수 있을 만큼 실용적이지 않다.

게다가 경제적 풍요가 지속되는 한편 과도한 입시경쟁 속에서 과잉교육이 일반화되면서 소유가 너무 많아지고 너무 행복해짐으로써 10년 뒤에는 배고픈 자의 허기는 정말로 옛말이 되고 말지 모른다. 마음을 텅텅 비울 줄 알아야 되는데 경제적 풍요로 인해 마음이 식곤증에 빠지거나 과잉교육 혹은 과잉문명화로 인해 마음이 잡스러운 지식으로 가득 차게 된다는 말이다. 배부른 자와 배고픈 자가 경쟁을 하면 승리는 대개 배고픈 자의 몫이 된다.

무위의 마음에서 나오는 야성의 힘이 없이는 역사와 문명의 건강한 발전 역시 불가능하다. 우리 민족사의 최저점에 해당하는 현대사의 비극 속에서 우리는 모든 것을 다 잃어버리고 우리의 마음이 무소유 혹은 무위의 상태로 돌아감으로써 야성의 힘을 폭발시킬 수 있었다. 바로 그 힘이 개발연대를 추동한 근본적인 동력이었다. 하지만 10년 뒤 우리는 너무 많은 것을 소유하고 너무 행복해짐으로써 야성의 힘을 상실할지 모른다. 맹자는 "나아감이 빠른 자는 물러남도 빠르다"고 말한 적이 있는데, 우리는 빠르게 발전한 만큼 빠르게 몰락할지 모른다.

향후 10년, 리더 가뭄은 계속된다

백기복 국민대학교 경영대 교수

"한국의 경제위기는 리더십부재에서 비롯되었으며
현재 한국의 리더십은 달러보다 더 고갈되어 있다."
(1997년 12월 12일, Asian Wall Street Journal)

김영삼 정부 말엽, 우리정부가 한창 IMF의 깡드쉬 총재와 자금지원협상을 벌이고 있을 때, 아시아월스트리트저널(Wall Street Journal)은 한국경제 위기의 근본 원인이 리더십부재에 있다고 진단했다. 경제성장과 민주화-역사적으로 가장 짧은 기간에 두 과업을 성취해낸 대한민국에 리더십이 고갈되어 있다는 주장에 대해서 선뜻 동의하기 힘들 것이다. 하지만 한국역사를 들여다보면 리더가 만든 문제를 국민의 희생과 헌신으로 해결했던 사례들로 점철되어 있다는 것을 알게 된다. 외환위기도 같은 예에 해당하는 사건이었다. 문제는, 외환위기 후 20년 가까이 지나는 동안에도 한국의 리더십부재 원인이 해소되지 않았다는 점이다. 따라서 앞으로 10년 또는 그 후에도 내내 탁월한 리더를 고대하는 국민들의 갈증은 지속될 수밖에 없을 것이다.

리더는 방향을 설정하고 자원을 분배하며 많은 사람들에게 행동의 지표가 되는 나라의 소중한 자산이다. 하지만 리더가 나라를 엉뚱한 방향으로 이끌어가거나 자원배분의 우선순위를 잘못 설정하든가 그의 행동이 국민들에게 부끄러움을 주면 자산이 아니라 부채가 된다. 자산은 국민들에게 혜택을 주지만 부채는 국민이 갚아야 하는 부담이다.

한 국가의 리더층은 전체 인구의 약 0.1%에 해당한다. 한국의 경우 5천만 인구의 0.1%인 5만 명 정도가 대통령, 장관에서 초등학교 교장에 이르기까지 리더의 직위를 차지하고 있다. 이들 중에서 약 10%만이 자산의 역할을 제대로 한다고 본다. 조선왕조 518년 27명의 임금들 중에서 자산이 되었던 임금은 2~3명에 불과했다. 나머지 임금들은 백성들에게 태산 같은 부채였고 백성들은 그 부채를 갚느라 등골이 휘는 고통을 감내해야 했고 때로는 목숨까지 바쳤다. 오늘날에도 [0.1 x 10%의 원칙]은 그대로 적용된다.

한국의 리더십부재는 왜 지속되는 것이며, 또 어떻게 하면 [0.1 x 10%의 원칙]을 극복할 수 있을까? 우선 문제의 원인들을 정리해보자.

첫째는 한국의 리더들이 성장과정에서 방향설정, 자원의 합리적 분배, 모델행동 등 리더십 기술을 제대로 교육받지 못했기 때문이다. 유치원에서 대학원 교육에 이르기까지 우리의 교육은 리더를 키우기보다 1등을 가리는 데 집중되어 있다. 재능교육에 치우쳐 감성과 영성훈련을 소홀히 해왔다. 이런 교육을 받고 어른이 되면, 이기적 서열가치에 함몰되어 리더에게 필요한 보편적 공동체가치를 못 갖게 된다. 대통령, 장관, 국회의원, CEO, 또는 대학총장이 되겠다는 사람들 대부분이 '1등의 상징'이기 때문에 그 자리를 차지하려 한다. 나라와 회사와 대학을 위해서 남과 다른 무엇을 기여할 수 있는지에 대한 분명한 소명의식이 없다. 우리 사회에 존경할 만한 대통령, 회장, 대학총장이 드문 것은 1등교육의 소산이다.

둘째는, 한국의 리더들은 학교를 졸업하고 난 후에도 제대로 된 리더십훈련을 받지 않는다. 훈련된 리더의 행동은 정교해진다. 훈련을 받지 못한 리더의 행동은 타고난 성질이 지배한다. 성질대로 말하고 성질나는 대로 행동하므로 리더십실패(derailment)의 가능성이 커진다. 그 성질을 다 받아내는 것은 국민이요 회사원들이요 대학 구성원들이다. 그러므로 한국의 리더들은 공동체를 피곤하게 만든다.

셋째로 다른 나라 리더들에 비해 한국의 리더들은 '주도적 기획능력'이 크게 결여되어 있다. 사고의 폭은 인식의 넓이를 결정하고 인식지평은 주도적 기획능력에 결정적 영향을 미친다. 교육과 훈련을 제대로 못 받았으면, 독서나 직접 경험, 또는 자기성찰을 통해서 사고의 폭을 넓혀야 하는데 이마저도 못했다. 인식지평이 짧은 사람들의 행동은 남을 따라하는 데는 능하지만 스스로 계획하여 상황을 이끌어가는 데는 약하다. 저항과 분노와 고집에는 능하지만 큰 그림을 그리고 대세의 흐름을 형성하여 믿고 따르게 하는 주도적 기획에 취약하다. 군사, 외교, 경제, 교육 등 우리사회의 어느 분야를 보더라도 리더의 주도적 기획 흔적은 찾아볼 수 없다.

넷째는 상황이 요구하는 리더십과 리더들의 자질 간에 괴리가 매우 심각하다는 점이다. 디지털이 뉴 노멀(the New Normal)이 되어있는 오늘날에 요구되는 리더십은 '공유의 리더십'(shared leadership)인데 한국의 리더들은 대체로 수직적 리더십만 고집한다. 한국도 이제는 디지털시대에 태어나고 자란 디지털네이티브(digital native)의 비율이 50%에 육박한다. 하지만 아날로그시대에 태어나 디지털시대를 살고 있는 디지털이민자(digital immigrant) 리더들 대부분은 혼자 뛰는 리더십에 익숙해 있다. 일부 리더들이 공유리더십을 실험하지만 공유의 남용으로 엉뚱한 부작용만 낳고 말았다. 국민인식에 비해 리더들의 자질은 10년 이상 뒤쳐진 느낌이다.

리더 고갈의 상황에서도 나라가 굴러가고 있는 것은 탁월한 국민의 헌신 덕분이다. 나라가 자녀에게 못해주는 제대로 된 교육을 시키기 위해 집을 팔아 조기유학 보내고, 나라가 힘들다고 돌 반지를 내놓고, 경영주가 제발 휴가 좀 가라고 종업원들에게 애원하는 나라는 대한민국밖에 없다. 국민의 헌신이 오늘의 한국을 만들었다. 그렇다면 앞으로는 국민이 좀 편안해질까? 슬픈 일이지만, 이대로 흘러가면 10년 내에 1997년의 그 리더십부재 기사를 또 읽게 될 것이다. 대책을 찾아야 한다.

무엇보다도 이제는 국민이 나서야 한다. 특히 국민이 나서서 정치판을 갈아야 한다. 오늘날 정치리더들은 상당수가 박정희 대통령의 그늘 아래 성장했거나 그에 저항하면서 리더의 자리를 차지했다. 그러나 산업화와 민주화를 이룩한 오늘날에는 박정희 시대에 자라난 리더들의 역할은 역사적으로 끝났다. 그들의 역량과 경험이 향후 10년 또는 그 이후의 시대를 이끌어가기에는 역부족이다. 주도적 기획역량을 갖춘 새로운 리더들을 발굴해내서 나라와 각 조직의 리더로 새롭게 세워야 한다.

아울러, 교육이 바뀌어야 한다. 가장 중요한 것은 '교실 혁신'이다. 교육의 가장 중요한 부분은 교실에서 일어난다. 교실(class room)은 지식전달의 장소일 뿐 아니라 학생들의 일생을 좌우하는 가치관 형성의 장(場)이다. 교육환경도 중요하지만 더욱 중요한 것은 교실에서 일어나는 교사와 학생 간의 교류의 질(質)이다. 교사들의 사명감을 회복시켜야 하고 보편적 리더십역량 개발과 주도적 기획능력의 배양을 최고의 교육목표로 삼도록 해야 한다. 물론 별도의 리더십훈련도 필요하다. 미국에서는 초등학교 4학년부터 리더십 교육을 필수로 받는다. 지역사회와 학교, 그리고 국가를 위해서 각자 무엇을 기여할 수 있는지를 자연스럽게 고민하게 만든다.

또한 리더십교육을 제대로 받을 수 있는 기관(institute)의 설립이 필요하다. 일본은 마쓰시다 정경숙이 일본 각료와 의원들의 상당 숫자를 배출하면서 소위 '숙(塾)'을 통한 리더육성이 붐을 이루고 있다. 중국에는 당교(黨校)가 리더육성의 역할을 하고 있으며, 미국의 경우에는 하버드대학 케네디스쿨을 비롯하여 리치몬드대학, 메릴렌드대학, MIT 등 많은 대학들이 리더육성 기관을 운영한다. CCL(Center for Creative Leadership) 등 사단법인을 통한 리더육성도 큰 역할을 한다. 리더육성전문기관은 좌와 우의 사상적 편향이나 서울과 지방의 지역적 구분, 부자와 가난한 자의 차별, 또는 위와 아래의 선 그음 없이 누구나 참여하여 토론하고 배울 수 있도록 운영되어야 한다.

끝으로, 리더가 성장할 수 있는 리더생태계를 조성하는 것도 필요하다. 일찍이 세종대왕의 처조카 강희안은 『양화소록(養花小錄)』 서문에서 '습한 곳에는 습기에 잘 견디는 화초가 자라고 건조한 곳에는 또 그에 맞는 식물이 자란다. 인재도 환경에 맞는 자만이 살아남는다.'라는 취지의 기록을 남겼다.

한국에서 성공하는 리더는 한국생태계에 적합한 리더들이다. 그러므로 탁월한 리더를 갖고 싶으면 그들이 생존할 수 있는 생태계를 만들어줘야 한다. 이것은 리더를 평가하고 인정하고 지원해주는 가치문화의 혁신을 필요로 한다. 정치적 보복이 없는 문화, 참을 참이라고 말할 수 있는 분위기, 외집단(out-group)의 인재에게도 과감히 손을 내미는 관용, 파를 불문하고 리더를 국가의 자산으로 여기는 공유가치의 정립이 리더 우호적 생태계를 만든다.

향후 10년, 이들 대책들이 구현되어 2025년 12월에는 다음과 같은 기사와 만나게 되기를 기대한다.:

"선진한국은 리더육성에서 비롯되었으며
현재 한국인들의 리더십은 전 세계적으로 가장 탁월하다."
(2025년 12월 12일, Wall Street Journal)

불확실성의 시대, 인류 보편의 가치관을 가진 세계인을 키우자

이현숙 서울대학교 생명과학부 교수

불안의 시대

얼마 전 어느 유력 정치인에게 우리 대학생 한 명이 물었다. "지금 한국사회가 당면한 가장 큰 문제가 무엇입니까?" 그는 "저출산"이라 답하였다. 사람들이 아이를 낳지 않으면 인구가 줄어들고 그렇지 않아도 작은 내수 시장은 더 작아질 것이다. 노동 인력이 부족해지고, 젊은이들의 연금 부담이 증대될 것이다. 그뿐인가. 100세 시대를 살고 있는 지금, 과거를 살았던 노인들의 투표 성향이 현재를 살아가고 미래를 준비하는 젊은이들의 장래를 결정하게 될 것이니, 우리가 지금까지 믿어 의심치 않았던 '한국사회는 더 진보하고 발전한다'라는 생각은 이제 접을 수밖에 없게 되는 것이다.

나는 현재 한국사회를 대표하는 단어가 "불안"이라고 생각한다. 퇴임을 코 앞에 둔 장년들은 노후 걱정, 청년들은 일자리 걱정, 학교 다니는 아이를 둔 부모들은 대학입시와 사교육 걱정, 집 장만하느라 빚진 사람들은 집 값 떨어질까 걱정, 심지어 이젠 퇴임해도 끄떡없다는 공무원들도 연금이 예상

211

보다 깎일 판이니 걱정이 태산이다. 저출산 문제는 미래 세대에게 연금 부담을 더 안기게 될 것이 자명하다. 지금은 아무도 미래를 제대로 예측하지 못하는 것 같고 사람들은 불안해 한다.

왜 우리 사회는 "불안"이 키워드인 지경까지 갔을까? 혹자는 글로벌 경제의 불확실성을 그 원인으로 꼽는다. 그런데 미국과 유럽 일부의 경제가 서서히 위기에서 탈출하고 있다는데 한국사회의 불안함은 계속 더해만 가니 이유를 우리 바깥에서만 찾을 수 없다는 것은 자명하다. 나는 우리 사회 내부의 "부정의 심리"가 불안감을 조장하는 중요한 요소 중 하나가 아닐까 생각해본다.

언제부터인지 우리들은 진영을 나누어 서로 트집 잡고 사회적 권위까지 부정하기 시작했다. 존경 받던 법조인과 대학 총장도 청문회에 세워 놓으니 혼탁한 건 매한가지이더라, 돈을 많이 번 사람치고 위법하지 않은 사람 없더라, 파업의 뒤에는 사회 전복의 불순 세력들이 있을 것이다 등등. 끊임없이 쏟아져 나오는 메가톤급 사회 기사에 우리 모두 넉다운 되고 있다. 분명 좋은 사람들도 많고, 파업 또한 노동자들의 정당한 쟁의 행위인데 기자들은 음모론적이기까지 한 부정의 기사를 앞세운다. 그 결과, 모두들 더럽다고 하니 내 작은 흠쯤은 아무것도 아니라고 하는 자기 합리화의 도덕 불감증까지 팽배해가는 것 같다.

과학자의 시각으로 본 불안과 그 결과

생물학의 가장 중요한 개념은 생명체는 어떻게든 종(species)을 보존하려고 한다는 것이다. 종을 보존한다는 것은 우리의 유전자가 대대손손 이어진다는 것이다. 손을 잇는 것을 중요하게 생각하는 중국 사람들은 이렇게 이야기한다고 한다. "내가 하지 못하면 내 아들이, 내 아들이 하지 못하면, 그의 아들이 할 것이다". 중국인들은 대가 이어진다는 것을 자신이 오래 사는 것이라고 보았다. 이런 사상은 "안정감"의 근간이 된다.

생명체의 유전 정보 유지 기능은 한 세대에서 무병장수하는 데도 필수적이다. 사람들이 가장 두려워하는 질병인 암은 유전체 불안정성의 질병이다. 정상 세포보다 DNA의 돌연변이율이 백만 배 이상 올라가면 세포가 분열하면서 전혀 다른 세포로 변하게 되고, 그것이 암세포의 시작이 되는 것이다.

암세포의 돌연변이율은 엄청나다. 유전자 수준을 넘어 염색체 수준에서 변화한다. 분자생물학자인 필자는 현재 우리 사회의 예측 가능성이 사라져 가고 모든 것이 부정되며 모두가 미래를 불안해하는 작금의 현상이 암세포가 되기 직전의 불안 상태처럼 보여 우려를 금할 수 없다.

세포는 DNA가 손상되었을 때 이를 수정하는 분자 기작을 가지고 있다. 손상의 종류와 정도에 따라 어떤 DNA 복구 기작이 쓰일지 정해진다. 또, DNA와 염색체가 손상되었는지 모니터하는 시스템과 유전 정보 손상을 치료할 수 있도록 시간을 벌어주는 검증소, 체크포인트 시스템이 있다. 이 모든 복구 기작들은 서로 정교하게 맞물려 진화되었으며 생, 노, 병, 사를 결정하는 가장 중요한 의사 결정 단계를 구성한다.

건강한 세포처럼 우리 사회도 각각의 시스템들이 맞물려 돌아가면 좋겠다는 생각을 해본다. 우리 인간도 자연의 일부가 아니겠는가? 이상이 감지되었을 때 서로 협력하여 시간을 갖고 오류를 고쳐나간다면 안정된 미래를 보장 받을 수 있을 것이다. 이를 위해서는 서로 헐뜯고 싸울 것이 아니라 비전을 제시할 좋은 리더가 필요하고 그를 존중하는 사회적 합의가 필요하다.

진짜 리더

앞에서 우리 사회가 사실을 곧이곧대로 믿지 않고 음모론이 판치는 사회가 되어간다고 했다. 정치인들부터 쉽게 이기고자 네거티브 선거전을 펼치는 바람에 우리는 뽑아 놓은 정치 리더들을 믿지 못한다. 선한 리더십의 부재는 모든 것들을 부정하고 모두가 부패하다고 생각하게 하는 원인 중 하나다. 나아가 우리들은 우리 자녀 세대들에게 꿈을 위해 도전하고 자신보다 공동체의 이익을 먼저 생각하라고 가르치기보다, 손해 보는 일은 하지 말 것이며 장래가 불확실한 직업은 절대로 택하지 말라고 가르치기 시작했다. 이 상태로 우리가 지속가능한 성장을 할 수 있을까.

이러한 어느 날, 나는 희망을 보았다. 효암학원 이사장, '건달 할배 채현국'. 채현국 할아버지는 1960-70년대 흥국탄광 등 20여개 기업을 운영하여 큰돈을 벌었으나 "재산은 사람들과 같이 번 것이고 애초부터 내 것이 아니므로 더 잘 쓰는 사람들에게 그냥 주면 된다"며 전 재산을 직원들과 광부들에게 분배했다. 그러느라 정작 자신은 아무것도 챙기지 못했다고 한다. 그리고 1988년부터 경남 양산에서 효암학원 이사장으로 재직하고 있으나 신입생들이 그를 학교 청소하는 할아버지쯤으로 여길 만큼 여타의 학교 이사장들과 달리 사옥 하나 없이 학교 쪽방에서 기거하며 소탈한 생활을 하고 있다. 학생들과 스스럼없이 장난을 치고, 서울에 올라올 일이 있으면 가벼운 배낭 하나 메고 제일 먼저 시청 앞 세월호 유가족을 찾는다. 세상에서 다친 사람들에게 가장 먼저 다가가는 80대 할아버지에게서 나는 위로와 함께 희망을 본다. 그는 다 버린 것 같으나 다 가진 사람이다. 그에게서는 세상에 흔하지 않은 '진짜 리더'의 모습이 보인다.

인류 보편의 가치관을 지닌 세계인을 키우자

미래의 불확실성을 예측 가능하도록 안정화시키는 데 가장 중요한 건 역시 교육일 터이다. 지금까지 우리는 상급 학교에 진학하기 위한 교육에 목매어 왔다고 해야 할 것이다. 그래서 대학 입시 정책만이 전국민적 토론의 대상이었다. 정권이 바뀔 때마다 바뀌는 입시 정책도 우리 사회 불안 요소의 큰 부분을 차지하고 있는 것이 사실이다. 이제 더 이상 그대로 둘 수는 없다.

그러면 우리 교육의 목표는 무엇이 되어야 하는가? 나는 약자를 배려하는 인권 감성을 갖추고 있으면서 인류가 당면한 여러 가지 문제를 해결할 수 있는 사람을 길러내는 것이라고 주장한다. 우리는 자유롭게 여행하고 인터넷을 통해 실시간으로 다른 지역에서 일어나는 일과 유행하는 것을 함께 느낄 수 있는 세상에 살고 있다. 그런데도 정치 사회면에 쏟아져 나오는 기사들은 극히 대한민국이라는 국경 속에 갇혀 있다. 사실 이는 정치 사회 리더들이 의도적으로 한국사회 속에 모든 어젠다를 국한시켜버린 탓이다. 그래야 당선되기 쉬웠으니까 말이다.

어린 세대를 더 이상 동방의 변방 나라 사람으로만 길러서는 안 된다. 세계인을 길러내고 세계를 선도하는 사람을 길러내야 한다. 특히 우리 사회는 저출산으로 인해 더 이상 한국어를 쓰는 사람들만의 단일 사회가 아니다. 다문화가정이 10% 정도라고 하고 앞으로 그 숫자는 늘어갈 것이다. 따라서 이제는 세계인의 가치관을 가지지 않으면 살아남을 수 없을 것이다. 전범 국가이면서도 반성 없이 위안부의 존재까지 왜곡하고 있는 극우파 일본인의 길을 걸을 수는 없지 않겠는가?

박태준 포스코 회장이 살아계실 때 그의 인생사와 철학을 들을 기회가 있었다. 그때 나는 군사 독재정권의 핵심인사라 생각하여 그에게 가져왔던 편견을 완전히 깨게 되었고, 그를 존경하기에 이르렀다. 그날의 일은 내게는 큰 자랑거리가 되었다. 박태준 회장은 일제와 전쟁을 겪었고 그 경험을 통해 한국인이 끼니를 굶지 않고 먹고 사는 나라를 만들기 위해 일생을 바쳤다. 식민 통치에 대한 배상금으로 만든 포항제철이기에 "선조들의 핏값이니 실패하면 영일만에 빠져죽자"고 했다던 그 '우향우' 정신과 포항제철을 사유화하지 않은 것에 그 어떤 누가 감동 받지 않겠는가?

박태준 회장과 채현국 이사장은 그 시절 '진짜 리더'의 좋은 모범이다. 이제는 한국을 넘어 세계인을 키워야 한다. 국가를 넘어 인류가 당면한 문제를 함께 고민하고 해결하고자 하는 사람이 필요하다. 현재 우리의 불안은 몸집은 큰데 좁은 우물에 갇혀 있어 생긴 일이니 그 우물과 편견의 터널을 박차고 나가는 것이 더 나은 사람으로 살고 예측 가능한 사회를 만드는 지름길일 것이다.

새로운 외교 그리고 정치개혁

류석진
미국 예일대학교 정치학 박사. 세종연구소 연구위원, 방송통신위원회 자체평가위원, 해군발전자문위원 한국정치학회 부회장 역임. 현재 서강대학교 정치외교학과 교수. 공저로 『스마트-소셜 시대의 민주주의와 거버넌스』『디지털 컨버전스 환경에서의 정치제도와 시민사회 변화 연구』 등.

장덕진
University of Chicago, PhD in Sociology. 2013 한국사회학회 논문상, 2009 OECD World Forum Best Paper Award, 2006 한국사회학회 논문상 수상. 현재 서울대학교 사회학과 교수, 서울대학교 사회발전연구소장. 공저로 『유로존 경제위기의 사회적 기원』『압축성장의 고고학: 사회조사로 본 한국 사회의 변화, 1965-2015』『노무현 정부의 실험: 미완의 개혁』 등.

정병호
독일 괴팅엔대학교 법학 박사. 현재 서울시립대학교 법학전문대학원 교수, 한국농수산식품의약법학회장. 저서 Darlehensvalutierung im roemischen Recht, Wallstein Verlag, 2002

조홍식
파리정치대학교 정치학 박사. 현재 숭실대 정치외교학과 부교수, 숭실대 사회과학연구소 소장, 중앙일보 외교전문기자. 공저 『유럽의 민주주의: 새로운 도전과 과제』『국익을 찾아서: 이론과 현실』『아직도 민족주의인가. 우리시대 애국심의 지성사』『국가의 품격』『하나의 유럽: 유럽연합의 역사와 정책』, 저서 『유럽통합과 민족의 미래』 등.

새로운 외교 지평의 확립을 위한 국내적 과제

류석진 서강대학교 정치외교학과 교수

"미국 놈 믿지 말고 소련 놈에게 속지 말자. 일본이 일어나고 중국 놈들 몰려온다. 조선사람 조심하자." 1945년 해방 이후 한반도에 널리 퍼져 있던 말이다. 이보다 앞선 1876년 한일수호조규를 통해 일본에 개항한 조선은, 1880년 예조참의 김홍집을 단장으로 2차 수신사를 파견하였고, 김홍집은 주일청국공사 황준헌의 『사의조선책략(私擬朝鮮策略)』을 고종에게 바쳐 외교 정책의 기본으로 삼고자 하였다. 러시아의 팽창으로부터 조선을 방어하기 위해, 소위 친중(親中), 결일(結日), 연미(聯美)의 노선을 제시한 이 소책자는 당시 조선사회에 엄청난 반향을 일으켜 위정척사 운동을 불러오기도 하였고, 이후 자주적 개방정책의 초석이 되기도 하였다.

1880년에서 65년이 지난 1945년, 1945년에서 70년이 지난 2015년, 그리고 80년이 지나는 2025년 시점의 한반도를 둘러싸고 있는 환경과 운명은 1세기 전의 과거와 크게 달라져 있을까? 불행히도 그럴 것 같지는 않다.

자주 논의되는 중국의 부상과 새로운 G2 시대의 도래, 한반도를 둘러싸고 벌어지고 있는 '근대'적인 정치군사적 갈등은 더 이상 새로운 일이 아니다. 2015년 가열 찬 논쟁의 대상이 되고 있는 사드(THAAD)의 한국 배치뿐 아니라 한중일 간의 과거사 인식과 영토 분쟁 그리고 지속되는 북한의 불확실성 등 주변 환경은 한 세기 전보다 더 어려운 과제를 제기하고 있다.

물론 한국은 한 세기 전에 비해 정치경제적인 차원에서 많은 자원과 능력을 확보하고 있으며, 원조수혜국으로부터 원조공여국의 클럽인 개발원조위원회(DAC: Development Assistance Committee)에 가입하는 등 세계적 위상 또한 높아졌고, 산업화와 민주화를 가장 짧은 시간에 압축적으로 이루어낸 모범적인 사례로 거론되기도 한다. 서세동점의 시대에 일본을 필두로 하는 제국주의의 물결에 속절없이 식민 지배를 당하여야 했던 앞의 시절과는 자원과 능력에서 매우 차별적이다. 하지만, 한반도를 둘러싸고 있는 환경은 결코 녹녹하지 않다. 흔히 단극적 패권 질서의 정점에 있다고 평가되는 미국은 태평양을 건너 직간접적으로 영향력을 투사하고 있으며, 무섭게 부상하는 중국은 정치, 경제, 군사적인 측면에서 기회이자 위험 요인으로 등장하고도 있다. '잃어버린 20년'을 거치면서 일본은 경제적인 측면에서 취약해지기는 하였으나 '정상'국가화의 시도를 통하여 국제적 역할을 증대시키고 있으며, 막대한 자원을 배경으로 러시아는 과거의 영광을 재현하려 시도하고 있다. 이들에 더하여 북한의 존재는 한국의 외교환경을 더욱 어렵게 만들고 있다. 절대적인 차원에서 우리의 능력은 향상되었으나, 상대적인 차원에서 보았을 때 아직도 '고래 떼에 둘러싸인 새우'일 수 있다.

이러한 어려운 환경 하에 한국의 외교 노선, 특히 미국·중국과의 관계를 어떻게 정립할 것인가를 둘러싸고 큰 논쟁이 벌어지고 있다. 외교 노선을 둘러싼 논쟁은 국가의 생존과 번영을 위하여 반드시 필요하다는 데 이견이 있을 수 없다. 다만 이 논쟁이 건설적이고 생산적인 방향으로 진행되지 않고, 진영 논리에 기초하여 소모적인 방식으로 진행되어, 진정한 국익을 위한 것이 아니라 분극화와 사회적 갈등을 초래한다면 큰 문제라 할 수 있다.

우리의 외교가 미국과의 관계만을 강화한다고 혹은 중국과의 관계만을 강화한다고 하여 국가의 생존이 보장되는 것이 결코 아니다. 국가이익과 생존은 미국과 중국과의 외교관계를 균형되게 추구하는 어느 중간 지점에 걸쳐 있을 것이다. 새로운 외교지평의 확립을 위한 국내의 논쟁이 생산적으로 이루어질 수 있는 조건을 모색하는 것은 매우 중요하며 더 이상 미룰 수 없는 과제이다.

흔히 미국과의 관계는 한미동맹 차원으로 그리고 중국과의 관계는 경제적인 차원과 대북정책 차원으로 분리하여 논의해온 것이 지금까지의 논쟁 구도라 할 수 있다. 외교적 과제에 대한 대처 차원에서 새로운 논의의 방식을 간략히 제안해 본다.

안보는 한미동맹을 통하여 미국에 기대고(물론 자주국방은 지속적으로 추진하여야 하지만), 경제는 중국에 초점을 둔다는 기존의 논의 방식을 대체하여, 우리에게 외교안보적 문제의 원인을 제공하는 주체와 외교안보적 문제를 같이 풀어나가야 할 파트너라는 관점에서 문제를 풀어보도록 하자. 현실이 이렇게 간단하게 정리되는 것은 아니지만 분석적인 차원에서의 논의라는 점을 미리 밝혀둔다. 또한 무정부적 속성을 가진 국제정치의 장에서 영원한 우방도 영원한 적도 없다는 전제 하에 논의를 진행한다.

외교안보 문제의 원인 제공 주체와 해결 주체에 따른 분류

		미국	
		위기의 원인 제공 주체	해결의 파트너
중국	위기의 원인 제공 주체	A	B
	해결의 파트너	C	D

미국과 중국이 공히 우리에게 위기의 원인을 제공하는 A의 경우는 우리에게는 악몽 그 자체인 상황이라 할 수 있지만 이러한 상황이 오지 않으리라는 보장은 어디에도 없다. 마치 임진왜란에서 명과 일본이 한반도 분할을 두고 협상을 진행하였던 역사적 경험과, 그리고 러일전쟁 직후인 1905년 미

국의 필리핀 지배권과 일본의 대한제국 지배권을 상호승인 하였던 카츠라-태프트 밀약은 A의 경우를 반증하는 사례라 할 수 있다.

이와는 반대로 미국과 중국이 협력하여 우리의 외교적 문제를 해결하는 데 있어서 주요 파트너가 되는 D의 경우는 가장 우호적인 외교 환경이라 할 수 있다. 북핵 문제 해결을 위한 6자 회담 시도, 일본의 군국주의화 등을 저지하기 위하여 협력하게 되는 경우 등을 생각해볼 수 있다.

중국이 우리에게 위기의 원인을 제공하고 이를 해결하는 데 있어서 미국이 중요한 파트너가 되는 B의 경우, 혹은 반대로 미국이 우리에게 위기의 원인을 제공하고 이를 해결하는 데 있어서 중국이 중요한 파트너가 되는 C의 경우는 우리에게 어려운 선택을 해야 하는 외교적 난제를 제기한다. 2008년 미국 발 금융위기가 발생하였을 때는 분명 위기의 진앙지는 미국이었고, 중국은 우리가 위기를 극복하는 데 중요한 파트너였다. 반대로 중국에서 경제위기가 발생하게 되면 우리는 미국과의 협력을 통하여 위기를 극복할 방안을 찾아야 하는 것이다. 정치군사적인 측면에서도 부상하는 중국이 패권도전국으로 기존 질서의 타파를 도모하게 되면, 이는 일정한 정도 미국과의 협력을 강화하거나, 중국의 정책에 편승하는 해결책 중에서 택일을 강요받게 될 수밖에 없을 것이다. 반대로 미국이 중국에 대한 봉쇄정책을 강화할 경우, 우리는 중국과의 협력을 도모하거나 혹은 미국의 정책에 편승(bandwagon)하는 정책을 취해야 할지도 모른다.

2025년에 이르기까지 위의 표 어느 항목에 해당되는 외교 환경의 변화가 일어날지를 예측하기는 매우 어렵다. 또한 복잡다단하게 진행되고 있는 세계화 현상과 부상하는 중국, 그것도 14억에 가까운 인구 대국인 중국의 부상이기에 정확하게 미래를 예측한다는 것은 불가능할 것이다. 더 나아가 정치·경제·군사·사회·문화·과학기술 등 다양한 분야에서의 변화가 하나의 방향성을 보이면서 단일하게 이루어질 것은 아니다. 어떤 분야에서는 A 혹은 D에 해당되고, 다른 분야에서는 B 혹은 C에 해당되는 변화가 나타날 가능성이 매우 높다.

우리의 외교 지평을 정립하기 위한 국내 논쟁은 친미냐 친중이냐의 이분법적인 진영 논리에 기초하지 않고 위기의 원인 제공 주체와 해결의 파트너라는 관점에서, 총체적이면서도 각론까지 아우르는 외교 노선에 대한 논쟁으로 진행되어야 한다. 그래서 현재까지 진행된 진영 논리에 기초한 소모적이고 정파적이며 그 결과로 사회의 분극화와 갈등을 조장하는 방식의 논쟁을 종식시켜야 한다.

다시 말하지만 국제정치에서는 영원한 적도 영원한 우방도 없으며, 우리의 안보와 번영은 우리의 전략적 선택에 달려 있다. 이 전략적 선택의 과정에서 국론이 분열되어 엄청난 사회적 비용을 치러야 하는 위험성을 피하기 위해서 '새로운' 외교 논쟁의 방식이 반드시 필요하다.

사회적 합의의 틀을 10년 이내에 만들어야 한다

장덕진 서울대학교 사회학과 교수

없었던 문제들이 갑자기 하늘에서 떨어지는 일은 별로 없을 터이니 10년 내에 한국사회가 겪게 될 문제들은 지금 이미 우리가 겪기 시작한 문제들이 대부분일 것이다. 다만 지금은 그렇게까지 절박하지 않아서 잘 못 느끼지만, 10년 후가 되면 절박할 것이고 아마도 이미 늦었을 것이다. 필자는 크게 보아 두 단계의 문제가 있다고 생각한다. 첫 번째 단계의 문제들은 이중화(二重化, dualization), 고령화, 현행 민주주의의 결점들이 서로를 구속하면서 해결을 더욱 어렵게 하고 있는 것이고, 두 번째 단계의 문제들은 앞의 그 문제들 때문에 한국사회가 문제해결 능력을 상실하면서 장기적으로 생존을 위협하는 이슈들에 대해 아무런 대응을 하지 못하게 되는 것을 말한다.

이중화란 한 사회의 내부자와 외부자가 갈수록 구분되어가는 현상을 말한다. 같은 한국인으로 태어났는데도 누구는 한국사회의 내부자가 되고 누구는 한국사회의 외부자가 된다. 종종 논란이 되는 비정규직 문제가 대표적이지만 이중화는 비정규직에 국한되지 않는다. 외부자가 된 사람들은 노동시장에서 배제될 뿐 아니라 정치적으로 과소대표되고, 문화적으로 비주류가 되며, 이념적으로 발언권이 약하고, 상징적으로 희화화된다. 철저하게 외부자가 된다는 것은 기업으로 치면 한국사회에 지분이 없다는 뜻이다. 한국사회에 지분이 없는 사람은 이 사회를 지켜내려는 인센티브도 없다. 국방이나 납세와 같은 국민의 의무를 피할 수만 있으면 피하려 들 것이고, 최소한의 규범이나 사회의 건전성을 지켜야 할 이유도 없다. 최근 들어 과거에 찾아보기 힘들었던, 인륜을 저버리는 범죄나 불특정 다수를 대상으로 한 묻지마 범죄가 빠르게 늘어나고 있는 것도 이러한 현상과 무관하지 않을 것이다.

한국의 고령화가 심각하다는 것은 이제 상식에 속한다. 그러나 일반 국민들은 현재 어느 정도 수준에 와있는지, 앞으로 어느 시기쯤 되면 얼마나 더 심각할 것인지, 그것의 사회적 결과는 무엇인지까지 일일이 알기는 어렵다. 현재 한국의 문제는 고령화 속도가 세계에서 가장 빠르다는 것이지만, 아직 한국은 초고령화사회에 접어들지는 않았다. 지금 상태에 멈춰놓고 본다면 아주 심각한 상황은 아니라는 것이다. 그러나 문제는 고령화 속도가 워낙 빨라서 미처 대처할 틈도 없이 초고령화사회에 금방 접어들게 될 것이라는 점이다. 경제활동을 하는 인구 100명이 경제활동을 하지 않는 인구 몇 명을 부양해야 하는지를 보여주는 수치가 부양률이다. 현재 한국의 부양률은 40을 조금 넘는 수준이다. 그러나 고령화와 더불어 부양률은 빠르게 늘어나서 2040년이 되면 80이 넘고 2050년이 되면 90을 넘길 전망이다. 특히 부양률 증가에 급가속이 붙는 시점이 지금으로부터 약 10년 후, 그러니까 2020년대 초반이다. 그때가 되면 인구학자가 아니라도 누구나 일상생활 속에서 느끼게 될 것이다. 거리에서 마주치는 사람들 중 노인의 비율이 하루가 다르게 늘어나기 시작하면 사람들은 패닉할 것이다.

한국 민주주의의 여러 문제들이 있지만, 그 중에서도 대부분의 전문가들 사이에 정답이 나와 있는 문제들이 있다. 그러나 개선은 되지 않고 있고, 특별한 계기가 없는 한 가까운 미래에 개선될 가능성도 별로 없어 보인다. 그 문제란 이런 것들이다. 양대 정당이 지역을 기반으로 정치시장을 과점하고 있고, 따라서 정당간 경쟁이 거의 없다 보니 정책경쟁도 없다. 일부 정치인 개인들을 중심으로 좋은 정책을 내놓으려는 움직임이 없지는 않지만, 이것도 정당의 어젠다가 되기보다는 정치인 개인의 아이디어로 끝나버리고 특히 선거 때가 되면 흔적도 없이 묻혀버린다. 정치의 비례성이 떨어지고 국회의원 정수가 너무 적고 표의 등가성이 심하게 훼손되는 등 선거제도의 심각한 문제들이 있지만, 비례성을 늘리기 위해 국회의원 수를 늘리자는 제안은 양대 정당의 손익계산과 국민의 정치혐오로 인해 무망해 보인다. 득표율에서 한 표만 더 받으면 의석을 싹쓸이하는 현행 선거제도는 거대 정당들만 배불리고 유권자를 골탕 먹이고 있지만, 정치에 골탕 먹은 유권자들은 이 문제를 개선하기 위해 정치인 수를 늘려줄 생각이 꿈에도 없다. 여기에 대통령 5년 단임제까지 가세한다. 단임제가 만들어지던 시점에는 그 나름의 가치를 가지고 있었던 것이 사실이지만, 정치환경이 크게 변한 오늘날 단임제는 원래의 가치를 잃어버린 채 나라를 근시안으로 만드는 역할밖에 하고 있는 것이 없다. 한 임기밖에 못하는 제왕적 대통령 입장에서는 개헌을 거론하는 순간 레임덕이라고 인식하게 되니, 문제를 알고 있다 하더라도 자신의 임기에 개헌하자고 할 사람은 없다. 고양이 목에 방울달기인 셈이다.

이중화, 고령화, 현행 민주주의의 결점들은 그 하나하나가 해결하기 어려운 것들이지만, 서로가 서로의 발목을 잡고 있어서 해결하기가 더욱 어렵다. 이중화는 외부자들의 연애와 결혼과 출산을 낮추기 때문에 고령화를 더욱 부채질한다. 역으로 고령화는 노인 빈곤을 늘리고 세원을 줄이기 때문에 이중화를 촉진한다. 이중화는 정치적 대의(代議)의 불평등을 가져오기 때문에 현행 민주주의의 문제를 더 심각하게 만드는데, 합의 불가의 대결구도인 현행 민주주의는 이중화를 해결할 의지도 역량도 없다. 고령화의 정치적 의미는 나라마다 다르지만, 한국이나 일본처럼 고령에 도달하기 이전에 제대로 된 합의민주주의나 복지국가를 경험해보지 못한 나라들의 경우에는 개혁에 저항하는 유권자를 양산하는 경향이 짙다. 이들 나라들에서 고령 유권자들은 종종 자신들의 세대적 경험을 일반화하고 연금개혁과 같은 지속가능성을 위해 양보해야 하는 문제들에 더 많이 저항하는 경향이 있다. 현행 민주주의는 이런 문제들을 해결하려고 노력하기보다는 이러한 고령 유권자들의 특성을 이용해 스스로를 재생산하는 데에만 관심이 있다.

이중화, 고령화, 현행 민주주의의 결점들이 서로 발목을 잡고 있는 상황에서는 어떤 문제에 대해서도 사회적 합의에 도달하기 어렵고, 많은 경우 정책 이슈들은 정책으로서 논의되는 것이 아니라 정치적 양극화를 가져올 뿐이다. 노동시장 개혁을 위한 노사정 합의를 예로 들어보자. 이중화로 인해 한국의 비정규직 문제는 갈수록 심각해지고 있다. 이것은 현 시점의 문제일 뿐 아니라 젊은층이 대거 비정규직이 되는 세대효과로 인해 10~20년 후 한국경제의 허리 역할을 해야 할 경험 많은 중년층이 없어질 것을 예고하는 것이기도 하다. 한국의 1인당 GDP가 불과 50달러 남짓하던 시절에 태어나 2만8천 달러가 되는 것을 목도한 기성세대는 젊은 세대의 고민을 이해하기 어렵고 눈높이를 낮출 것을 주문하지만, 저성장 시대에 태어나 평균수명 100세가 될 때까지 앞으로도 70~80년의 삶을 설계해야 하는 젊은 세대에게 이것은 받아들이기 어려운 주문이다.

50달러에서 2만8천 달러까지 한 사람의 생애 동안 560배의 성장을 경험한 세대에게 노조는 불필요한 것일 수 있었다. 그러나 평생 비정규직의 삶을 살아갈 가능성이 커보이는 세대에게 노조는 그나마 기댈 언덕일 수 있다. 하지만 외부자의 정치적 의견은 과소대표되기 때문에 한국에서 노조는 여전히 위험한 집단으로 치부된다. 외국에서 노사간 합의를 통해, 혹은 노사정 합의를 통해 눈부신 상생의 성장을 이루었던 경험들은 한국에는 적용불가능한 것으로 치부된다. 그러나 중요한 것은 대표가 없으면 합의의 상대가 없고, 따라서 합의도 없다는 점이다. 노조를 영원히 위험집단으로 간주하는 한 평화적인 노사합의와 노동시장 개혁은 영원히 없다. 정치는 이 문제를 해결하기보다는 유권자의 점점 많은 부분을 차지하는 기성세대의 동의에 힘입어 노조를 배제하는 것으로 매듭을 지으려 한다. 노동시장 개혁은 불가능하거나 혹은 노동의 동의 없이 많은 갈등과 희생을 낳는 방식으로 이루어질 가능성이 높아 보인다. 그러는 사이, 진짜 노동시장 개혁은 한없이 미뤄지고 한국 기업의 경쟁력은 점점 낮아진다.

합의가 불가능한 사회모델을 전환시켜내야 한다. 그것도 10년 이내에 전환시켜내야 한다. 앞서 설명한 것처럼, 10년 후가 되면 고령화의 체감속도로 인해 사람들은 패닉할 것이고, 일단 사람들이 패닉하기 시작하면 백약이 무효일 것이다. 만약 우리가 10년 이내에 사회모델의 전환을 이루어내지 못한다면 어떤 일들이 일어날까. 한국사회의 지속가능성, 그러니까 곧 우리 모두의 생존과 관련한 장기추세들을 몇 가지만 나열해 보자.

첫째, 통일이라는 외생변수다. 박근혜 대통령은 통일이 대박이라고 말했지만, 대박이 되기 위해서는 장기적인 준비가 필요하다. 한 예로 서울대 통일의학센터에 따르면 북한인구 2천500만 명 중 약 1천만 명 정도가 요오드 결핍에 시달리고 있다고 한다. 헌법상 우리 영토인 북한 인구의 건강을 지금부터 장기적으로 관리하지 않으면 통일은 대박이 아니라 쪽박이 될 것이다. 1천만 명 인구에게 지급할 사회복지비용은 거의 대부분 지금 남한 주민들이 지불해야 할 것이다. 둘째, 에너지 문제다. 일본의 후쿠시마나 최근 문제가 된 월성1호기 등 관리가 걱정스런 원전들이 있지만, 이보다 훨씬 더 심각한 문제는 중국이 우리의 서해바다 건너편에 짓고 있는 2백기 가까운 원전들이다. 하나라도 문제가 되면 방사능은 편서풍을 타고 한국으로 건너올 것이다. 한중일을 포함한 동북아 원전투명성 기구 같은 것이 필요할 터인데, 주지하다시피 이런 것을 선도하기에는 한국 원전의 투명성부터 의심받고 있는 상황이다. 하나의 정권이 아니라 여러 정권에 걸쳐 일관되게 노력해야 가능한 일인데, 5년 단임 정권은 이러한 장기적 과제에 도전할 인센티브가 없다. 셋째, 해안선침식 문제다. 지금의 온실가스배출 수준을 유지할 경우 2100년이 되면 경기 서부, 호남, 경상남도 지역 중 상당 부분은 물 밑으로 사라질 것이라는 게 전문가들의 예측이다. 현행 민주주의의 제도가 유지된다면 2100년까지 17번의 정권이 들어설 텐데, 그들 중 어느 정권도 80년짜리 과제에 도전하려 하지 않을 것이다.

사회적 합의의 틀을 10년 이내에 만들어야 한다. 그렇지 못하면 100년 후에 다가오는 재앙을 뻔히 보면서 이러지도 저러지도 못하게 될 것이 우려된다.

정치 선진화를 위한 제도 개선

정병호 서울시립대학교 법학전문대학원 교수

　신기술 도입으로 인한 산업구조 개편 문제, 경제력의 재벌 집중 문제, 계층간 지역간 양극화 문제, 노사관계 합리화 문제, 청년실업 문제, 급격한 인구감소로 인한 경제활력 저하 문제, 급격한 노령화로 인한 복지문제 등 10년 내 해결해야 할 과제가 무수히 많다. 하지만 이런 과제를 해결하기 위해서는 무엇보다도 정치의 선진화가 이루어지지 않으면 안 된다.

　세월호 사건의 발생과 처리 과정에서 정치의 후진성이 새삼 적나라하게 드러났다. 세월호 사건의 큰 원인 가운데 하나가 국민의 안전을 담보로 한 무분별한 규제완화였고, 사건의 뒤처리를 위한 법령이 마련되기까지 무려 1년이 걸렸다. 유가족과 정치권의 갈등은 아직도 진행형이다. 정치가 이해 조정과 갈등 해소의 역할을 하지 못하고 있다는 증거다. 이것 말고도 국회가 대화와 타협 대신 싸움으로 세월을 보내 민생을 챙기지 못하는 사례는 무수하다.

　정치권이 대화와 타협 대신 대립과 갈등을 반복하는 이유는 무엇일까. 대화와 타협에 서투른 정치문화에도 원인이 있겠지만, 정치 및 선거제도에도 상당한 원인이 있다고 본다. 정치발전의 질곡이 되어버린 지역구도도 불합리한 정치제도에 의해 확대된 측면이 있다. 제도개선만으로 정치의 선진화가 담보될 수는 없지만, 현재는 제도개선을 통해서라도 돌파구를 찾지 않으면 안 되는 상황으로 생각된다.

먼저, 제왕적 대통령제와 대선의 승자독식구조가 문제다. 1987년 헌법 개정 이후 형식적으로는 권위주의 체제를 탈피하였지만, 아직 헌법상 지나치게 많은 권한이 대통령에게 집중되어 있다. 여기서 '제왕적 대통령제'의 분위기가 조성되었다. 3권 분립은 이상에 지나지 않고, 제왕적 대통령 밑에 국회와 법원이 존재하는 꼴이 되었다. 정부 주최 5·18행사 기념곡에 대한 국회결의를 정부가 무시하는 것, 국회가 시행령 수정요구권을 입법하는 것도 그런 정치문화와 무관하지 않다. 또 대통령 선거의 승자독식 구조로 인해 각 정파는 극한투쟁을 마다하지 않으며, 선거에 패한 정당은 대통령을 정점으로 하는 여당을 상대로 정책대결 대결 대신 이념대결을 벌이는 일이 반복되고 있다.

정치의 선진화를 위해서는 무엇보다도 제왕적 대통령제와 대통령 선거의 승자독식 구조를 개선해야 한다. 이를 위해서는 대통령에 집중된 권한을 분산시켜 삼권분립을 강화하는 방향으로 개헌할 필요가 있다. 권력구조 개편과 관련하여 의원내각제, 중임적 대통령제, 분권형 대통령제 등 여러 가지 제안이 있지만, 오랜 기간 유지된 대통령제를 버리는 것은 국민의 동의를 받기 어렵다고 본다. 따라서 중임적 대통령제와 분권형 대통령제 가운데 하나를 선택하는 것이 타당하다고 본다. 현행 5년 단임제는 선거에 의한 대통령 재평가를 원천적으로 봉쇄함으로써, 국민과의 소통을 저해한다. 중임적 대통령제를 선택하는 경우 국무총리의 임기를 보장하는 방식을 통해 대통령에의 권한 집중을 완화할 수 있을 것이다. 분권형 대통령제를 선택하는 경우에도 대통령의 중임을 허용해야 된다고 본다. 분권형 대통령제는 통일, 외교, 국방 등 국가안위에 관한 권한은 대통령이 갖고, 이외의 행정권한은 의회(하원)에서 선출하는 총리 내지 수상이 갖는 것이다. 이것은 정부의 실정들에 대해 의회가 총리 및 국무위원을 불신임할 수 있도록 함으로써 책임정치를 구현할 수 있는 장점이 있다. 이렇게 하면 대통령이 연금제도, 노사제도 개선 등 국민의 이해관계가 걸린 문제에 직접 개입하지 않고 국가원수로서 국민통합에 힘쓰는 것을 기대할 수 있다.

대통령과 총리의 권한 분쟁을 완화하고 통일·외교·국방 정책이 내정과 연장선상에서 사전에 조율될 수 있도록 대통령의 권한 행사는 국무총리 및 관계 국무위원이 참석하는 통일, 국방, 외교 등 위원회의 심의를 거치게 하자는 제안을 검토할 만하다.

의회는 양원제로 전환하는 것이 바람직하다. 미국과 독일 등과 같이 상원에 지역대표성을 인정함으로써 지역 간 불균형 발전을 시정할 수 있기 때문이다. 상원에 지역별 예산배분권 내지 예산조정권을 부여하면, 예산 운용의 합리화를 기할 수 있다. 또한 양원제는 통일을 대비하는 의미도 있다. 인구가 남한의 절반에도 못 미치는 북한 지역이 통일 후 상원을 통해 자신의 이익을 적절히 대표할 수 있다면 북한 주민에게 대한민국이 더 매력적일 수 있기 때문이다.

다음으로 우리나라 정치에서 정책대결은 실종되고, 보수와 진보세력 간 극한투쟁으로 치닫게 된 데는 유권자의 다양한 정치성향을 반영하지 못하는 선거제도도 한 몫을 하고 있다. 보수, 진보 못지않게 제3세력으로 불리는 중도 성향의 유권자가 많은데도, 중앙·지방 정부 및 국회 구성에 있어 중도파가 거의 대변되지 못하고 있다. 무당파가 무려 50% 내외라는 최근의 여론조사는 이를 반증한다. 소선구제를 위주로 하는 현행 국회의원 선거제도로 인해 극한투쟁을 일삼는 양당체제가 고착화된 것이다. 양대 정당에 의한 과두 지배 체제는 대표성의 위기와 더불어 정책 경쟁을 제약하는 문제가 있다. 또한 정당 내부에서조차 민주주의가 실현되지 못하고 상명하달식 권위주의가 지배하고 있어, 토론과 대화의 정치가 이루어지지 않고 있다. 따라서 유권자의 다양한 정치성향이 대표되고 당원 중심의 상향식 정당체제가 뿌리내리도록 선거 및 정당 관련법을 개정할 필요가 있다.

현행 국회의원 정수 300명 가운데 지역구 국회의원 246명인 반면, 전국구의원은 54명에 불과하다. 유권자의 다양한 정치성향을 대변하기 위해서 중선거구제 도입과 비례대표제 확대를 생각할 수 있는데, 선거제도 개혁의 주체는 현역 의원들이라는 점을 감안하면, 후자가 더 실현가능성이 있다고 본다. 지역구 의원과 비례대표 의원의 비율은 독일처럼 1:1로 하는 것이 이상적이나, 최소한 2:1은 되어야 한다고 본다. 이렇게 하면 의원 정수가 현행보다 70명 정도 늘게 되어(상원은 별도), 국민이 반대할 수도 있다. 하지만 국회의원 정수 확대로 인해 추가 예산이 소요되지 않도록 국회의원의 보수와 특권을 줄인다면 국민의 동의를 얻을 수 있지 않을까 한다. 상원을 도입하는 경우 의원 정수는 하원의 절반 정도로 하고, 지역구와 비례대표 비율은 반반으로 하는 것이 좋을 것이다. 지역구도를 완화하기 위해 지역구 후보자가 동시에 비례대표 후보자가 될 수 있도록 하는 석패율 제도를 도입할 필요가 있다. 물론 직능대표라는 비례대표의 본래 기능이 지나치게 축소되지 않도록 유념해야 할 것이다.

마지막으로 우리의 정치가 유권자의 눈높이를 맞추지 못하는 또 다른 이유는 정당 내부의 민주주의가 실현되지 않고 있기 때문이다. 정당법은 정당 내부조직이 민주적으로 구성되어야 한다는 원칙을 천명하고 있고, 공직선거법은 정당의 공직선거후보자 선출이 민주적인 절차에 따라야 한다고 규정하고 있다. 그러나 현실은 정반대다. 현재 정당조직은 하의상달식이 아니라 상명하달식 구조로 되어 있어 민주주의와는 거리가 멀다. 거대 양당의 경우 당의 최고의사결정기구인 최고위원회가 기본적으로 지역구 국회의원 등 위원장의 영향력 아래 있는 대의원들의 투표에 의해 구성되기 때문이다.

이런 상명하달식 구조 하에서 정당의 공직후보자 선출이 밀실공천, 계파공천, 금품공천으로 얼룩져 왔다.

정당 내부부터 하의상달의 민주주의를 실현하기 위해서는 무엇보다도 당원이 깨어 있어야 한다. 그러나 현행 정당법은 비교법적으로 유례를 찾기 어려울 정도로 폭넓게 당원자격을 제한함으로써 건강한 정당구성부터 막고 있다. 특히 대학교수를 제외한 교원과 공무원의 당원자격을 부인하고 있는 것은 재고하여야 한다. 우리사회에서 가장 역량 있고 안정적인 직업군이 정당활동에 적극적으로 참여하는 것을 원천봉쇄하고 있는 셈이다. 이 제한은 과거 이들이 선거에 불법적으로 동원된 경험에 따른 것이다. 그러나 이제 국민의 정치의식이 크게 신장되었기 때문에 제한을 철폐해도 큰 문제가 없을 것으로 본다. 공무원이나 교원이 업무를 수행하면서 정치적 중립을 지키지 않을 경우에는 엄한 징계 및 처벌을 하면 된다. 교원과 공무원의 정당활동 보장은 정당의 정상화에 도움을 줄 수 있다고 본다.

대의 민주주의의 위기와 개혁

조홍식 숭실대학교 정치외교학과 교수

오늘 한국의 민주주의는 매우 심각한 위기의 늪에 빠져 있다. 선거가 '민주주의의 꽃'이고 '국민의 축제'라 불리지만 주요 선거의 투표율은 권위주의 시대에 비해 오히려 계속 낮아지는 추세다. 대통령 선거의 투표율은 80%대에서 60%대로 내려앉았다가 지난 2012년에 75.8%를 기록했다. 국회의원 선거의 투표율은 과거 70~80%대에서 2008년에는 46.1%까지 추락했고, 지난 2012년 간신히 54.2%로 회복되었다. 민의를 대표하는 국회의원 선거에 유권자의 절반 정도만이 투표를 하고 나머지 절반은 아예 선거를 외면한다는 말이다. 게다가 한국의 선거제도는 대통령이나 국회의원의 대부분을 단순 다수제로 뽑기 때문에 국민의 대표자들이 사실 매우 제한적인 유권자의 지지만으로 당선되고 있다.

"국민들이 직접 뽑은 대표들이 본연의 역할을 하는지"에 대해서도 여론은 부정적 의견이 압도적이다. 2015년 갤럽 여론조사(한국갤럽데일리오피니언 163호)에 따르면, 대통령의 직무 수행 평가에서 부정적 의견은 언제나 절반(50%)을 넘었지만 긍정적 평가는 29~40% 수준에 불과했다. 국회 역할 수행에 대한 평가는 대통령보다 훨씬 더 부정적이다. 국회가 자신의 역할을 잘못하고 있다는 평가가 무려 88%에 달하며, 잘한다는 의견은 5%에 불과하다. 가장 빈번하게 등장하는 부정적 평가의 이유는 여야가 각각 당의 이익만을 생각하며(11%) 싸움에 몰두하고(21%), 의원들은 국민여론을 무시하면서(9%) 자기이익만을 추구하여(10%) 법안 처리 등의 일을 제대로 하지 않는다(9%)는 것이다.

2015년 봄에 한국 정국을 강타한 이른바 '성완종 리스트' 사건은 한국 정치권 부패의 심각성을 고스란히 드러냈다. 국회의원 선거 과정에서 기업인 성완종으로부터 불법 정치자금을 받았다는 의혹으로 이완구 총리가 물러나야만 했고, 홍준표 경남도지사는 여당 대표 경선을 앞두고 불법 자금을 받았다는 의혹으로 검찰조사를 받았다. 그 와중에 국민은 다양한 국회 보직을 맡은 여야 인사들이 연간 80억 이상의 예산을 '특별업무 추진비'라는 이름으로 타서 마음대로 생활비로 쓰거나(홍준표) 자식의 유학비(신계륜)로 쓴다는 사실도 알게 되었다. 검찰조사나 재판과정에서 궁지에 몰린 정치인들의 변명은 개인적으로 법의 철퇴를 피하려는 시도였지만 사실은 국민들의 정치권에 대한 분노의 부메랑이 되어 돌아올 수밖에 없다.

썩을 대로 썩은 정치인은 선거 때만 유권자에게 고개를 숙이다가 일단 당선되면 국민 위에 군림하면서 모든 특권을 누린다는 것이 국민의 기본 인식이다. 여론조사가 보여주듯이 국회가 진정 국민의 의사를 대표하며 여야가 머리를 맞대고 공익을 위해 토론하고 협력한다고 생각하는 사람은 거의 없다. 또한 그런 사람들을 뽑기 위해 굳이 투표장에 갈 필요가 없다고 판단하는 인구가 절반에 달한다. 한국은 긴 민주주의 전통의 선진국도 안고 있는 '대의제의 위기'와 후진국 유형의 '구조적 부정부패'가 결합하여 정치를 위협하는 모습이다.

이런 불만스런 상황은 항상 어느 정도 존재해 왔고 견딜 만한 수준이라고 치부해버릴 수도 있다. 그러나 이 위기의 늪에서 한국의 민주주의를 구해내지 못한다면 조만간 정치가 무척 위험한 방향으로 전개될 가능성이 크다. 가장 큰 위험은 민주주의에 대한 회의가 국민 사이에 확산되는 일이다. 국민들이 선거라는 민주주의 제도와 대의제가 특권층의 들러리를 서는 한심한 일이라고 인식하게 되면 선거 참여를 독려하는 캠페인을 아무리 벌여도 투표율은 계속 낮아질 것이다. 투표율의 하락은 단순히 정치권의 정통성만을 위협하는 것이 아니다. 그 근본적인 의미는 대한민국이라는 체제에 대한 국민의 참여의식과 공동체 정신이 약화된다는 뜻이며 이는 다양한 반(反)사회적 현상으로 파급될 수 있다.

대의제의 위기를 방치할 경우 닥칠 수 있는 부작용은 통제 불가능한 사회적 폭발 현상이다. 제대로 작동하는 대의제에서는 정치세력이 사회의 다양한 계층을 대변함으로써 체제가 통합적 효과를 발휘한다. 하지만 의회에서 사회의 서로 다른 목소리를 대변하지 못하면 결국 불만세력은 어느 순간 특정한 계기를 만나 폭발적으로 들고 일어날 것이다. 1968년 다수의 선진국에서 공통적으로 나타난 학생, 노동자, 시민의 대규모 시위와 파업 및 혁명적 사태는 '대의제의 고장(故障)'이 불러온 대표적 역사의 소용돌이였다. 한국에서도 정치권이 미처 예상하지 못한 쟁점을 중심으로 사회가 거리의 정치로 달려 나오는 현상을 2008년 쇠고기 수입 관련 대규모 촛불시위에서 경험한 바 있다.

대의제에 대한 회의는 또 포퓰리즘이 자라나기 좋은 토양을 제공한다. 기존의 정치세력이 근시안적으로 기득권 보호에만 집중하다보니 대중의 지지를 잃고 결국 극단적 세력에게 권력을 내줄 수밖에 없었던 역사적 경험은 너무나 많다. 파시즘과 나치즘의 집권 과정이 그러했고, 최근 그리스에서 극좌 시리자의 집권도 유사한 시나리오다. 한국 대선에서 매번 등장하는 새로운 인물과 세력에 대한 갈증은 기존 정치세력에 대한 분노와 정비례한다. 지금까지는 문국현, 안철수 등 중도 또는 합리적 개혁세력이 그 덕을 보았지만 향후 비현실적이고 극단적인 포퓰리즘이 바람을 일으키고 집권까지 하는 불행을 예방할 수 있다고 단정할 수 없다.

우리 민주주의는 국민의 꿈을 실현할 수 있는 공동체의 희망으로 다시 태어나야만 한다. 여기서는 가장 간단하면서도 중요하다고 생각되는 세 가지 개혁을 제시해 본다.

첫째는 대선에서 결선 투표제의 도입이다. 대통령 선거는 한국에서 국민이 가장 선호하고 여전히 희망을 거는, 그래서 일련의 변화를 도출해낼 수 있는 선택의 장이다. 그리고 국회와는 달리 정치를 개혁할 의지를 가진 새로운 인물이나 세력이 성공할 가능성이 가장 높은 기회의 장이다. 결선 투표제는 이러한 변화의 가능성을 열어두면서도 극단적 포퓰리즘의 집권을 방지할 수 있는 장치가 될 것이다. 기존 정치권에 대한 국민의 염증이 심각한 상황과 후보의 난립이라는 조건이 만날 때 우리는 예측할 수 없는 극단주의자의 당선이라는 불행한 사고를 당할 수 있기 때문이다.

둘째, 국회의원 임기의 수를 제한해야 한다. 현재 정치세력의 기득권과 부패를 조장하는 가장 커다란 원인이자 제도는 종신 국회의원을 하겠다는 사람들 때문이다. "대통령만은 못하지만 장관보다 훨씬 좋은 자리"에 계속 당선되어 정년도 없는 평생 정치인을 꿈꾸는 사람들이 모여 공통의 이익을 지키려 하기 때문이다. 다선 의원일수록 정당에서 지분을 넓혀가고 추종세력을 확보하면서 왜곡된 부패의 구조를 재생산한다. 의원 단임제를 상상해 보라. 재선에 관심을 가질 이유가 없다. 단 한 번 주어진 4년의 기회에 최대한의 의정 활동을 하기 위해 노력할 것이다. 다선 의원이 없다면 국회의원은 남의 눈치를 보지 않을 수 있다. 단임제가 너무 가혹하다면 2선, 3선으로 의원 임기에 제한을 둘 수 있다. 이는 미국의 많은 주에서 이미 시행하는 제도다. 덧붙여 한 번 당선된 정치인이 임기를 채우지 않고 다른 선거에 나섬으로써 국민의 돈을 낭비하고 선택을 유린하는 행위도 제도적으로 금지시켜야 한다.

셋째, 국회의원과 정당이 가지는 특권과 지원을 대폭 축소하고 조정해야 한다. 국회의원은 국민의 의사를 대표하는 공복(公僕)이어야지 현재와 같이 국민 위에 군림하면서 온갖 혜택을 누리는 권력이어서는 곤란하다. 예를 들어, 국회의원의 보좌진을 의원 자신이 개별적으로 선택하도록 하는 것은 특혜다. 정부 장관으로 임명된다고 개인 비서와 보좌진을 데리고 부처에 들어가지 않는다. 국회 전문 보좌진의 상시 풀을 만들어 운영하면 입법의 효율성도 높일 수 있고, 의원 개인과의 주종관계가 초래하는 고리를 끊어 부패를 방지하고 축소하는 데도 도움이 될 것이다. 다른 한편 국가의 정당에 대한 과도한 지원은 정당이 당원에 의존하지 않고 공금에 의존토록 하여 민주적 과정을 왜곡시키는 부작용이 있다.

한국의 민주주의는 경제발전과 함께 우리가 역사적으로 이룩한 매우 훌륭한 성과다. 이를 잘 살리고 발전시키는 것이 21세기 초반에 한국이라는 공동체에 주어진 가장 중요하고도 시급한 과제라고 할 수 있다. 현재 위기의 늪에 빠진 민주주의를 그대로 방치한다면 대한민국이라는 공동체는 해체의 위협을 경험하면서 예측할 수 없는 방향으로 폭발할 수 있다. 그나마 국민의 관심과 희망을 대변하는 대통령 선거에 결선투표제로 안정감을 싣고, 국회의원직이 국민에 대한 진정한 봉사의 기회가 되도록 특권을 축소하면서 임기의 수를 제한한다면 종신 정치 특권층으로 군림하려는 '정치꾼'들을 도망가게 할 수 있을 것이다. 이런 몇 가지 조치가 민주주의를 부활시키는 데 충분하지는 않더라도 요긴한 출발점이 될 수 있다.

특별자료

목소리를 내는 연습

문숙진 포스텍 대학원 융합생명공학부

1. 목소리를 내지 않는 우리 사회의 모습

지금은 수강생이 100명 가량 되는 대학교 수업 시간이다. 수업시간 후반부로 갈수록 내용은 난해해지고, 교수님의 설명에 이해가 안가는 학생들이 반이 넘게 된다. 교수님이 중간 중간 질문의 기회를 주셔도 질문하는 학생은 별로 없다. 궁금하지만 굳이 알고 싶지는 않은(?) 것일 수도 있고, 뭐든 간에 그냥 빨리 넘어갔으면 좋겠다는 것일 수도 있다. 또는 질문했다가 교수님과 다른 학생들에게 자신의 무지가 탄로날 것이 두려워서일 수도 있고, 수업이 빨리 끝나기만을 기다리는 100여 명의 눈총을 견딜 자신이 없어서일 수도 있다. 여기서 생각해 보자. 전자의 경우는 목소리를 내지 못하는 것이 아니라 안내는 것에 가깝다. 반면에 후자의 경우는 주변의 눈치를 보느라 목소리를 내지 못하는 것이다. 별것 아닌 것 같아도 외부 요인의 눈치를 살피며 웬만하면 나서지 않으려 하는 모습의 흔한 예이다.

240

이제는 많이 사라졌지만 대학원 생활의 뿌리 깊은 악습 중에 '랩비'라는 것이 있다. 대학원에서 학생들에게 일정 수준의 인건비가 주어지면 그 중 일부를 다시 걷어가 연구실 살림에 보태는 것이다. 학생들 회식 용도로 가볍게 몇 만 원 수준으로 걷는 것부터 십만 원 이상으로 올라가 대학원생 인건비의 10% 이상을 걷는 경우까지 다양하다. 대학원 신입생들은 OT 등을 통해 처음 대학원 생활지침 교육을 받을 때 대학원생의 인권 문제와 관련된 여러 사례들과 더불어 랩비 걷기가 엄연히 금지된 것을 배우게 된다. 하지만 신입생 A는 연구실 생활 첫 월급을 받자마자 윤리적 갈등에 부딪힌다. 연구실 선배로부터 랩비를 내라는 소식을 들은 것이다. 이 연구실은 전통적으로 랩비를 걷어왔고 지금 신입생인 너를 제외한 모두가 랩비를 내고 있다는 얘기를 들었을 때, 이 신입생은 어떤 행동을 취할 수 있을까?

앞의 예시들은 모두 가상이다. 하지만 현실에서는 오히려 더 비현실적이라 여겨질 정도의 심각한 일들이 많이 일어나고 있다. 최근 전남의 한 연구소에서 25억 원에 구입한 첨단장비로 연구소 원장의 명절 선물용 참기름을 짠 것이 밝혀져 언론이 떠들썩했다. 그 황당한 연구기자재 유용은 무려 4년간이나 계속되었다. 게다가 원장은 지난 4년간 실험기자재를 납품 받는 것처럼 속여 6천여만 원의 참깨와 포장용 상자를 사는 등 연구비를 횡령한 혐의도 받았다. 연구소 원장이 그러한 행위를 4년간이나 모두에게 비밀을 유지하며 홀로 진행했을 리는 없다. 지시를 받고, 원재료를 사고, 기름을 짜고, 포장을 하는 과정을 지켜보거나 참여한 연구원들이 있었을 것이다. 또한 연구기관이니 분명히 연구비 횡령이나 유용에 대해 감사가 있었을 텐데 4년간이나 보고도 못 본 척, 들어도 못 들은 척 넘어간 감사시스템 관련 위원들도 있었을 것이다. 상식선에서 생각해도 분명히 문제가 있는 행위이므로 연구소 조직원들 역시 이것이 옳지 않은 행위임을 자각하고 있었을 것이다. 여기서 더 깊이 생각해보아야 할 것은 이 행위가 4년간이나 지속되어왔다는 사실이다. 즉 4년간이나 아무도 "이것은 잘못된 것입니다"라고 말하지 못하는 가운데 불법적 일탈행위가 지속되어 왔던 것이다. 이러한 일탈행위가 단순히 조직원 개개인의 도덕성을 탓할 문제이겠는가? 그렇지 않다. 어렸을 때부터의 교육과 조직문화가 복잡하게 얽힌 문제이다.

2. 목소리를 내지 않는 사회의 부작용

2-1. 감시 기능의 상실

가랑비에 옷 젖는 줄 모른다는 말이 있다. 한 명 두 명 입을 다물고 진실을 숨기게 되면 정말 바로잡아야 할 때가 와도 걷잡을 수 없게 된다. 2015년 초는 S대 강 교수 성추행 관련 기사로 연일 뜨거웠다. 직접 피해를 입은 사람, 목격한 사람, 동료 교수들, 졸업생들 모두 힘을 합쳐서 어떤 일들이 있었고 무엇이 잘못되었는지를 밝히고자 했다. 알려지는 사실들은 놀라웠고, 이 뉴스를 처음 접하는 이들은 어떻게 S대 교수가 버젓이 그런 일들을 했는지 경악을 금치 못했다. 여론에 힘이 실리자 많은 이들이 더욱더 용기를 내서 각자의 경험과 생각을 주장했다.

강 교수가 어떤 일을 했고 얼마나 잘못했는지를 떠나서, 이 사건의 전반적인 흐름을 보면 목소리를 내는 것의 한 가지 기능을 알 수 있다. 목소리를 내는 것은 그 자체로 강력한 감시와 자정의 기능을 한다. 피해를 입은 사람은 피해를 입었다고, 목격한 사람은 목격했다고 말함으로써 잘못을 지적하는 것이다. 이 사건을 보면 수많은 피해사례가 쌓여서 공개되기까지 오랜 시간이 걸렸다. 피해사실을 증언하는 피해자 중에는 몇 년 전의 일을 증언하는 이도 있다. 학생들이 강 교수를 대할 때의 행동강령까지 만들어서 피할 정도였는데 어떻게 그것이 그렇게 뒤늦게야 사건으로 드러나게 됐는지 한

번 되짚어보아야 한다.

그 사건은 S대 교내 게시판의 한 글로 인해 공개되었다. 참다못한 누군가가 먼저 용기를 낸 것이다. 그가 행동하기 이전까지는, 심지어 피해자도 강 교수의 행동이 잘못되었다고 말하지 못했다. 누군가가 게시판에 목소리를 내지 않았더라면 그때까지 그래왔듯이 피해자는 계속 생겨났을 것이다. 다들 '내 일은 아니니까', '나만 참으면 돼' 혹은 다양한 여러 이유로 먼저 목소리 내기를 꺼려할 것이기 때문이다. 시간이 갈수록 강 교수의 사회적 지위는 더욱 견고해져 피해자들이 함부로 목소리를 내지 못하는 악순환이 계속되었을 것이다. 불이익을 감수하고서 강 교수에게 "당신의 행동은 잘못되었습니다"라고 말하는 사람은 점점 찾기 힘들어질 것이므로 강 교수가 본인의 잘못을 스스로 인지할 가능성 또한 점점 줄어들었을 것이다.

이렇듯 목소리를 내지 않는 것은 감시의 기능을 잃어버리는 것이고, 이것은 쉽게 악순환으로 이어진다. 감시의 기능을 잃어버린 사회에서는 다들 쉽게 보고도 못 본 척 들어도 못 들은 척 하게 된다. 내 일만 아니라면 그렇게 하는 것이 차라리 편하게 생각되기 때문이다. 그 결과 엄청나게 잘못된 일도 버젓이 일어날 수 있는 것이다. 불이익이 무서워 다들 목소리를 내지 못한다고 하지만, 이는 자신이 피해자가 되었을 때 모두가 외면하는 상황과 다를 바가 없다. 1955년 발간된 『그들은 자신들이 자유롭다고 생각했다 They Thought They Were Free』라는 책에 인용된 다음과 같은 시가 있다.

나치가 공산주의자들을 덮쳤을 때,
나는 침묵했다.
나는 공산주의자가 아니었기 때문이다.

그 다음에 그들이 사회민주당원들을 가두었을 때,

나는 침묵했다.

나는 사회민주당원이 아니었기 때문이다.

그 다음에 그들이 노동조합원들을 덮쳤을 때,

나는 아무 말도 하지 않았다.

나는 노동조합원이 아니었기 때문이다.

그 다음에 그들이 유태인들에게 왔을 때,

나는 아무 말도 하지 않았다.

나는 유태인이 아니었기 때문이다.

그들이 나에게 닥쳤을 때는,

나를 위해 말해 줄 이들이

아무도 남아 있지 않았다.

- Martin Niemoller

목소리를 내지 않아 감시의 기능을 잃어버린 사회는 누구에게도 안전한 사회가 아닌 것이다.

2-2. 미성숙한 의식과 폭발하는 익명 플랫폼

목소리를 내는 연습이 되지 않은 미성숙한 상태에서 익명의 공간이 늘어나는 것은 부작용의 위험이 많다. 현실에서 개인의 행동에는 항상 책임이 따르는데, 이때 인터넷상의 익명 커뮤니티를 책임이 없어도 되는 자유의 공간처럼 느끼게 되면 문제가 생길 수 있다. 그 공간에서는 어떤 말과 행동을 해도 책임을 질 필요가 없다고 생각하므로 사회의 도덕과 가치규범 등을 쉽게 어기기 때문이다. 익명 커뮤니티의 순기능을 제대로 이해하고 활용하는 사람이라면 문제가 없겠지만, 이를 개인의 폭력성과 파괴성을 아무 제약 없이 분출할 수 있는 곳이라고 생각하는 사람이라면 부작용의 위험은 훨씬 커진다.

실제로 다양한 인터넷 커뮤니티들과 페이스북·트위터를 포함한 소셜네트워크 등 어떠한 조건도 없이 익명으로 활동할 수 있는 매체들이 폭발하면서 우리는 그 부작용들을 항상 보고 있다. 특히 극단적인 성격을 가진 일부 커뮤니티들이 문제이다. 과도하게 폭력적이고 선정적인 그들의 글, 자신과 다른 의견을 수용하지 않고 말을 하지 못하게끔 원천 봉쇄하거나 마녀사냥식으로 몰아가는 그들의 행동이 그 부작용의 대표적 실례이다. 특히 그들은 그러한 내용들을 대체로 개그라는 형식을 통해서 쓴다. 개그라는 소재는 의식하지 못한 사이에 사람들의 생각에 스며들기 쉬운 도구이다. 웃으면서 물든다고, 아직 뚜렷이 자기의 생각이 없는 상태에서 인터넷의 여론을 보다 보면 올바르지 않은 생각임을 알면서도 자연스럽게 선동될 가능성이 높다. '어휴 한심한 놈들ㅋㅋ' 하면서 웃다가도 자기도 모르게 물들게 되는 것이다. 개그의 소재 자체가 너무나 자극적이고 충격적이기 때문에 이러한 커뮤니티 회원들은 좀 더 자극적이고 좀 더 선동적인 개념들을 끊임없이 만들어낸다. 또한 집단의 성격을 나타내는 은어와 유행어가 끊임없이 만들어진다. 그 결과 이러한 커뮤니티의 문화를 말해주는 공동의 목소리가 만들어진다. 이 공동의 목소리는 매우 파괴적이다. 예를 들어 세월호 사건과 관련하여 차마 상상하지도 못할 말들을 뱉으며 '드립'이라며 웃는다든가, 특정 연예인을 함께 물어뜯어 공격하기도 한다. 공동의 목소리가 한 사람을 지목하여 비난하기 시작하면 개인의 신상을 턴다든가 협박을 하는 등 범죄적 행위까지도 서슴지 않고 행해진다. 미성숙한 의식이 완전한 익명 플랫폼을 만났을 때 얼마나 파괴적이고 위험한 목소리들로 바뀔 수 있는지 보여주는 사례이다.

과학과 IT기술의 발달은 매우 빠르고, 우리 사회에 새로운 소통의 창구를 끊임없이 만들어내고 있다. 하지만 소통의 창구가 제 역할을 하려면 그것을 이용하는 사람들이 먼저 준비가 되어 있어야 한다. 책임질 수 있는 자기 목소리를 내는 연습이 되어 있어야 하는 것이다. 지금 일부 인터넷 익명 커뮤니티들의 반사회적 행동이 도를 넘으면서 국가의 제재가 있어야 한다는 목소리가 높고 많다. 하지만 커뮤니티들을 없앤다고 해도 또 다른 익명의 플랫폼은 계속 나올 것이기 때문에 이는 부작용에 대한 근본적 해결책이 될 수 없다. 따라서 그 근본적 해결책은 커뮤니티 자체를 규제하는 것이 아니라 이용자들의 의식 수준을 개선시키는 데 있다. 앞으로 10년, 20년 뒤의 한국 사회를 생각한다면 지금의 어린 학생들이 현실에서 자신의 생각을 자유롭게 펼칠 수 있도록 연습시키는 것이 필요하다. 생각을 누르고 살다가 익명 커뮤니티에서 파괴적으로 분출시키는 것이 아니라, 현실에서 충분히 목소리를 내고 책임지는 것을 자연스럽게 느끼게끔 만들어야 한다. 익명의 플랫폼은 끊임없이 나올 것이고, 이 공간들에서 아무리 익명이라도 사회적 책임을 가지고 발언하는 것이 문제의 핵심이기 때문이다. 어떻게 어린 학생들이 현실에서 자신의 생각을 펼치게끔 연습시킬 수 있는가? 이는 '5-1 시험문제 바꾸기'에서 다루겠다.

3. 왜 사람들은 목소리를 내지 못할까?

3-1. 손익 계산

목소리를 내기 전, 사람들은 먼저 계산을 하게 된다. 내가 목소리를 냄으로써 얻는 이익과 그로 인해 오는 손해를 생각해보는 것이다. 예를 들어 교수가 연구비를 유용하여 본인 소유의 컴퓨터를 사는 것을 보았다면 이 과정에서 다음과 같은 계산과정이 일어날 수 있다.

    i. 교수님께 직접 말한다. "교수님, 연구비를 유용하여 개인 컴퓨터를 사는 것은 잘못된 것입니다."

→ 적어도 이 학생이 있는 동안은 해당 교수가 대놓고 연구비를 유용하지 못할 것이다. 하지만 이 학생은 교수에게 찍힐 가능성이 매우 높다. 연구실 생활이 힘들어질 수 있고 심하게는 연구실에서 나가게 되거나 교수의 실력행사로 인해 관련 분야에서 매장 당할 수 있다.

    ii. 학내 기관에 제보한다.

→ 규정에 따라 교수는 합당한 처벌을 받을 것이다. 하지만 내부 고발자가 있었다는 것을 교수가 알게 되면 그때부터 연구실 학생 전체의 생활이 힘들어질 수 있다. 교수가 학생들을 배신자 혹은 잠재적 배신자로 생각할 수 있고 만약 제보자가 밝혀질 경우 연구실 생활의 지속이 심각하게 어려워질 것이다.

    iii. 못 본 것으로 한다.

→ 해당 교수는 컴퓨터를 잘 쓸 것이고, 연구실은 평소와 다름없이 돌아갈 것이다. '이건 옳지 않은데…'라는 양심의 가책이 있을 수 있지만 시간이 감에 따라 이 불편한 감정은 빠르게 잊혀질 것이다. 나의 일상에도 큰 변화가 없을 것이고 평소처럼 하던 일을 하면서 지내면 된다.

사람들이 목소리를 내지 못하는 이유는 간단하다. 이처럼 단순한 예를 생각해 보아도 얻는 것보다 잃는 것이 많기 때문이다. 많은 조직에서 잘못된 것을 잘못된 것이라고 말하는 행위 자체가 마치 배신이나 하극상, 그 이상의 나쁜 행동인 것처럼 금기시되고 있다. 조직의 책임자가 나서서 그런 분위기를 조장하는 경우도 있고, 구성원들이 미리 겁을 먹고 알아서 조심하는 경우도 있다. 윗선의 비리를 고발할 때는 강력한 불이익을 줄 것임을 암시하는 경우도 있을 수 있다. 어떤 이유든 이러한 분위기는 쉽게 내부 고발자에 대한 보복성 행위들로 이어진다. 지적 받은 사람이 잘못을 시정하는 것과는 별개로 제보자에 대한 분풀이와 불이익이 거리낌 없이 공개적으로 일어나는 것이다. 이를 목격한 주변인들은 공포를 느끼게 되고 잘못된 것을 지적하는 것을 더욱 조심하게 된다. 이 악순환은 조직의 구성원들로 하여금 '내가 나서봤자 나만 피해를 입을 뿐 바뀌는 건 없다'고 판단하게 할 만큼 견고해진다. 그 결과 사람들은 점점 목소리를 내지 못하게 되는 것이다.

3-2. 미약한 내부 고발자 보호 시스템

손익 계산 과정이 개인의 마음속에서 일어나는 메커니즘이라면, 사회 시스템 자체에도 문제가 존재한다. 내부 고발자를 보호하는 시스템이 아직 미약해서 어떤 식으로든 제보자가 불이익을 받는 것을 피할 수 없기 때문이다.

내부 고발이란 조직의 일원이거나 한때 조직에 속해 있었던 사람이 내부의 부정한 행위를 폭로하는 것을 말한다. 내부 고발을 통해서 긍정적인 자정작용이 일어날 수 있지만, 제보자에게는 항상 불이익 위험이 존재하기 때문에 제보하기까지는 고민과 용기가 필요하다.

제보자가 겪는 불이익의 형태는 매우 다양하다. 제보자가 공동체의 공익을 해치는 존재처럼 인식되기도 하고, 고발을 당한 사람이 힘닿는 데까지 제보자에게 불이익을 주는 진풍경(?)이 펼쳐지기도 한다. 2014년에 23세의 한 용기 있는 청년이 외교부 부서의 업무추진비 유용을 밝힌 일을 일례로 들 수 있다. 이 청년은 국민권익위원회에 외교부 해당 부서의 비리를 제보했고,

조사결과 해당 부서가 총 57차례에 걸쳐 1천400만 원의 업무추진비를 유용한 것이 밝혀졌다. 그런데 이후에 비리를 감시하는 역할의 외교부 감사관실에서 오히려 직원들을 감싸주는 황당한 상황이 연출되었다. 제보자가 개인적 앙심을 품고 제보를 했다며 제보 의도를 왜곡하고, 제보자의 새로운 근무지에 별도의 공문을 보내서 근무태도에 대한 징계를 요청한 것이다. 이렇듯 아직 제보자가 겪는 불이익은 공개적이고 마치 당연한 것인 양 일어난다. 제보자에 대한 보복성 행위를 막기 위한 장치들이 있어도 제대로 작동하고 있지 않다. 국가에서 내부 고발자를 보호하기 위해 여러 가지 법을 제정하고 있지만 아직 미흡한 점들이 많다.

2002년 타임지 표지에는 세 명의 올해의 인물이 등장했다. 38억 달러에 달하는 월드컴의 회계 비리를 폭로한 신시아 쿠퍼, 9·11테러 전후 FBI의 잘못들과 이를 감추고 왜곡하려는 이들을 통렬히 비판한 FBI요원 콜린 롤리, 엔론의 7억 달러 회계 비리를 폭로한 셰런 왓킨스가 그 주인공들이다. 당당하고 굳센 모습으로 표지를 장식한 그들을 통해 내부 고발을 장려하고 그들의 용기를 칭송하는 사회의 모습을 볼 수 있다. 반면에 부끄럽게도 우리나라에서 제보자들이 언론에 나온다 하면 제보자가 죄인인 양 위축되거나 고통스러워하는 모습이 주로 등장한다. 심지어는 제보자들의 제보 후 고통 받는 삶이 영화나 다큐멘터리로 나오는 경우도 많다. 가장 최근 대한항공의 박창진 사무장이 얼굴과 실명을 공개하고 결연한 의지를 말한 것이 그나마 발전한 모습이다. 개인의 용기와 의지만을 장려할 것이 아니라, 제보자를 보호하는 장치를 확립하고 보복성 행위에 대한 징벌을 강화하는 등 시스템도 함께 진화해야 한다.

3-3. 집단 트라우마

우리나라는 집단의식이 강한 만큼 집단 트라우마에 사로잡힐 위험이 크다. 2014년 세월호 사건은 국민들의 마음에 깊은 슬픔과 상처를 남겼다. 안타깝게 떠난 어린 학생들과 희생자들을 다들 진심으로 추모하고 남은 이들을 돕고자 하는 움직임이 널리 일어났다. 그런데 신기하게도 시간이 1년 남짓 지나자 세월호라는 단어 자체를 금기시하려는 현상이 나타나기 시작했다. 세월호 얘기를 꺼내는 것은 '지겹다', '언제까지 세월호 타령만 하느냐' 등 부정적인 반응을 불러일으키기도 했다. 물론 1년이 넘게 같은 주제가 뉴스와 커뮤니티를 도배해서 정말 지겹게 느껴진 것일 수도 있겠지만, 내 생각에는 다른 이유가 있는 것 같았다.

최근 『영화로 만나는 치유의 심리학』(김준기 지음)이라는 책을 읽었다. 내용 중 실화를 바탕으로 한 〈위 아 마셜〉이라는 영화를 소개하는 부분이 있었는데, 내게는 이것이 세월호 사건이 금기시되는 이유를 잘 설명하고 있다고 느껴졌다. 트라우마를 경험한 사람에게는 그 트라우마를 떠올리게 하는 '트라우마 트리거(trigger)'가 남는다. 자동차 사고로 가족을 잃은 사람이 큰 경적소리만 들려도 화들짝 놀라는 것, 추락사고를 목격한 사람이 누군가 높은 곳에 있는 것만 보아도 아찔해 하는 것, 성폭행 피해 여성이 남편과의 잠자리가 불쾌해져 피하게 되는 것, 모두가 트라우마 트리거의 예이다. 트라우마로 인한 상처가 깊을수록 사람들은 트라우마 트리거가 되는 모든 것들을 피하게 된다. 그래야지만 마음이 편하기 때문이다. 〈위 아 마셜〉에서는 헌팅턴 도시의 자랑이자 자부심인 '선더링 허드'라는 대학 미식축구팀이 나온다. 그런데 이 팀에 비행기 사고가 나서 하루아침에 선더링 허드 팀원 대부분이 사망하는 일이 발생한다. 선더링 허드의 소속 대학은 물론 헌팅턴 도시 주민 전체가 큰 상실감과 고통에 빠진다. 사랑 받는 팀이자 도시의 자랑이었던 미식축구팀이 한순간에 사라지면서 도시 전체에 트라우마가 남은 것이다. 그 때부터 이 도시에서는 선더링 허드에 관련된 모든 주제가 금기시 된다. 선더링 허드와 관련된 주제들이 아픈 기억을 떠올리는 트라우마 트리거가 되어 다들 이를 피하고자 했기 때문이다. 이러한 현상을 '집단 트라우마'라고 한다. 영화에서는 트라우마가 남지 않은 잭 렌겔이라는 외부 인사를 코치로 임명하여 다 함께 집단 트라우마를 극복하는 과정을 그린다. 살아남은 선더링 허드 팀원들과 마을 사람들 모두 처음에는 계속 팀을 재건하는 것을 고사하지만, 결국 잭 렌겔의 노력을 통해 주민들 모두 트라우마를 극복하고 선더링 허드 재건에 성공한다. 재건된 선더링 허드는 20년이 지나 우승까지 하는 명문 팀으로 거듭나서, 더 이상 트라우마 트리거가 아니게 된다.

우리나라에서 세월호는 그 자체로 강력한 트라우마였다. 세월호를 언급하는 것은 굳이 불편하고 아픈 기억을 꺼내는 것처럼 느껴졌다. 2014년은 전체적인 슬픔이 너무 커서 어딜 가나 애도의 물결이 넘쳤다. 하지만 그 애도의 열기가 조금 가라앉자 많은 사람들이 세월호와 관련된 모든 것들을 금기시하기 시작했다. 지금은 세월호 얘기를 꺼내는 사람들이나 공론화 하고자 하는 사람들이 더 이상 목소리를 내지 못하게끔 하는 분위기가 형성되고 있다. 하지만 이 집단 트라우마를 해결하고 앞으로 유사한 사건이 일어나지 않게 하려면 트라우마 트리거를 피해서는 안 된다. 끊임없이 얘기하고 관련 주제가 언론에 계속 등장할 수 있도록 해야 하는 것이다. 비록 직접 어떤 주장을 하는 것은 아니더라도 다른 사람이 목소리를 내는 것을 비난하는 분위기를 형성해서는 안 된다. 불편해도, 해결이 될 때까지는 관련 주제에 대해 목소리를 내서 정면 돌파를 해야지만 트라우마를 치유할 수 있고 같은 일이 반복되지 않게 할 수 있기 때문이다.

이것은 비단 세월호에만 한정된 것이 아니다. 우리나라의 강력한 공동체 의식은 사람들을 집단 트라우마에 취약하게 했다. 그 결과 굵직한 사건들이 있을 때마다 잠깐 온 국민이 들끓었다가 금세 트리거가 되는 모든 것들로부터 도망치는 현상이 일어났다. 불편한 주제가 조금만 오래 지속되어도 '아직도 그 얘기냐' 하며 주제에 대한 깊은 토론 자체를 봉쇄하는 것이다. 관련된 얘기를 꺼내는 것 자체가 금지시 되는 분위기가 형성되고, 이것은 쉽게 '타인에 대한 무관심 + 자극적인 흥밋거리를 찾는 본능'과 합쳐진다. 그래서 확 끓어올랐다가 금세 잊고 다른 주제를 찾는 냄비근성에 비유되기도 한다. 이는 우리 사회의 의식이 성장하려면 반드시 해결해야 할 부분이다. 좀 더 성숙한 사회가 되려면 집단 트라우마가 발생했을 때 이에 대한 목소리를 냄으로써 정면 돌파하거나, 적어도 목소리를 내는 사람들을 막는 분위기를 형성해서는 안 되는 것이다.

4. 목소리를 내야만 하는 이유

목소리를 내는 것의 가장 큰 기능은 보호와 감시이다. 보호는 목소리를 냄으로써 자기 스스로를 주변으로부터 보호할 수 있는 것을 말하는 것이고, 감시는 부정한 행위가 누군가에 의해 알려질 것을 의식하여 너도나도 함께 조심하게 되는 것을 말한다.

4-1. 보호

보호의 가장 큰 의미는 스스로를 부당함으로부터 지키는 것이다. 당신이 아닌 것에 대해 목소리를 내는 사람이라는 것을 주변인들이 알게 되면, 그들은 적어도 당신 앞에서는 조심하게 된다. 처음에야 좀 불편하겠지만 어떠한 집단이건 본인이 속한 곳에서 스스로를 지킬 수 있다는 것은 많은 의미를 갖는다. 사람은 평생을 살면서 많은 집단에 속하게 되고 각각의 상황에 따라 여러 어려움을 겪는다. 우리는 어떤 문제들이 발생할지 예측할 수 없으며, 일이 다 해결되기 전까지는 최선의 해결방법이 무엇인지도 알 수 없다. 이때 문제들에 대한 제일 효과적인 예방법이자 해결책이 바로 목소리를 내는 것이다. 처음부터 "저는 개인적 신념이 있어서 술을 안마십니다"라고 확고히 말하고 이에 책임을 지는 행동을 보여주면, 아무리 회식자리라도 도를 지나친 음주강요는 불가하게 된다. "저는 키가 작은 것이 콤플렉스라 키로 놀리는 것 별로 안 좋아해요"라고 웃으면서 한 번쯤 얘기하면 이를 들은 사람들은 키로 놀리는 것을 조심하게 된다. 뇌물이나 비리에 엄격한 잣대를 대는 사람임을 주변에 알리면 주변인들은 이 사람에게 함부로 부정한 방법으로 접근하는 것을 조심하게 될 것이다. 스스로를 지키는 것은 결국 자신이 해야 할 일이고, 거창한 대의나 호소가 없더라도 목소리를 내는 행동만으로도 많은 부분을 예방할 수 있다.

예전에 읽은 책에서 아직도 기억나는 내용이 있다. 2차 세계대전 중·민간 유대인 마을을 습격하여 어른 아이 할 것 없이 일렬로 세워놓고 차례로 총을 쏴 죽일 것을 명령 받은 한 부대가 있었다. 부대장은 대원들 중 이 일을 하기를 원치 않는 사람이 있는지 물어보았다. '보복이 두려워서라도 누가 안 한다고 하겠나' 생각했는데 놀랍게도 적지 않은 수의 대원들이 저는 할 수 없다고 총살을 집행하는 대열에서 이탈했다. 이것은 상황 속에서 어쩔 수 없었다고 주장하는 대부분의 나치전범들의 말과는 전혀 반대되는 것이었다. 전쟁에 참여한 많은 이들은 총살과 고문 등을 직접 수행하고 평생을 끔찍한 죄책감과 트라우마에 시달린다. 전쟁 당시에는 상부 명령에 따라 가해자가 되었지만 결국 그로 인해 평생을 고통 받는 피해자가 되는 것이다. 이 이야기에서 총살 대열에서 이탈한 군인들은 용기 내서 양심의 목소리를 냄으로써 평생의 죄책감으로부터 스스로를 보호한 것이다. 많은 이들이 인정하고 싶지 않겠지만, 이런 사람들이 존재하는 이상 "상황 속에서 나는 말할 수 없었다"라는 말은 변명이 되고 마는 것이다.

어느 집단이건 혼자서 목소리를 내는 것은 많은 용기와 부담을 필요로 한다. 하지만 그렇다고 해서 이것이 불가능하거나, 혼자만의 용기로 끝나는 것은 아니다. 보호의 개념은 모두가 목소리를 내는 사람이 되어 '모두가 모두를 보호'하는 감시로 이어질 수 있다.

4-2. 감시

목소리를 내는 것의 또 다른 기능으로 '감시'가 있다. 집단에 문제점이 보이면 이를 해결하기 위해 자정작용을 거쳐야 한다. 문제를 해결하기 위한 집단의 자정 작용에는 상부 명령을 받아 해결하는 top-down 방식보다 구성원 개개인을 열린 감시자로 두고 그들의 목소리가 자유롭게 나오게끔 하는 것이 훨씬 효율적이다. 소수의 상부 인원이 집단 전체를 구석구석 돌아보기 어렵고, 대부분 부정한 행위를 할 때 상부에는 들키지 않도록 조심하기 때문이다. 부하직원들은 대체로 상사로부터 부정한 행위를 하게끔 명령을 받아 수행하는 입장에 놓이므로 실상을 훨씬 잘 알 수밖에 없다. 따라서 소수의 인원에게 감시자의 역할을 줄 것이 아니라 집단 구성원 전체가 감시자가 되도록 하는 것이 훨씬 효율적이다. 다만 이 과정에서 집단 구성원이 이후 보복이나 불이익을 받지 않도록 보호하는 시스템이 잘 갖추어져야만 감시의 기능이 제대로 작동할 수 있다.

또한 자정작용에서 top-down 방식은 애초에 문제가 있다. 명령을 내리는 top에 문제의 원인이 있는 것이라면 명령을 받는 입장에서는 해결이 불가능하기 때문이다. 최근 우리나라 공군참모총장이 비리 의혹을 받자 헌병대를 동원하여 내부 고발자를 색출하는 일이 있었다. 참모총장은 공군 각 부대로 지휘서신을 내려 보내 '발본색원', '유언비어를 퍼뜨린 사람을 찾아내 엄단' 등의 표현을 쓰며 자신의 비리를 제보한 제보자를 색출하려 했다. 본인의 비리 의혹이 참인지 거짓인지 밝혀지기도 전에 제보자를 찾아서 엄단하겠다는 이러한 태도는 애초에 '제보', 즉 내부 감시의 기능을 없애겠다는 것과 다름없는 행위이다. 제보자가 아무리 괘씸하다고 해도 헌병대를 개인의 양심을 푸는 데 쓰다니 코미디가 따로 없다. 이렇듯 집단의 자정작용에 있어 문제의 원인이 top에 있는 경우는 위와 같은 문제가 발생할 수 있다. 만약 구성원 개개인의 목소리를 내는 것이 훨씬 자유롭고 그 이후가 철저히 보호받는 시스템이 있다면 내부 고발이 신경 쓰여서라도 부정한 행위들이 한층 줄어들 것이다.

플라톤이 남긴 말 중에 "정치에 참여하지 않는 가장 큰 벌은 가장 저질스러운 인간들에게 지배당하는 것이다."라는 것이 있다. 내게는 이것이 개개인들이 끊임없이 본인의 목소리를 내서 감시의 기능을 활성화시켜야 한다는 것으로 들린다. 정치에 참여하는 것이 곧 목소리를 내는 것이고, 많은 사람들의 관심과 의견이 있다면 이로부터 감시를 받는 정치인들은 올바르게 행동하도록 노력하게 될 것이다. 감시가 없다고 느껴지는 순간, 본인이 어떤 잘못을 해도 문제가 없을 것으로 안전하게 여겨지는 순간, 그 집단에는 부패가 시작되는 것이다.

5. 목소리를 내는 연습은 어떻게 해야 하는가?

5-1. 시험문제 바꾸기

어린 시절의 올바른 교육은 정말 중요하다. 유년기부터 청년시절까지 받은 교육으로 형성된 가치관은 성인이 되면 거의 비가역적으로 굳어져 평생의 사고방식을 좌우한다. 올바른 목소리를 내려면 일단 청소년 시절에 깊이 생각하는 습관을 들여야 한다. 그래야지만 성년이 되었을 때 각자의 성숙한 생각들을 사회적 책임을 바탕으로 하여 현실에 옮길 수 있는 것이다. 하지만 우리나라의 교육은 학생들을 생각하도록 훈련시키는 것보다는 외우는데 능숙해지도록 훈련시키고 있다. 이 부분에 대해서 대학교 동기들과 맥주 한 잔 하면서 몇 번 얘기를 나눈 적이 있었는데, 내가 생각한 해결책은 매우 간단했다. 시험문제를 바꾸면 되는 것이다. 내가 대학에 들어가서 제일 인상 깊었던 것 중 하나가 시험문제가 이전과는 판이하게 다르다는 것이었다. 공부하는 학생들에게는, 특히나 우리나라처럼 높은 성적을 받아 명문대학에 들어가는 것이 중요하게 여겨지는 곳에서는 무슨 답을 쓰건 간에 높은 성적을 얻는 것이 목표가 된다. 우연히 찍어서 맞았어도 성적만 좋으면 문제가 없는 것이다. 공부를 잘 하는 것과 요령이 좋은 것은 별개인데 상황이 이렇다 보니 공부를 잘한다는 학생들 중 아는 것은 겉껍질뿐이지만 요령이 좋은 학생들의 비율이 적지 않다. 그 결과 배우는 과목을 깊이 이해하고 탐구하려던 학생들도 결국엔 진이 빠져서 '언어영역 지문 1분 만에 이해하기' 따위의 인터넷 강의를 듣게 되는 것이다.

이러한 문제가 생기는 근본적인 원인은 시험문제에 있다. 내가 공부하던 중고등학교 때는 너무 익숙해서 몰랐지만, 중고등학교의 시험문제는 스킬(요령)이 없으면 절대 제시간에 다 풀 수가 없다. 과외를 하면서 학생들 문제를 풀어보니 그러한 문제 30개를 50분 내에 푼다는 것은 어불성설이었다. 그런 시험 스타일을 가지고 학생이 깊이 생각하며 문제에 대해 고찰하기를 바라는 것은 억지였다. 성적이 좋은 학생들은 애초에 문제 유형을 외워서 문제를 보자마자 기계적으로 빠르게 답을 낼 수 있는 학생들로 채워졌다. 이러한 현상의 결과 학생들은 공부를 할 때도 딱히 생각을 할 필요가 없다. 그냥 통째로 외우면 되는 것이다.

나는 나름대로 공부를 열심히 했다고 생각했는데, 대학에 와서 처음으로 서술형 시험문제를 만나보니 도대체 풀 수가 없었다. 시험문제는 나의 생각을 묻고 있었다. 고등학교 시절처럼 공부했던 나는 당연히 시험공부 과정에서 '나의 생각'을 해본 적이 없었던 것이다. 그 결과 평균에 한참 못 미치는 점수를 받았다. 이 경험을 통해 나는 새로운 사실을 깨달았다. 학생들은 높은 점수를 받는 것이 목표이므로, 시험문제가 어떤 스타일로 나오느냐에 따라 그에 맞는 공부를 하게 된다. 외우는 것이 중요한 시험문제라면 외워서 공부하게 되고, 사고하는 것을 필요로 하는 시험문제가 나온다면 공부할 때 사고하게 된다. 공부할 때 이미 시험문제가 어떻게 나올지를 의식하면서 공부하기 때문에 문제 스타일에 따라 공부하는 방법 자체가 달라지게 되는 것이다. 이것은 매우 중요한 의미를 갖는다. 시험문제를 어떻게 내냐에 따라 학생이 생각을 하게끔 훈련시킬 수 있기 때문이다. 학부 과정 동안 학생의 깊은 생각을 요구하는 시험문제들을 여러 번 보았고, 그에 따라 나뿐 아니라 주변 친구들 모두 '나의 생각'을 깊이 하고 표현하는 훈련을 할 수 있었다.

목소리를 내려면 그 전에 '나의 생각'을 생각하는 훈련부터 해야 한다. 자기 의견을 깊이 생각하는 그 훈련은 바로 중고등학교 시절에 이루어져야 한다. 그런데 지금의 시험문제들은 최대한 생각을 안하고 미리 외워서 기계적으로 풀어야지만 점수가 잘 나오게끔 되어 있다. 목소리를 내는 연습의 첫걸음으로 중고등학교의 시험문제가 바뀌어야 한다. 물론 처음부터 통째로 서술형 문제로 바꾸는 것은 어렵다. 아직 우리사회는 좋은 점수를 얻어 지옥의 입시제도를 통과하는 것이 너무 중요하므로, 점수를 매기기 어려운 서술형 문제를 함부로 도입하기에는 문제가 있을 것이기 때문이다. 하지만 지금처럼 100점 만점의 객관식 시험문제에 보너스 5점의 서술형 문제를 넣는 것은 가능하다고 본다. 공부를 열심히 하는 학생들은 5점도 충분히 중요하므로 시험공부를 할 때 보너스 문제에서 요구하는 것을 의식하며 공부할 것이다. 보너스 문제가 학생의 생각에 따라 나온 논리, 창의성에 따라 점수를 준다면 학생들은 점차 공부할 때 외우는 것 외에도 '생각하는 것'의 존재를 의식하게 될 것이다. 작은 첫걸음이지만 이런 식으로 점차 중고등학교의 시험문제를 바꾸어 나가면 학생들로 하여금 생각을 깊이하고, 정리하는 연습을 시킬 수 있을 것이다. 목소리를 내기 전에 개인의 가치관에 기반한 생각들을 정리하는 것은 필수적이다. 따라서 목소리를 내는 연습에 있어 중고등학교의 시험문제를 바꾸는 것은 중요한 첫 단추가 될 것이다.

5-2. 목소리를 내는 것에 대한 장려와 보호

목소리를 내는 것은 거창하게 시작할 필요가 없다. 시험문제를 통해서 생각하는 연습을 시킨 후, 생각이 들면 드는 대로 표현하기 시작하면 된다. 학교나 대학에서는 학생들의 질문을 장려해야 한다. 엉뚱한 소리를 하더라도 무안을 주지 말고 일단 들어보고 논리에 맞다면 인정할 수 있어야 한다. 기관 차원에서 나서서 목소리 내는 것을 장려할 수도 있다. 특히 나는 학부 시절 동안 우리 학교의 상담센터에 깊은 감명을 받았다. 상담센터라 하면 보통 큰 문제가 있을 때나 찾는 어려운 공간으로 생각한다. 하지만 우리 학교의 상담센터는 정말 편안한 열린 공간이었다. 어떤 말이어도 상관없으니 편하게 와서 얘기하다 가면 된다고 대학교 입학 초기부터 교육을 받았다. 학교는 상담센터를 통해서 학생들이 자유롭게 각자의 주제로 목소리를 내게끔 장려했다. 그러다 보니 많은 학생들이 사소한 고민부터 중대한 문제들까지 어렵지 않게 가서 상담을 받았다. 얼마나 학생들이 편하게 이용하느냐면 내가 아는 남학생들 상당수가 대체 왜 여자 친구가 생기지 않는지 상담을 받았다. 상담 받는다고 해결될 문제는 아니지만, 어쨌든 고민을 말하고 함께 생각해 본다는 데에서 해결의 실마리를 찾을 수도 있는 것이었다. 이외에도 음주 문제, 게임 중독, 수업 성적, 우울증과 강박증 등등 많은 학생들이 각자의 주제로 목소리를 냈다. 대화를 통해서 학생들은 문제를 해결하는 데 도움을 받았다. 성추행 신고 등 학생이 혼자 엄두를 내지 못하는 부분도 일단 용기를 내서 말하면 많은 도움을 제공했다. 학생에 대한 완전한 익명을 보장하고 제보한 학생을 보호하면서 문제를 해결할 수 있도록 기관으로서 할 수 있는 최선을 다해주었다. 이렇듯 기관 차원에서 학생들이 자유로이 목소리를 내는 것을 장려하는 방안도 건강한 사회를 유지하는 데 상당히 효과적으로 기여할 가능성이 높은 방법이다.

개개인이 목소리를 내도록 장려하는 것과 동시에, 자유로운 목소리 내기가 가능하도록 보호 장치도 충분히 갖춰져야 한다. 보호 장치는 매우 중요하다. 만약 목소리를 내는 것이 불이익으로 이어진다면 '목소리 내기'의 모든 것들이 불가능하게 된다. 보호 장치가 확립되어야지만 불이익의 두려움 없이 옳은 것은 옳다, 잘못된 것은 잘못되었다고 각자의 생각을 자유로이 말할 수 있게 된다. 앞서 살펴보았듯이, 내부 고발자는 다양한 불이익의 위험에 노출되기 쉽다. 심지어는 고발당한 사람이 오히려 제보자를 죄인으로 만드는 경우가 허다하다. 개인의 사익을 위해서 제보했다거나, 본인에게 앙심을 품고 복수하기 위한 목적이라는 등등이 흔히 고발당한 사람이 펼치는 주장이다. 그런데 어떤 식으로 제보자의 목적을 왜곡한다고 한들 고발당한 사람이 부정한 행동을 했음은 변하지 않는다. 따라서 결과적으로 조직의 썩은 살을 도려내고 치유시키는 자정 과정은 제도적으로 보호받아야 한다. 그래야지만 회사 돈이 새는 것, 세금이 개인의 이익에 쓰이는 것, 추가 피해자가 생기는 것 등 부작용들을 없앨 수 있기 때문이다. 만약 정말로 제보자가 불순한 목적이 있어 고발했다면 그는 그에 합당한 처벌을 받으면 된다. 제보자가 없는 사실을 만들어가며 무고한 사람을 모함한 것이라면 당연히 무고죄로 처벌 받으면 된다. 결백한 사람을 모함하는 경우가 아닌 이상, 제보자의 목적이 무엇이건 간에 고발당한 사람의 부정한 행동은 덮어질 수 없다. 따라서 해당 조직은 오히려 더 많은 이들이 잘못을 지적할 용기를 낼 수 있도록 장려해야 하는 것이다. 이렇듯 전체의 공익을 위한 자정작용이라는 내부고발의 본 목적을 살리기 위해서는 반드시 제보자에 대한 보호 장치가 확립되어야 한다.

어느 조직이든 잘못된 것을 바로잡고 자정작용을 해나가는 것은 매우 중요하다. 구성원의 목소리를 듣는 것이 건강한 집단을 만드는 데 매우 효율적인 방법임은 자명한 사실이다. 이를 위해서는 구성원 개개인이 불이익의 두려움 없이 목소리를 낼 수 있도록 하는 것이 중요하다. 잘못을 지적당한 사람이 제보자를 알게 되면 당연히 앙심이 남게 된다. 따라서 보복성 행위를 제한하는 법을 만든다고 해도 일단 제보자 보호를 위한 가장 안전한 방법은 완전한 익명 제보이다. 이때 제보 후 사건 검증 단계에서도 지적을 받은 당사자가 제보자를 알 수 없도록 되어야 완전한 익명 제보라고 할 수 있다. 부득이하게 사건 검증 단계에서 제보자가 드러나는 경우라면 사건의 검증부터 해결까지의 단계를 최소화시켜야 한다. 그래야지만 사건 검증 기간 동안 현장에서 제보자가 받는 불이익이 최소화될 수 있기 때문이다. 문제가 해결된 이후에 만약 고발당한 사람이 제보자를 알게 되었을 경우, 보복성 행위가 이루어지지 않도록 제보자에 대한 강력한 보호조치가 있어야할 것이다. 제보자의 완전한 익명성은 쉽게 무고한 사람을 모함하는 데 악용될 소지가 있는데, 이것은 또한 무고죄의 처벌 강화를 통해 보완해야 할 것이다.

최근 서울 소재의 한 중학교에서 학교폭력 근절을 위한 대책으로 '친구 명찰'이라는 것을 도입했다. 학교폭력을 목격했을 때 명찰을 누르면 라디오 주파수를 이용한 무선 알림을 통해 담당 교사에게 신고가 접수되는 시스템이다. 이때 신고자의 보복성 피해를 막기 위해 교사만이 식별 가능한 코드로 신고가 접수된다. 처음에는 장난 신고가 많았으나 장난 신고 시 벌점을 주는 식으로 규제하자 실제 학교폭력 근절에 효과를 보이고 있다고 한다. 중학교에서 시범적으로 시행하는 제도이지만 사회에서도 고려해 볼 법한 개념이라고 생각한다. 신고 절차가 간단하며, 제보자의 익명이 확실히 보장되어 2차 피해를 예방하고, 익명 제보를 악용하는 경우 크게 처벌하는 일련의 과정은 본받아도 좋을 시스템이라고 생각한다.

6. 맺는말

'10년 내에 한국사회가 당면할 가장 중요한 이슈는 무엇이며, 어떻게 대처해야 하는가?' 이 주제에 내가 내린 답은 이렇다. 국가의 빠른 성장을 감당할 수 있는 '사회적 청렴과 도덕성'이 문제가 될 것이고, 이는 목소리를 내는 것의 순기능인 '보호와 감시'로 해결해야 한다.

우리 사회는 아직 자유롭게 목소리를 낼 만큼 개개인에 대한 보호제도가 완벽하지 않다. 군 내부 비리 제보에 참모총장이 나서서 제보자를 색출하는 실정이다. 내부 감시를 봉쇄하는 조직은 곧 조직의 자정작용 저하 및 부패로 이어지게 된다. 이러한 집단이 많아질수록 사회의 청렴은 빠르게 망가진다. 개개인 역시 본인의 생각을 구체화하고 밖으로 끄집어내는 데 미성숙한 부분이 많다. 인터넷 커뮤니티나 소셜네트워크 등 익명 플랫폼은 폭발적으로 증가하는데 이 도구들의 순기능이 무색할 정도로 욕설, 비방, 선동의 글이 난무한다. 화두에 오르면 누구나 쉽게 마녀사냥을 하고, 믿을 수 없을 만큼 비도덕적인 글을 개그라며 웃어넘긴다.

내가 이 글을 통해서 주장하고 싶었던 것은 그러므로 연습을 해야 한다는 것이다. 목소리를 내는 연습이 되어서 사회 구성원 개개인이 본인의 가치관에 따라 깊이 생각하고 말할 줄 알게 되고, 부당한 행위들로부터 스스로를 보호하고 주변을 감시할 수 있게 된다면 그것이 바로 성숙한 시민의식이고 도덕성이며, 사회적 청렴이라고 생각한다. 우리나라가 국가경쟁력 평가에서 몇 위를 했느니, 성장속도가 어떻다느니 뉴스가 많지만 결국 사회적 청렴과 도덕성이 받쳐주지 않으면 모래성일 뿐이다. 이에 대한 인지와 노력이 있어야지만 건강하고 행복한 사회가 될 수 있다. 목소리를 내는 것을 장려하는 사회가 되어 시민 스스로가 자신을 보호할 수 있고 수많은 집단에서 부정행위에 대한 올바른 감시와 자정이 이루어진다면 우리가 원하는 건강하고 행복한 사회에 한층 가까워질 수 있을 것이다.

감염병 예방, 어디까지 준비했니?

박유진·박윤정 이화여자대학교 약학과 5학년

2025년, 한국에 알 수 없는 감염병이 돌고 있다는 소문이 들린다. 지금 당장 백신이 필요하지만 우리나라에는 아직 백신이 만들어지지 않아 외국에서 들여와야 한다고 한다. 오! 드디어 개발한 모양이다. 하지만 달걀로 만든 소량 백신인 탓에 내가 맞을 차례는 한참 멀었다. 과연 나는 이 혼돈 속에서 살아남을 수 있을까?

우리나라가 더워지고 있다

해마다 봄이 되면 전국에서는 꽃놀이가 한창이다. 전국의 연인들은 거리로 쏟아져 나와 흐드러진 벚꽃을 보며 흐뭇해 한다. 하지만 나는 제대로 벚꽃놀이를 가본 적이 없다. 매년 중간고사 기간은 비슷한데 어쩜 그렇게 딱 그 기간에만 개화를 하는지. 하지만 올해 드디어 벚꽃을 보러 갈 수 있었다.

263

무려 시험 기간보다 2주 전에 개화를 했기 때문이다. 일단 나는 꽃놀이를 시험에 쫓기지 않고 즐길 수 있어 좋았지만, 참 이상한 일이라고 생각했다. 어째서 재작년까지만 해도 이때는 꽃이 피지 않았는데, 해가 갈수록 꽃이 일찍 피는 것일까?

개화는 온도와 밀접한 관련이 있다. 꽃은 적당한 온도가 되면 봉오리를 터트린다. 그렇기 때문에 해마다 개화는 남쪽에서부터 서서히 북상한다. 따라서 개화 시기가 앞당겨지는 것은 결국 우리나라의 기온이 상승하는 것을 반증하고 있는 셈이다.

실제로 우리나라는 꽤 오래 전부터 기온이 상승하고 있었다. 환경부와 기상청에서 발표한 〈한국 기후변화 평가 보고서 2014〉를 보면 한반도의 연 평균 기온은 1954~1999년 기간에는 10년에 0.23도 올랐지만, 1981~2010년에는 10년에 0.41도가 상승했다. 2001년과 2010년 사이에는 0.50도가 올랐다. 단순히 온도가 상승할 뿐 아니라 그 기울기도 증가하는 것을 알 수 있다. 이 정도의 속도라면 2025년에는 약 1.5도의 기온 상승을 보인다는 예측을 할 수 있다.

단순히 기온만 오른 것이 아니다. 강수량의 변화도 크다. 마치 동남아처럼 갑작스럽게 비가 몰아치고 갑자기 그치는 등의 스콜성 소나기가 나타나는가 하면, 아직 반팔도 입기 전인데 태풍이 몰아친다. 실제로 강수량을 측정한 자료를 보면 2001~2010년까지의 강수량이 지난 30년간의 강수량 보다 7.4% 증가하였다. 여름철 장마기간의 증가와 태풍의 빈도가 잦아졌기 때문이다. 이러한 모든 수치를 보았을 때 분명 우리나라는 더워지고 또 습해지고 있다. 이는 곧 우리나라가 아열대화 되고 있다는 신호이다.

이러한 기후의 변화는 한반도에 있는 모든 것에 영향을 미친다. 대구 사과가 사라진 것처럼 제주도의 특산품이 바나나가 되는 날이 분명 올 것이다. 반팔의 소비량은 늘 것이고 우산과 우비의 판매량은 매년 증가할 것이다. 매년 여름에는 모기를 비롯한 곤충과의 사투로 에프킬라를 비롯한 퇴치제들은 우리들의 사랑을 받을 것이다. 이처럼 우리의 의식주에 모든 영향을 끼칠 것이다. 뿐만 아니라, 아주 작은 미생물에게도 영향을 미쳐 우리나라에선 볼 수 없을 줄 알았던 감염병이 유행할 수 있고, 새로운 바이러스가 등장할 수 있다. 어쩌면 재난 영화에서 보던 그 끔찍한 상황이 당장 눈앞에서 일어날 수 있다. 비현실적일 수 있겠지만 현재 이런 상황은 진행 중이고 실제로 일어나고 있다.

(아래 그림은 기상청의 조사 결과에 따른 1910~2011년의 기온 변화)

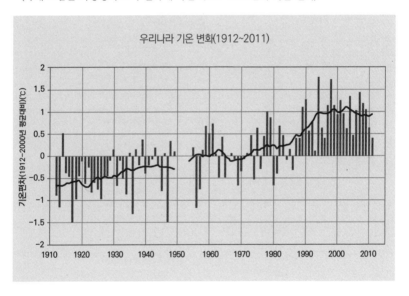

감염병의 위협

전 세계적으로 큰 영향력을 떨친 감염병들의 진원지를 찾아보면 흥미로운 사실을 발견할 수 있다. 유럽 국가들의 아메리카 대륙 침공의 일등 공신이었던 천연두의 기원은 고대 이집트로 기록돼 있고, 지금도 음지에서 조금씩 그 감염자를 늘려가는 에이즈 바이러스의 경우 그 진원지가 콩고를 포함하는 중앙 아프리카이다. 최근에 가장 큰 논란이 됐던 에볼라 바이러스의 최초 발생 지역도 아프리카의 가나였다. 세계적으로 악명 높은 감염병들의 대다수가 적도 부근의 흔히 말하는 열대, 아열대 지방에서 발병했다. 우리가 흔히 열대, 아열대라고 말하는 지역에서 감염률이 높은 균과 바이러스의 출현이 잦았다는 이야기이다. 현재 우리나라가 아열대화 되어 가고 있다면 이것이 얼마나 무서운 이야기인지 알 수 있다.

세계에서 가장 인간을 많이 죽인 동물은 뭘까? 정답은 모기이다. 이처럼 모기와 진드기, 설치류들은 감염병의 전파에 많은 관여를 하고 있다. 동물에 의한 전염은 여러 감염병의 발병 경로 중 가장 큰 부분을 차지하고 있다. 이러한 모기와 진드기 등은 온도가 높고 습할수록 개체 번식의 속도가 현저히 빠르다. 모기가 판치는 때가 여름이라는 것을 생각하면 쉽게 그렇다는 것을 알 수 있다.

실제로 부산지방기상청에서 부산지역을 중심으로 모기의 개체수를 조사한 결과 월 평균 기온이 높은 6~9월에 모기의 개체수 또한 집중되며, 이중 최고 온도를 보이는 8월에 모기의 개체수 또한 최대를 찍었다고 조사됐다. 하지만 지금처럼 기온이 올라가고 있는 상황이라면 모기를 비롯해 질병을 옮길 수 있는 매개체의 수가 증가할 것이고 이는 곧바로 질병의 발병이 증가한다는 사실로 연결된다.

단순히 이런 사실을 넘어서 열대지방의 환경에서만 서식하던 여러 매개 동물들이 한국에서도 살아갈 수 있게 된다면 그곳에서 유행하는 매개 감염병들이 대거 유입될 가능성이 있다. 실제로 진드기에 의해 매개돼 전염되는 질병인 쯔쯔가무시의 경우 동남아시아에서만 있던 풍토병이었다. 하지만 우

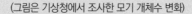
(그림은 기상청에서 조사한 모기 개체수 변화)

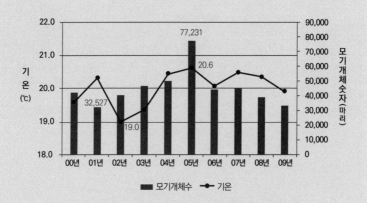

연평균기온(4~10월)과 모기개체수의 연변화

(그림은 기상청에서 조사한 모기 개체수 변화)

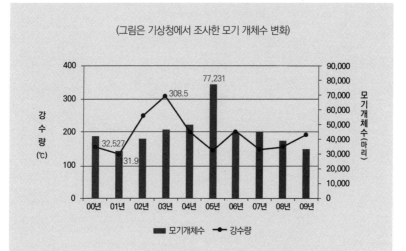

연평균강수량(4~10월)과 모기개체수의 연변화

리나라에 도입이 되고 지난 10년 사이에 환자가 3배 증가했다. 이 또한 고온 다습해진 기후로 인한 매개 동물인 진드기의 증가를 가장 큰 이유로 보고 있다. 그리고 말라리아 모기 또한 열대지방에만 서식하던 것이 현재 한국, 특히 북한 지역에서 심심찮게 발견되고 있다. 고온다습해질수록 모기와 진드기를 비롯한 매개 동물들이 증가하게 되고 이는 질병의 유병률을 높이는 큰 원인이 된다.

온도가 올라간다는 것은 단순히 매개 동물들의 증가만을 의미하지 않는다. 미생물학 실습시간에 우리는 균을 배양하기 위한 배지를 만들고 여기에 균을 접종해 관찰하는 여러 실험을 한다. 균을 접종한 후에는 약 40도의 따뜻한 히터가 있는 곳에서 배양한다. 왜 그런 것일까? 수분과 온도, 그게 바로 미생물이 번식하는 데 가장 적합한 온도이기 때문이다. 그렇기 때문에 균들은 36.5도의 사람 몸속에서 증식하고 체내를 벗어났을 때 급격히 증식률이 감소한다. 미생물들은 습할수록, 그리고 따뜻할수록 잘 자란다. 그렇기 때문에 대다수의 질병들은 적도 부근의 열대와 아열대 기후 국가에서 발생하는 것이다.

지금까지는 우리나라에서 심각한 균을 통한 감염병이 생긴 적은 없었다. 해외 여행을 했던 사람들은 그러한 감염병에 걸릴 수 있었을지 모르겠지만 적어도 국내는 안전지대라고 생각했다. 그러나 아열대 기후가 되면서 점점 열대지방에서 유행하는 질병들이 우리나라까지 침범하고 있다. 우리도 더 이상 동남아시아 지역의 감염병이 먼 얘기가 아니게 됐다.

중국과 홍콩에서 2003년 유행한 SARS는 오리의 바이러스가 인간의 바이러스의 특징을 띠게 되면서 인간에게도 전염이 가능하게 되었기 때문에 발병했다. 전문가들은 SARS바이러스가 탄생할 수 있었던 배경에는 그 지역의 기후가 큰 역할을 했다고 생각했다. 중국 광동성은 열대기후의 특성을 띠는데 이런 환경이 바이러스와 인간의 공존이 용이하기 때문이라고 설명했다. 이에 따라 치명적으로 작용할 수 있는 조류의 독감 바이러스가 인간에게로 넘어올 수 있도록 변종이 되는 데 좋은 환경이 조성된 것이다.

바이러스는 유전물질을 갖는 가장 작은 단위의 유기체이다. 인간은 가장 안정한 형태로 진화해 왔다면 바이러스들은 최대한 변이가 잘 형성되어 살아남기 좋은 형태로 진화해 왔다. 그렇기 때문에 올해 왔던 독감이 점 하나 찍고 내년에 다시 오는 것이 빈번하다. 이처럼 바이러스는 잘 변형하고 이것이 바이러스가 생존을 위해 택한 방법이다.

바이러스는 숙주의 몸 밖으로 나가는 순간 환경이 변하면 죽게 된다. 더 이상 생물체라 부를 수 없는 단백질 덩어리가 된다. 그렇기 때문에 열대 지방은 바이러스에겐 다양한 시도를 해 볼 수 있는 좋은 환경이 된다. 일단 온도가 37도 정도가 되면 인간의 체온과 매우 유사해진다. 체내와 비슷한 온도이기 때문에 바이러스가 나와도 큰 스트레스를 받지 않을 수 있다. 또한 습기가 많으면 바이러스가 외부에 노출되지 않고 물 속에 갇혀 다른 숙주에게로 옮겨가기 쉬운 환경이 된다. SARS의 경우도 이러한 경로를 통해 돼지에게 전달된 인간의 바이러스와 조류의 바이러스가 융합될 수 있는 기회를 얻게 된 것이다. 뿐만 아니라, 바이러스가 유전자 변형을 일으키기 위해서는 적절한 온도가 필요한데 열대지방에서는 그러한 온도를 쉽게 충족시킬 수 있다. 앞서 설명한 천연두를 비롯한 에이즈와 최근에 큰 이슈가 된 에볼라는 모두 바이러스에 의해 일어나는 질병이고 모두 적도 부근의 후텁지근한 기후에서 발생한 것이다. 아직까지 우리나라에서 지구 온난화의 영향으로 발생한 바이러스도 발견되지는 않았다. 하지만 우리나라가 점점 더 더워져 열대화 된다면 우리나라에서도 위와 같은 질병이 발생하지 않으리란 보장은 없다.

과연 우리나라는 이런 상황에 얼마나 대처하고 있을까?

우리나라에서 백신 개발은 최근에서야 가속화 되고 있으나 아직까지는 대부분 외국의 잘 개발된 백신을 우리나라로 수입해 들어오고 있는 실정이다. 외국의 백신들은 주로 열대지방의 개발도상국형 질병이 아닌 유럽형 질병들 위주로 만들어진다. 그렇기 때문에 에볼라를 비롯한 열대지방에서 유행하는 질병에 대한 대처는 아직 확실하게 되어 있지 않다. 우리나라에서 생산하고 있는 백신들도 B형간염백신, 녹농균, 디프테리아 등에 불과하며, 열대지방의 더운 기후에서 발생하는 질병에 대해서는 자체적으로 개발할 수 있는 능력이 없다. 과연 이대로 괜찮을까?

우리나라는 상당한 인구 밀집 국가이다. 따라서 감염병이 서울을 비롯한 인구 밀집 도시에서 발생한다면 걷잡을 수 없이 퍼져나가게 된다. 또한 앞으로 동남아시아를 비롯한 열대지방과 비슷한 기후가 된다는 점에서 그쪽 국가들에서 유행하는 질병들이 발생할 가능성이 크다. 영화 〈감기〉를 보면 분당 지역에 동남아에서 밀입국한 사람들에 의해 유입된 독감 바이러스가 퍼져 어찌할 도리도 없이 속수무책으로 당하는 모습이 나온다. 극적으로 항체를 찾아 치료제 개발에는 성공했지만, 이런 독감이 동남아 지역에서 유행하고 있다는 사실을 빠르게 캐치하고 재빠르게 예방접종으로 막았더라면 그렇게 수많은 분당 시민들이 죽는 일은 없었을지도 모른다. 질병에 대해 더 연구가 필요하고 이를 예방할 백신 기술의 개발에 박차를 가해야 한다.

현재 우리나라 백신의 대부분은 동물백신으로 달걀을 이용해 만들어진다. 그렇기 때문에 여러 가지 문제점이 발생한다.

가장 큰 문제점으로는 비윤리적인 생산 방법이다. 바이러스 백신의 경우 바이러스는 반드시 살아있는 세포 안에서 증식하기 때문에 살아있는 생물체에 주입해야만 한다. 유행병에 대한 백신일 경우는 단시간에 많은 수요가 몰려 있고, 질병관리본부에 등록된 필수 백신인 경우에는 지속적으로 수요가 많기 때문에 반드시 대량생산을 해야 한다. 생산량을 늘리기 위해서 달걀을 살아있는 세포로 이용하여 바이러스를 증식시키는데, 이러한 과정을 거친 대량의 달걀들은 성장하지 못하고 의료폐기물로 분류되어 사체가 되고 만다. 생명의 희생이 뒤따르는 것이다. 이러한 달걀의 생산을 위해 축사에 많은 닭들이 갇혀 끊임없이 달걀을 생산해야 하는 것도 동물학대에 해당한다. 또한 생산과정에서 생산되는 달걀과 실험동물들의 사체는 '의료폐기물'로 처리가 까다로우며 폐기비용이 높게 책정 된다. 이로 말미암아 불필요한 지출이 일어나며 더 나아가 환경오염의 주범이 된다.

우리나라에서 백신 예방접종을 할 때 항상 달걀 알러지가 있는지를 물어본다. 이 또한 달걀로부터 백신을 만드는 동물백신의 특징 때문이다. 동물백신은 달걀에 바이러스를 주입하여 증식시키는 과정이 필수적이다. 이 과정을 거친 후 다른 공정들을 거치지만 결국 바이러스는 달걀 세포를 이용하여 분열을 했기 때문에 달걀 단백질 재료로써 바이러스 단백질의 부분, 즉 외피 부분을 형성한다는 것을 알 수 있다. 따라서 달걀로 만들어졌다는 꼬리표를 달고 있는 상태이다. 이를 흔히 tagging이라 한다. 달걀에 알러지 반응이 있는 사람은 달걀을 이용하여 증식한 바이러스에게도 알러지 반응을 일으킬 가능성이 높으므로 사용하기에 매우 조심스럽다. 알러지 반응이 만약 아나필락시스 쇼크를 유발한다면 심할 경우 발작, 호흡억제, 죽음에 이를 수 있기 때문이다. 질병을 예방하려다가 질병을 유도하는 셈이 된다.

또한 동물백신은 오로지 주사를 통해서 접종이 이루어진다. 그렇기 때문에 통증이 따르게 되어 아이들에게 접종할 때 어려움이 생기고 용량 조절이 힘들다는 단점이 있다.

네 번째로 지적할 문제는, 동물의 수를 급하게 증가시키는 것은 단가가 높고, 급하게 증가시키고 나면 수요가 다시 줄었을 때 생산규모를 줄이기가 힘들기 때문에 일반적으로 생산규모를 처음부터 정한 후에 유지한다는 점이다. 이러한 이유로 대량 생산에 있어 어려움이 존재한다.

식물로 백신을 만든다고?!

앞의 네 가지 단점들을 훌륭히 보완할 수 있는 백신이 바로 식물을 이용해 백신을 만드는 것이다. '식물백신'은 인간이나 동물에서 질병의 예방을 위한 백신으로 이용되는 항원 유전자를 식물에 도입해 이를 섭취함으로써 백신의 효과를 낼 수 있도록 만든 것이다. 항원 유전자 대신 항체 유전자를 삽입한 것은 '식물항체'라고 한다. 식물항체는 동물백신과는 달리 체내에서 외부물질(항원)이 인식되는 경우 면역반응이 일어나게 될 때, 외부물질에 결합하여 제거하는 데 도움을 주는 항체를 식물에서 바로 생산하도록 하여 우리가 식물을 먹으면 몸에서 그 항체를 바로 이용할 수 있도록 한다. 이러한 면역을 수동적 면역이라 하며, 식물항체는 비교적 짧은 기간이긴 하지만 체내에 체류하고 있으므로 넓은 범위에서 식물백신과 단어를 혼용할 수 있다. 동물백신은 항원을 소량으로 약화시켜 일부러 주입하여 항체가 미리 생성되도록 유도하는 기전으로 능동적 면역을 이용한다. 식물항체를 생산하기 위해서는 동물백신과 달리 항원으로 작용하는 단백질의 특이한 구조에 항체로 작용하는 물질을 찾아내고 그 항체의 유전자 염기서열을 규명한 뒤 이미 알려져 있는 식물바이러스를 벡터(vector)로 이용하여 항체유전자를 삽입하여 식물에 감염시키는 방법을 사용한다. 이 항체의 효과와 안전성을 검사하기 위한 임상실험단계에서는 동물백신을 비롯한 다양한 의약품과 마찬가지로 동물실험이 필요하지만 생산과정에서는 동물의 희생을 필요로 하지 않는다.

그리고 달걀을 이용하지 않기 때문에 달걀에 알려진 반응을 가지고 있는 사람에게 식물 유도 백신이나 식물항체는 더할 나위 없이 좋은 대안이다.

그뿐 아니다. 기존 백신의 투여 경로는 대부분 주사에 의한 접종, 분무에 의한 접종, 그리고 경구에 의한 접종이다. 그 중에서도 주사에 의한 접종이 과반수를 차지한다. 이 경로는 침습적이므로 통증을 유발하고 전문가의 도움을 받아야 하기 때문에 불편하다. 또 다른 방법으로 분무에 의한 접종이 있지만 이 역시 동물의 경우에나 접종 비용이 저렴하기 때문에 이용되고 사람의 경우에는 질병의 경로가 코나 기관지의 점막인 경우에 국한되기 때문에 사용 범위가 제한적이라는 단점이 있다. 이와 다르게 식물백신의 주 투여 방법인 경구 투여는 입을 통하기 때문에 위의 두 투여에 비해 통증의 불편함이 없고 분무 투여의 단점인 백신 접종량을 조절할 수 없는 것 역시 해결되며 질병 경로에 상관하지 않고 사용할 수 있다. 한편 1992년 세계보건기구(WHO)에서 어린이를 위한 백신으로 비용이 저렴하고, 쉽게 접종이 가능하고, 냉동 작업 없이 보관이 가능한 백신이 목표라고 발표하였는데, 이에 가장 적합한 것이 경구백신이라고 할 수 있다. 나아가, 소아백신뿐 아니라 축산업에서도 저렴한 비용과 접종의 용이성으로 유용하게 사용될 수 있다.

모든 생산품은 QA(Quality Assurance)과정을 거치며 생산품의 품질관리를 거쳐 규정 기준에 적합한 것만을 내놓는다. 백신도 예외가 아니며 오히려 의료 목적인 만큼 더욱 정밀하고 까다로운 품질을 원한다. 현재 일반적으로 사용되고 있는 백신은 약독화되거나 불화된 병원체이다. 생산과정에서 병원체는 살아있는 상태이기 때문에 변형을 일으켜 강독성과 감염성을 갖게 될 우려가 있다. 반면, 식물체 유도 백신은 바이러스가 독성을 회복하는 것과 같은 위험이 전혀 없다. 식물체 유도 백신은 포유동물 바이러스에 감염되지 않기 때문에 인간 병원성 바이러스에 의해 오염될 위험성이 없다. 사람과 기타 동물간에는 인수공통병원체가 존재하는데, 이로 인한 감염병을 1958

년 WHO/FAO 합동 전문가 회의에서는 "척추동물과 사람 사이에서 전파하는 성질이 있는 미생물에 의한 감염 또는 질병"으로 정의하고 있다. 따라서 식물 유도 백신은 이러한 인수공통병원체에 의한 오염 위험도 전혀 없다.

그리고 동물 백신과 달리 식물항체는 농사가 가능하여 쉽게 대량생산이 가능하다. 식물은 수를 증가시키기 쉽고 다시 감소시키기도 쉽기 때문에 생산규모의 유연한 조정이 가능하다. 또한, 동물은 식물과 달리 행동이 있어 통제가 어렵기 때문에 생산 시에 식물로 개발한 것과 비교했을 때, 수율이 낮고 품질을 통일시키기 어렵다. 품질의 편차가 크기 때문에 생백신의 경우에는 소아마비 백신의 경우처럼 종종 인명사고를 일으키곤 하는 것이다.

식물항체를 이용하여 항균작용을 하는 물질을 생산한다고 가정해 보자. 기존의 항생제는 경구로 투여하면 위장관 속의 우리 몸에 이로운 균까지 제거한다. 하지만 식물항체는 표적이 명확하게 존재하기 때문에 특정 균에게만 결합하여 제거하여 체내 균총이 일정하게 유지될 수 있다. 따라서 이미 개발된 약물의 부작용도 보완할 수 있고 동량을 사용했을 때 더 큰 효과를 얻을 수 있으며 백신의 목적이 아니라 치료의 목적으로도 사용 범위를 넓힐 수 있으므로 경제적이다.

또한, 동물세포를 이용하여 생산된 항원단백질은 바이러스나 암 유발 DNA와 프리온 등을 걸러내야 하므로 많은 공정비용이 필요하지만, 식물항체는 동물세포를 이용하는 것의 0.1%의 비용으로 생산할 수 있다. 뿐만 아니라, 식물은 빠르게 자라기 때문에 동물을 성장시키는 것보다 시간도 단축할 수 있으며 이는 곧 경제성으로 직결된다.

식물백신, 아직 완벽한 것은 아니다

이렇게 좋은 대안의 식물항체에도 단점이 있다. 그것은 인간과 식물 간의 당화과정의 결과물이 다르다는 것이다. 세포 핵에서 단백질을 생산하면 세포질에 존재하는 소포체와 골지체를 거치며 번역 후 가공과정을 진행한다. 이때, 세포에서 생성된 단백질에 락토스나 푸코스 등의 당이 붙는 과정을 통틀어 '당화'라고 한다. 단백질 위에 부착하여 존재하고 있는 당(glycans)의 종류와 구조는 식물과 동물에서 서로 차이가 있고 이러한 당의 종류 및 구조에 의해 단백질의 활성이 완전히 다르게 변화되지는 않지만, 단백질의 접힘(folding), 안정성(stability), 용해도(solubility) 및 protease에 대한 민감성, 혈중 반감기(serum half-life), 항원성(antigenicity) 등에 영향을 미친다. 단백질에 붙는 당에 따라 N-glycosylation, O-glycosylation으로 나뉘는데, 포유동물의 경우 N-glycan은 일반적으로 세 가지 N-glycan subtype 즉 high-mannose, hybrid, complex type 등의 구조를 갖는다. 반면, 식물의 N-glycan은 high-mannose, paucimannosidic, complex type 등으로 변형된다. 이러한 당화 결과물로 인해서 식물 고유의 당화과정이 인간 유래 당단백질인 항체의 당구조를 식물특이적으로 변형시킬 수 있는 문제점을 갖고 있다. 인체에 적응하지 못하고 부작용을 나타내거나 효능이 없을 수 있다는 것이다.

현재 생명공학산업에서는 인간 및 동물에서 발병하는 질병에 대한 진단 및 치료에 널리 사용되는 면역단백질인 항체를 생산하기 위하여 주로 미생물, 곤충 및 동물 세포 배양 시스템을 이용하고 있다. 박테리아를 이용한 미생물 발현시스템은 빠른 시일 내에 다량의 단백질 생산이 가능하다는 장점은 있으나 번역 후 당화가 이루어져야 활성을 갖게 되는 대부분의 의료용 당단백질의 경우, 당화시킬 수 있는 능력을 갖고 있지 않아 최종적으로 생리활성을 지니지 못한 단백질을 발현하게 된다. 따라서 이러한 면에서 식물 항체는 식물이 번역 후 당화가 이루어지기 때문에 체내에서 활성을 가질 수 있다는 장점이 있다.

생체방어의 관점에서 볼 때 식물항체 제품을 쓸 필요는 그리 많지 않다고 생각할 수 있지만 비행기의 발명으로 해외여행이 보편화되어 질병이 보다 빠르고 멀리 퍼지고, 계속되는 지구온난화 현상으로 균과 바이러스가 번식하기 좋은 환경으로 감염병이 더 악화되는 오늘날에는 식물항체가 빛을 발휘할 수 있다. 과학자들은 식물항체가 감염성 질병 치료방식을 획기적으로 바꿔놓을 신개념의 약이라는 데 의견을 같이하고 있다. 항생제와 달리 부작용이 거의 없고 내성 문제도 해결할 수 있는 장점을 지니고 있다.

앞으로 나아가야 할 방향

그러나 식물항체의 이러한 장점에도 불구하고 식물을 기반으로 약물을 생산하는 생명공학 제약사들은 동물 세포를 이용하는 생명공학 업체들에 비해 거대 제약업체들의 주목을 받지 못하고 있다. 그래서 오히려 그것이 블루오션이다. 우리나라에서 식물항체를 개발하는 제약회사가 출현한다면, 단 하나의 식물항체가 블록버스터급 경제 이익 창출의 근원이 되어 침체되어 있는 제약업계를 활성화시키고 국가 신성장의 원동력이 될 것이다. 2011년 전 세계에서 가장 많이 팔린 의약품인 고지혈증치료제 '리피토'(화이자)의 연간 매출액은 125억 달러(한화 13조 원)이다. 이는 현대차 아반떼 약 100만 대 수출과 맞먹는다. 이처럼 수백만 대의 차보다 잘 빠진 약 하나가 더 큰 이익을 가져다 줄 수 있다는 것이 제약 산업의 묘미라고 할 수 있다.

신약은 개발해 제품화하기까지 많은 시간과 비용이 필요하고 시장에서 성공할 확률도 낮다. 하지만 글로벌 블록버스터로 이름을 올린다면 단숨에 글로벌 제약사로 도약할 수 있다. 고지혈증이 노인성 질병으로 환자가 매우 많기 때문에 '리피토'가 블록버스터로 급성장한 것과 유사하게, 어떤 식물항체가 생명에 치명적인 감염병에 대한 백신이 되어 필수 접종 품목으로 정해진다면 전 세계적으로 수요가 급증하여 블록버스터급 판매가 가능할 것이다.

의약품 시장조사기관 IMS에 따르면 전 세계 의약품 시장은 1,040조 원 규모다. 자동차·반도체 세계 시장을 합친 것보다 더 크다. 이제 국가경제 발전의 트렌드는 제약업계로 기울게 된 것이다.

우리나라 보건복지부는 2014년 7월 국내 제약산업을 집중적으로 육성하기 위해 '제약산업 육성·지원 5개년 종합계획'을 발표했다. 2020년까지 세계 7대 제약강국으로 도약한다는 구체적인 목표도 제시했다. 그동안 구축해온 튼튼한 발판을 바탕으로 개발에 박차를 가하여 식물항체라는 블루오션을 개척할 수 있을 것으로 바라보고 있다.

현재 형질전환 식물을 이용한 식물항체는 〈표1〉에서 보듯이, 연구와 함께 임상실험 단계인 상품이 많기 때문에 10년 내로 상용화될 것으로 보인다. CIGB, Cuba에서 개발한 B형 간염 항체 백신은 이미 시판 중이며, 충치의 항체를 담뱃잎으로 생산하는 식물항체, 가축의 뉴캐슬병 백신은 각 국가의 승인을 받고 시판 준비 중인 단계이다. 그 밖에도 다양한 항체들이 임상 단계에서 박차를 가하고 있다.

최근 큰 이슈를 불러일으킨 에볼라는 치료제가 아직 없다고 알려졌다. 하지만 계속되는 감염에 WHO는 승인 심사 중이던 Zmapp을 비상수단으로 사태의 심각성에 따라 조건부로 허용했다. 바로 이 Zmapp이 앞서 설명한 식물백신 중 하나이다. 원리는 에볼라 바이러스의 항체를 만들어내는 유전자를 담배 식물에 이식해서 담배 잎에서 만들어지는 3가지의 인간 단일클론항체(monoclonal antibody, 특정 항원에만 반응하는 항체)를 혼합한 것을 주성분으로 하는 것이다. 이 3가지 인간 단일클론항체는 맵바이오가 개발한 실험용 치료제 'MB003'과 토론토 소재 제약사 '디파이러스' 및 캐나다 공

표 1. 형질전환 식물을 이용한 경구 백신

회사	식물	생산방법	산물	적용대상	현재상황
Plant Biotechnology	담배	시험지 (field)	secretory antibody vaccine	충치	EU 승인
Dow AgroSciences	담배	세포배양	가축 백신	뉴캐슬병	USDA 승인
CIGB, Cuba	담배	온실	백신 정제 항체	B형 간염	시판
Large Scale Biology	담배		항암 항체	Non-Hodgkin's lymphoma	임상II상
Arizona State University	감자	온실	항원	B형 간염	임상II상
Plant Biotechnology	담배		항체	일반 감기 (Rhinovirus)	임상II상
Arizona State University	감자	온실	항원	설사 (Norwark virus)	임상 I 상
Thomas Jefferson	시금치		항원	광견병	임상 I 상
ProdiGene	옥수수		항원	설사	임상 I 상

중보건국이 개발한 'ZMab'으로 일부 환자들에게는 큰 효과를 발휘한 것으로 알려져 있다. 에볼라 환자들의 치료율에 따라 식물 항체의 파급력에 영향을 미칠 것이라고 예상이 된다. 이처럼 이미 판데믹(pandemic)에서 식물 백신의 사용은 증명이 되었다.

세계적으로 식물항체 제조 회사들은 소수이며 동물백신 회사에 비해 거대 제약사들의 러브콜을 받지 못했다. 왜냐하면 제조 공법이 아직 안전하다는 확신이 없기 때문이라고 한다. 상대적으로 체계 정립화가 되어 있는 동물 백신에 투자를 하는 것이다. 하지만 이 틈새를 비집고 들어가 선구적인 자리를 차지한다면 분명 우리나라의 백신 산업은 세계를 주도할 수 있게 될 것이다. 다른 나라에서 개발하기를 기다리기 전에 우리 스스로 개척해볼 가치가 충분히 있는 '국가미래전략사업'이라고 생각한다.

한국의 여름이 점점 길어지고 있다. 이대로 가면 언젠가 봄과 가을이 사라진다는 이야기도 들린다. 계속되는 지구온난화에 항공비행은 계속해서 감염병을 옮겨오고 있다. 이러한 상황에서 우리는 어떻게 대비하고 있는가? 소 잃고 외양간 고치지 말고 미리미리 외양간을 고쳐야 한다.

(*이 에세이를 접수한 직후에 발생한 한국사회의 이른바 '메르스 사태'는 두 필자의 논리적 주장에 더 강한 설득력을 부여한 사례라고 할 수 있다.-박태준미래전략연구소)

참고문헌

1. 기상청 〈 http://www.kma.go.kr/〉

2. 질병관리본부〈 http://www.cdc.go.kr/CDC/main.jsp〉

3. 뜨거워진 한국, 작년 평균 기온 관측 이래 '최고' 〈뉴스한국〉 2012-02-07

4. 소양강, 박다영, 김현순, 전재홍, 추영국, 고기성, 김영관,Plant-basedproductionofthera peuticantibodies식물기반 치료용 항체생산, Journal of plant biotechnology 식물생명공학회지,, 2010년, pp.262-268

5. 식물을 이용한 식품 백신 개발 전망 〈용인뉴스 〉 2010. 9. 1. 수. 농촌진흥청 국립농업과학원 기능성물질개발과 김종범 박사

6. Julian K-C. Ma, Pascal M. W. Drake & Paul Christou,Theproductionofrecombin antpharmaceuticalproteinsinplants,NatureReviewsGenetics4,794-805(October2003)

7. 양문식, 형질전환 식물을 이용한 경구백신 개발 및 현황, KBCH, Biosafety vol.10 No.2 pp.43-53

8. 블록버스터급 신약 3개 개발, 세계 톱7 진입한다 〈JTBC〉 2013-11-18

9. 항생제 대신할 '식물항체' 나온다 〈The Science Times〉 2015.04.02

"10년 내 한국사회가 당면할
가장 중요한 문제는 무엇인가?"

정기준 포스텍 박태준미래전략연구소 책임연구원

- 한국갤럽과 박태준미래전략연구소, 일반시민 1,002명 설문조사
- 박태준미래전략연구소, 포스텍 재학생 1,018명 설문조사

포스텍(포항공과대학교) 박태준미래전략연구소가 한국갤럽에 의뢰하여 일반시민 1,002명을 대상으로 "10년 내 한국사회가 당면할 가장 중요한 문제가 무엇이라고 생각하는가?"에 대하여 단답진술형 설문조사를 실시한 한편, 모바일과 온라인을 통해 포스텍 재학생(대학생, 대학원생)을 대상으로 같은 주제에 대한 단답서술형 설문조사를 실시하여 1,018명의 응답을 받았다.

한국갤럽에 의뢰한 설문조사는 4월 20일부터 22일까지 3일간, 포스텍 재학생 대상 설문조사는 4월 13일부터 5월 10일까지 27일간 이루어졌다.

이번 설문조사는 박태준미래전략연구소가 인문, 사회, 과학, 공학을 망라한 한국의 저명 교수 36명에게 받기로 한 '10년 내 한국사회가 당면할 가

장 중요한 이슈는 무엇이며, 어떻게 대처해야 하는가?'라는 주제에 대한 에세이 마감시한(5월 31일)을 앞두고 '10년 후 한국사회의 미래전략 연구'의 기초자료를 마련하기 위해 실시하였다.

일반시민(1002명)에 대한 설문조사 결과는 〈그림 1〉과 같다.

〈그림 1〉 일반시민 응답 결과(1,002명)

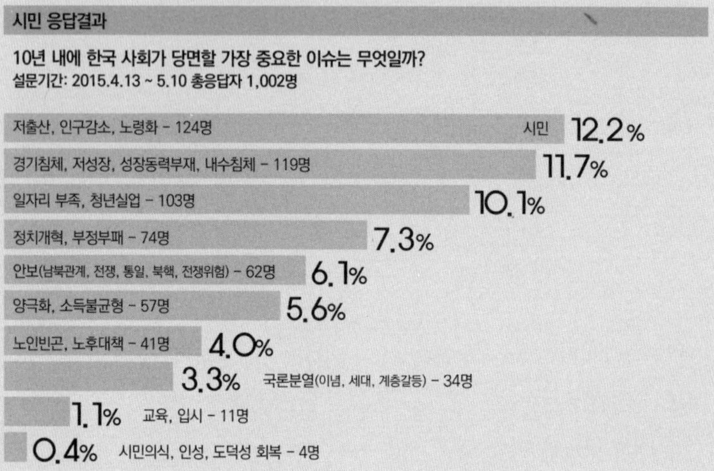

시민 응답결과

10년 내에 한국 사회가 당면할 가장 중요한 이슈는 무엇일까?
설문기간: 2015.4.13 ~ 5.10 총응답자 1,002명

저출산, 인구감소, 노령화 - 124명 시민 **12.2%**
경기침체, 저성장, 성장동력부재, 내수침체 - 119명 **11.7%**
일자리 부족, 청년실업 - 103명 **10.1%**
정치개혁, 부정부패 - 74명 **7.3%**
안보(남북관계, 전쟁, 통일, 북핵, 전쟁위험) - 62명 **6.1%**
양극화, 소득불균형 - 57명 **5.6%**
노인빈곤, 노후대책 - 41명 **4.0%**
3.3% 국론분열(이념, 세대, 계층갈등) - 34명
1.1% 교육, 입시 - 11명
0.4% 시민의식, 인성, 도덕성 회복 - 4명

일반시민은 12.2%(124명)가 '저출산으로 인한 인구감소, 노령화' 문제를 가장 심각한 문제라고 인식하고 있었다. 두 번째로는 11.7%(119명)가 '경기침체로 인한 저성장과 성장 동력부재'라고 보았으며, 세 번째로는 10.1%(103명)가 '일자리 부족으로 인한 청년실업' 문제라고 응답했다.

'정치개혁과 부정부패척결' 문제는 7.3%(74명), 남북관계 통일 전쟁위험 등 '안보' 문제는 6.1%(62명), '양극화로 인한 소득불균형' 문제는 5.6%(57명)로 각각 나타났다. 이어서 '노인빈곤으로 인한 노후대책'이 4.0%(41명), '이념 및 계층 갈등으로 인한 국론분열'은 3.3%(34명), '교육 및 대학입시'는

1.1%(11명) 순으로 문제 를 인식하고 있는 것으로 나타났다.

　그런데 일반시민 1,002명 가운데 '시민의식과 인성, 도덕성 회복'에 대한 문제를 지적한 사람은 4명(0.4%)에 불과하였다. 이것은 포스텍 재학생들의 문제의식과 가장 큰 대비를 나타내는 결과였다.

　우리나라 이공계 대학을 대표하는 포스텍 재학생(대학생과 대학원생)을 대상으로 한 설문조사 결과는 〈그림 2〉와 같다.

〈그림 2〉 포스텍 대학(원)생 응답 결과(1,018명)

POSTECH 대학(원)생 응답결과

10년 내에 한국 사회가 당면할 가장 중요한 이슈는 무엇일까?
설문기간: 2015.4.13 ~ 5.10 총응답자 1,018명

항목	비율
저출산, 인구감소, 노령화 – 293명	POSTECH 28.8%
경기침체, 저성장, 성장동력부재, 내수침체 – 117명	11.5%
양극화, 소득불균형 – 111명	10.9%
시민의식, 인성, 도덕성 회복 – 68명	6.8%
일자리 부족, 청년실업 – 63명	6.2%
정치개혁, 부정부패 척결 – 48명	4.7%
국론분열(이념, 세대, 계층갈등) – 46명	4.5%
노인빈곤, 노후대책 – 44명	4.3%
안보(남북관계, 전쟁, 통일, 북핵, 전쟁위험) – 43명	4.2%
교육, 입시 – 21명	2.1%

　포스텍 재학생들도 일반시민과 마찬가지로 '저출산으로 인한 인구감소 및 노령화'을 가장 심각한 문제로 인식하고 있어서 전체 응답자 1,018명 중 28.8%(293명)로 나타났다. 두 번째로는 11.5%(117명)가 '경기침체로 인한 저성장과 성장 동력부재'문제, 세 번째로는 10.9%(111명)가 '양극화로 인한 소득불균형' 문제, 네 번째로는 6.7%(68명)가 '시민의식과 인성, 도덕성회복' 문제라는 인식을 하고 있었다.

이어서 '일자리부족으로 인한 청년실업' 문제 6.2%(63명), '정치개혁과 부정부패척결' 4.7%(48명), '이념과 세대 및 계층 갈등으로 인한 국론분열' 문제 4.5%(46명), '노인빈곤 및 노인대책' 문제 4.3%(44명), '남북관계, 통일, 전쟁위험 등 안보' 문제 4.2%(43명), '교육 및 대학입시' 문제 2,1%(21명) 등으로 나타났다.

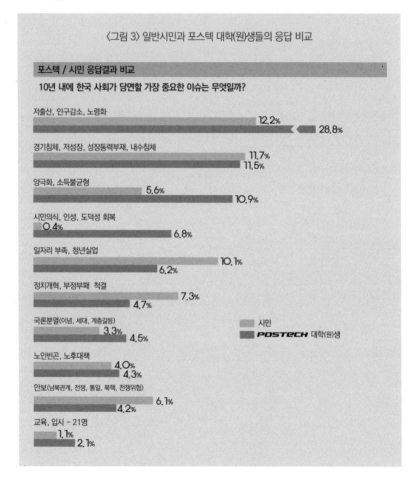

〈그림 3〉 일반시민과 포스텍 대학(원)생들의 응답 비교

〈그림 3은〉 일반시민과 포스텍 대학(원)생들 간의 응답을 비교한 것으로, 향후 10년 내 한국사회가 당면할 가장 중요한 문제에 대한 인식조사에서

'저출산으로 인한 인구감소 및 고령화'와 '경기침체로 인한 저성장 및 성장동력부재'를 일반시민과 포스텍 학생들이 동일하게 '가장 심각한 문제'로 인식하고 있는 것으로 조사되었다.

'양극화로 인한 소득불균형' 문제에 대해서는 포스텍 학생들 10.9%가 응답한 반면, 일반시민은 5.6%만 응답하였다. '일자리 부족으로 인한 청년실업'에 대한 문제에 대해서는 포스텍 학생은 6.2%로 나타났고, 일반시민은 10.1%로 상대적으로 높게 나타났다.

본 설문조사에서 특이할 만한 결과는 '시민의식과 인성, 도덕성 회복'에 대한 문제에 대하여 일반시민은 1,002명 가운데 4명만이 지적한 반면, 포스텍 학생들은 1,018명 가운데 68명이 응답했다는 점이다. 다시 말해, 포스텍 학생들이 일반시민들보다 10년 후 한국사회에 대해 '시민의식이나 인성, 도덕성' 문제를 훨씬 더 심각하게 인식하고 있다는 것이다.

종합해 보면, 우리나라 국민들이 인식하는 '10년 내에 한국사회가 당면할 가장 중요한 문제'는 '저출산으로 인한 인구감소와 노령화'임을 알 수 있다. 뿐만 아니라 경기침체로 인한 저성장, 양극화, 청년실업, 남북관계, 정치개혁, 시민의식에 대한 문제도 중요한 시대적 과제로 인식하고 있음을 알 수 있다.

어떻게 하면 보다 더 행복한 한국사회로 갈 수 있는가? 이에 대한 정책적, 사회적 해법은 우리 국민의 인식 속에 깊이 박혀 있는 '불행의 원인들'을 찾아내서 해결해 나가야 한다. 여기에 이번 실문조사의 가장 큰 의의가 있다.

| 박태준미래전략연구총서를 펴내며 |

현재가 과거의 축적 위에 있듯 미래는 현재를 포함한 과거의 축적 위에 있게 된다. 과거와 현재가 미래의 상당한 실재를 담보하는 것이다. 다만, 소통의 수준에는 격차가 크다. '역사와의 대화'에서 확인할 수 있는 것처럼 현재가 과거와 소통하는 일은 선명한 이해를 이룰 수 있어도, 현재가 미래와 소통하는 일은 희미한 공감을 넘어서기 어렵다. 이른바 'ICT시대'라 불리는 21세기 '지금 여기'서는 더욱 그러하다. 현란하고 다양한 현재의 상상력들이 서로 융합하고 충돌하면서 예측불허의 창조적 조화를 생성하기 때문이다. 그러나 그것이 인간 또는 인간사회의 어떤 근원적인 문제를 해결할 수는 없다.

나는 어디서 와서 어디로 가는가? 어떻게 살아야 인간답게 사는 것인가? 이런 질문들은 모든 개인에게 가장 근원적인 문제다. 이 문제의 완전한 해답이 나오는 날에 인문학은 사그라질지 모른다.

더 나은 공동체로 가는 변화의 길은 무엇인가? 더 나은 공동체로 가는 시대정신과 비전은 무엇인가? 이런 질문들은 인간사회가 결코 놓아버릴 수 없는 가장 근원적인 문제다. 이 문제가 '현재 공동체에서 벗어날 수 없는 우리'에게 당위적 책무의 하나로서 미래전략 탐구를 강력히 요청한다. 거대담론적인 미래전략도 있어야 하고, 실사구시적인 미래전략도 있어야 한다.

거대담론적인 미래전략 연구가 이상적(理想的)인 체제를 기획하는 원대한 작업에 주력한다면, 실사구시적인 미래전략 연구는 가까운 장래에 공동체가 당면할 주요 이슈들을 예측하고 대응책을 제시하는 작업에 주력한다. 박태준미래전략연구소는 앞으로 일정 기간 동안 후자에 집중할 계획이며, 그 결실들을 총서로 출간하여 더 나은 공동체를 향해 나아가는 사회적 자산으로 공유할 것이다.

꼭두새벽에 깨어난 이는 먼동을 예감한다. 그 먼동의 한 자락이 이 총서에 담겨 있기를 바랄 따름이다.

박태준미래전략연구소

박태준미래전략연구총서 2

10년 후 한국사회 ©송복 외

발행일	2015년 10월 19일
펴낸이	김재범
펴낸곳	(주)아시아
지은이	송복 외
편집	정수인 김형욱 윤단비
관리	박신영
출판등록	2006년 1월 27일 제406-2006-000004호
인쇄·제본	AP프린팅
종이	한솔 PNS
디자인	박종민

전화	02-821-5055
팩스	02-821-5057
주소	서울시 동작구 서달로 161-1 3층
이메일	bookasia@hanmail.net
홈페이지	www.bookasia.org

ISBN	979-11-5662-175-1(94080)
	979-11-5662-119-5(set)

이 도서의 국립중앙도서관 출판도서목록(CIP)은 서지정보유통지원시스템 홈페이지(http://seoji.nl.go.kr)와
국가자료공동목록시스템(http://www.nl.go.kr/kolisner)에서 이용하실 수 있습니다.
(CIP제어번호: CIP2015027374)